Z+Z 智能教育平台普及丛书 张景中 主编

技术改变课堂
——超级画板与小学数学

唐彩斌 彭翕成 左传波 等 编著

科学出版社

北京

内 容 简 介

　　本书倡导信息技术与小学数学学科整合的新方式，致力于让小学数学教师能把动态几何软件"超级画板"的信息技术自如地应用于课堂教学中．本书主要内容包括：信息技术与学科整合的理论综述概览、"超级画板"的简单技术入门、"超级画板"适用于小学数学教学的积件、已有的一些教学经典实例，另外还有针对学生利用"超级画板"学习数学的一些例子．

　　本书是小学数学教师的教学参考书、工具书和教学资源库，也是学生学习数学的辅助工具．本书的内容不受教材版本的限制，可以作为小学数学教师继续教育的培训教材和自学教材，也可以作为师范院校小学教育专业或教育技术专业学生的教材或参考书．

图书在版编目（CIP）数据

技术改变课堂：超级画板与小学数学／唐彩斌，彭翕成，左传波等编著．—北京：科学出版社，2011

（Z＋Z 智能教育平台普及丛书／张景中主编）

ISBN 978-7-03-030101-7

Ⅰ．技…　Ⅱ.①唐…②彭…③左　Ⅲ. 数学课 – 计算机辅助教学 – 应用软件 – 小学 – 教学参考资料　Ⅳ.①G623.503

中国版本图书馆 CIP 数据核字（2011）第 013326 号

责任编辑：李　敏　赵　鹏／责任校对：刘亚琦
责任印制：钱玉芬／封面设计：陈　敬

科 学 出 版 社 出版
北京东黄城根北街 16 号
邮政编码：100717
http://www.sciencep.com

源海印刷有限责任公司 印刷

科学出版社发行　各地新华书店经销
*
2011 年 2 月第　一　版　　开本：787×1092 1/16
2011 年 2 月第一次印刷　　印张：21 3/4
印数：1—6 000　　　　　字数：474 000

定价：45.00 元（含光盘）
（如有印装质量问题，我社负责调换）

《Z＋Z智能教育平台普及丛书》

编写委员会

主　编　　张景中

副主编　　左传波

编　委　　张景中　　　王鹏远　　　李传中

　　　　　　左传波　　　饶永生　　　周传高

本书软件系统设计　李传中　　张景中

本书软件程序编写　李传中　　陈天翔

《技术改变课堂——超级画板与小学数学》
编写委员会

张景中	唐彩斌	彭翕成
左传波	马徐仪	虞　勇
俞小云	江春莲	孙雪林
王彦伟	张浩强	罗永军
陆爱萍	杨晓翊	严　虹
孔　慰	朱　蕾	胡晓敏
丁杭缨	朱　力	

全国教育科学规划教育部重点课题：信息技术与数学学科整合的新方式
（GOA107016）
浙江省 2010 年教育技术重点课题

丛书序

编写这套丛书，是想让老师们和同学们能够更方便地使用《Z+Z超级画板》．

为了教学或学习，要做各种具体的事情．这些事情当中，有不少是机械性、重复性的劳动．

例如，几何作图、描点画曲线、作统计表和统计图、繁琐的计算以及书写公式等．这些工作交给计算机来做，可以事半功倍，有利于腾出更多的时间和精力投入更具创造性的活动．

还有些事情，不用计算机几乎不能做．例如，画一个旋转的立方体，让变动的点、线、圆留下轨迹，对变化的几何量实时测量，把13自乘1000次等．安排计算机做这些，有利于在教学或学习中把某些问题表现得更清楚、理解得更透彻．

简单来说，使用计算机的好处至少有两条：一条是减轻负担，一条是提高兴趣．对老师们来说主要是减轻负担，对同学们来说主要是提高兴趣．

使用计算机做事，离不开软件．有很多软件可以做上面说的这些事．例如，作动态几何图形的软件、画函数曲线的软件、造统计表的软件、进行计算或公式排版的软件等．但是，软件多了，学起来就要花更多的力气，用起来切换麻烦，还有兼容问题．常常听老师们说，要有一种多功能的教学工具软件就好了．

这套丛书里说的《Z+Z超级画板》，就是这种多功能的教学工具软件．买生活必需品上超级市场，应有尽有；在教学活动中用超级画板，得心应手，左右逢源．超级画板的"超级"之意，就是比照超级市场而来．至于"Z+Z"，则是"知识+智慧"的意思．

也就是说，这是一款知识性和智能性相结合的、多功能的教学软件．目前的版本，特别适合数学和物理学科的教学和学习．

超级画板的功能很多，用户手册就接近300页．但它毕竟是个工具，就像黑板、粉笔、直尺、圆规、三角板一样．根据您的工作需要，先用它最常用、最好用的功能.

使用超级画板这样的软件，又好像下象棋、下围棋，上手入门十分容易，成为高手往往要经过辛勤劳动.有些对计算机还不熟悉的老师问我，现在都知道课程要和信息技术整合，但如何具体做起来呢？我的建议是尽快动手使用信息技术，由浅入深，分下面四个层次来做：

第一个层次，是改变工具、减轻劳动.

这是初步的简单应用.自己的教学经验和特长要保持、要发挥.原来怎样上课、备课现在仍然保持自己的习惯和套路.但是想一想，有没有一些事情用计算机作起来更省力、省事、省时间呢？用计算机画一些比较复杂的图形总比用粉笔在黑板上画方便吧？用计算机写教案、修改、引用总要方便些吧？用计算机作计算或书写推导公式总要快捷准确些吧？有条件，在网上布置作业答疑就更便利了.这些工作，本来也能做，用了新技术能够做得更快、更方便，好像用圆珠笔代替毛笔一样.学习新的工具要花时间精力，但学会了能减轻劳动，是值得的.例如，学会用超级画板作几何图形和函数曲线只要十几分钟甚至几分钟，这样一本万利的事何乐而不为呢.

第二个层次，叫做现场发挥、梦想成真.

过去，在教学过程中常有一些想像或虚拟的比方，但实际上做不到.例如，在黑板上画一个圆内接正多边形，说如果正多边形的边数越来越多，它的面积和周长就越来越接近圆的面积和周长.用了超级画板，画一个边数会逐步增加的正多边形是轻而易举的事.又如，让几何图形和函数图像随参数变化，让运动的图形留下踪迹，让统计图表跟着数据变化……许多过去想到做不到的事，现在都可以在教学现场即兴发挥，随意操作.另外，"电子黑板"上写的、画的东西会自动被储存，根据教学需要随意隐藏、显示或改变颜色和大小位置，这都是过去想到做不到的，现在是家常便饭了.

第三个层次，进行建设资源设计创作.

随着对超级画板操作的熟悉，受同行所做课件的启发，更多地吸取或总结了别人或自己的经验，就会产生创新的愿望和灵感.原来想不到的知识表现方式，现在可以设计出来了.使用超级画板，可以制作引人入胜的动画，设计游戏式的课件和学件，使用自动解题、交互解题、几何图形的信息搜索、编程、迭代等智能性更高的功能建设教学资源，推出创新的成果.在这套丛书中，有不少内容来自于教学一线老师的创造.

第四个层次，达到教学模式推陈出新的境界.

教学资源丰富了，对信息技术运用自如了，备课方法、讲授方法、学习方法、教学组织会自然地发生变化.例如，学生看到老师在课堂上运用自如地作图计算推导，看到老师创作的引人入胜的动画，就会产生自己动手试一试的强烈愿望．如果有条件，最好组织学生自己动手在教师指导下探索、试验，尝试开展研究性的学习．由于信息技术的介入，会使学生全身心地投入到教学活动之中，对课程内容产生浓厚的兴趣．在这方面，有些老师已经作了成功的探索，本丛书中相当多的篇幅，就来自他们的亲身体会．

　　如果这套丛书能帮读者实现上述几个层次的提升，从减轻负担到增长兴趣再到创新发展，编著者的辛劳，就是得到了最好的回报．

　　我们还希望，这套丛书不仅是老师们和同学们的参考读物，也是大家创造性地教学与学习活动的园地和平台．希望大家在阅读使用中对它的内容和形式多多提出批评指正，对《Z＋Z超级画板》软件多多提出改进意见，使软件和丛书变得更实用、更丰富，共同为中国的教育信息化贡献我们的力量．

2004 年 8 月

序1　让超级画板成为教学的好帮手

在国家颁布的《国家中长期教育改革和发展规划纲要（2010—2020年）》中，第十九章专门讲的就是教育信息化．《纲要》指出："加快教育信息基础设施建设．信息技术对教育发展具有革命性影响，必须予以高度重视．把教育信息化纳入国家信息化发展整体战略，超前部署教育信息网络.""强化信息技术应用．提高教师应用信息技术水平，更新教学观念，改进教学方法，提高教学效果．鼓励学生利用信息手段主动学习、自主学习，增强运用信息技术分析解决问题能力"．透过这些纲领性的文字，我们还需更为深入细致地分析、周全理性地思考，更需要求真务实地践行．

张景中院士和一些教育信息化专家调研发现，我国教育信息化的基本现状是：上下各方重视，人才投入可观；设施条件悬殊，发展很不平衡；实际教学效果未得普遍认同；教育技术理论，反思争鸣活跃；软件资源瓶颈，长期未能理顺；自主创新潜力，显露冰山一角．并且提出了未来努力的发展建议，那就是："博采众长，自主创新，深入学科，注重实效."

一个软件，如果语文能用、英语能用、数学也能用，看似包打天下、什么都能做，实际上很可能是什么都做不好．作为小学数学教育工作者来说，我们期盼有一些软件是特别适合小学数学教学的．到目前为止，我们认为超级画板是最适合的．

张景中院士作为超级画板的设计者，用他独有的"科普"风格来描述超级画板的功能：本来就要做的事情，用了它做得更快更容易了；过去想不到、做不到的事情，现在可以轻松实现了；过去想不到或者不敢想的资源可以轻松实现了．

说到这里，或许老师们忍不住想提问了："这个软件到底怎么用，学起来难不难""我平时可是没有时间做课件，作业都来不及改呢""小学数学中哪些地方可以用到的""有没有上过的课，可以让我们现场观摩一下吗"……这些问题，都是我们平时向老师们介绍超级画板常被问到的，所以针对老师们最关心的问题，我们将此书分为五章．

第一章：绪论．在某些教育相关的专著中，我们会看到大段大段的理论综述．而一线教师大多认为这些理论较为空洞，对实际操作帮助不大．事实上，任何研究工作到了一定的阶段，都需要不断整理总结，这样才能更上一个台阶．所以在本章中，我们精编了张景中院士等专家对教育信息技术的精辟论述，旨在让小学数学教师也能对教育信息技术的发展有一个整体的认识，从教育信息技术到动态几何，在从动态几何软件到超级画板，从超级画板应用中学数学到小学数学，逐渐深入到我们所熟悉的领域．拓展教育信息技术的认识视野，能更加坚定和正确地开展信息技术应用．

第二章：技术入门．我们在与一线教师交流中，发现要让每一个老师都去做课件是不可能的，也没必要，投入很多，但所得甚少，导致的结果通常是低水平的重复建设．所以，由一部分人来做课件，做好一点，做好之后大家共享使用，这不失为一个好办法．数学是有难度的，那么承载数学思想的超级画板同样需要入门学习，它不可能像使用"百度"那样简便．当然，对于已经掌握 Windows 基本操作的老师来说，掌握这些基本的操作不是什么难事，我们精编了 10 节，希望能够帮助老师们在尽可能短的时间内"速成"，如果还有一部分老师，想应用超级画板来改变小学数学学习的手段、方式和内容，那就需要进一步研究了．

第三章：教学积件．这一章对于一线教师是最为实用的了，但我们认为：技术是为教学设计服务的，不能为了"技术"而介绍"操作"．设计是方向，技术是动力，如果方向错了，动力越足离目标越远．因此，在描述积件的使用说明之前，还是先阐述小学数学要学什么内容，在传统教学中我们遇到什么问题，超级画板怎么应用可以帮助解决怎样的问题，在教学中应该注意什么．即便超级画板演示的积件的确很好看、很好玩，但并不是你设计的意图，那请选择放弃．只有当您认同同样的教学目标和教学分析时，积件才能发挥其本身的作用．

第四章：教学实例．近年来，超级画板受到越来越多老师的关注，也积累了一些在课堂教学中的实例．我们的团队曾经在不同场合上过多节公开课，超级画板也为我们的课堂增色不少，除了得到老师的认可，更是得到了学生的高度评价．因为超级画板让他们觉得数学好学、好玩．作为执教者，越来越真切地感受到"数学教学中的数形结合百般好，数缺形时少直观，形少数时难入微"，"动态几何教学中的动静结合，把动态的过程用若干个静态的画面记录下来，有时比任何的语言启发都有效"．当然，这些案例，倒不是说从头至尾都应用超级画板的积件，仍然是"为教学而用"，我们不以为用得多，这节课就是好，而在于用得是否恰当，是否用超级画板解决了关键的问题，适合的才是最好的．

　　第五章：学生实践．学生的发展是一切教学改革的出发点和落脚点，超级画板不仅是教师用来教数学的工具，也是学生用来学数学的平台．超级画板真正的强大的作用在于学生通过操作发现了数学的规律，感受了数学的力量，体悟到了数学的美丽．当我们看到很多学生作品，无不为学生潜在的创造力而感叹，有时，一些学生"随意的"作品让作为老师的我们无法解释其数学原理．在信息时代，教师和学生"教学相长"尤为明显，我们不必回避这样的场景，相反应该作为教学成功的标志，在这个过程中，以极大的自由的空间培养了学生的实践能力和创新精神，恰是教学追求的核心目标．

　　在本书配套的光盘中，含有本书中所有的积件和超级画板的免费版、绿色版，大家可以对照使用．希望对大家有帮助．

　　本套丛书由张景中院士总主编，本书由唐彩斌、彭翕成、左传波等编著．第一章，主要由张景中、唐彩斌、彭翕成等编写；第二章，主要由彭翕成、虞勇等编写；第三章，主要由唐彩斌、马徐仪、俞小云等编写；第四章，主要由唐彩斌以及一批骨干教师编写；第五章，主要由左传波等编写．

　　超级画板在小学数学教学中的应用，虽已取得一定成果，但只能说是阶段性的，"不能求全，但求其用"．我们深知还需要进一步的深入研究与细致实践，非常希望有兴趣的老师能够加入我们的研究队伍中来．

唐彩斌

2010 年 12 月于钱塘江畔

序2　超级画板在小学有用武之地

近几年来，超级画板在中学数学教学中的作用日益得到老师们的认同．一些师范类大学也开设了超级画板课程．那么超级画板在小学中应用，效果会如何呢？我们觉得，小学和中学虽然有所不同，但数学的本质是相通的，而超级画板则是专为数学学科打造的教学平台．

这两年，我们在杭州上城区给小学老师培训超级画板．从反馈回来的信息来看，超级画板在小学还是能够发挥一定作用的．老师们同时也反映，希望有一本专门介绍超级画板在小学中的应用的书．我们编写本书，就是为了满足老师们提出的需求．考虑到有些老师没有时间来钻研技术，我们把小学中常用到的一些案例都整理出来了，老师们可以直接拿来使用．

本书通篇都是介绍超级画板在小学数学教学中的应用．但在此，我们还想从一些较为特别的角度，来谈谈超级画板的应用．

一、超级画板为趣味运算提供了工具

小学是培养学生计算能力的重要阶段．很多研究资料表明，在小学不宜使用计算机和计算器来帮助学生计算．在国外，小学生过于依赖计算机和计算器，导致成年后两位数的加减法都无法心算得到，不能不说是教育的失败．

但我们也认为，在打好学生计算能力基础的同时，没必要完全排斥计算机和计算器的使用．计算能力固然重要，可使用了计算机和计算器之后，也可能能够培养学生其他方面的能力．下面这样一节材料，实践表明对培养学生的观察、分析能力大有好处．这难道不比单纯的计算能力更重要吗？

【例1】 算式与结果同样美丽．

（1）计算下列各式：

第一组	第二组
$1^2 =$	$63 =$
$11^2 =$	$121 \times 63 =$
$111^2 =$	$12321 \times 63 =$
$1111^2 =$	$1234321 \times 63 =$
$11111^2 =$	$123454321 \times 63 =$
$111111^2 =$	$12345654321 \times 63 =$
……	……

（2）观察上面的结论，你发现了什么？

（3）你能不计算，直接写出 $11111111^2 \times 63$ 是多少吗？

（4）本题如果没有计算工具，对于上面第二组数中的数，你有简便算法吗？

【参考答案】　（1）由于普通计算器受到计算位数的限制，计算完一个数再计算第二个数时不能保持前一个算式及结果，这样不利于比较总结发现规律，所以我选择利用超级画板计算，得到如下结果：

第一组			第二组
1^2	=	1	$63 = 63$
11^2	=	121	$121 \times 63 = 7623$
111^2	=	12321	$12321 \times 63 = 776223$
1111^2	=	1234321	$1234321 \times 63 = 77762223$
11111^2	=	123454321	$123454321 \times 63 = 7777622223$
111111^2	=	12345654321	$12345654321 \times 63 = 777776222223$
……			……

（2）观察上面的结论，我发现：

第一组数的结果是对称数，且底数有几个"1"，计算结果就以几为对称中心向两边递减（又叫回文数）．例如：1111^2 底数有 4 个"1"，结果的对称数就以 4 为对称中心向两边 3、2、1 的递减．

第二组数除了第一个数外，左边算式是满足第一组算式中的对称数与 63 相乘，结论除第一个数是 63 外，其余的都是在 63 的数字"6"前放 7，"3"字前放 2，且所放"7"字与"2"字的个数比左边算式中对称中心小 1（每次递增 1 个）．例如：123454321×63 的结论"6"字前放 4 个"7"，"3"字前放 4 个"2"，得到 7777622223．

（3）能．由（2）可得 $11111111^2 \times 63 = 123456787654321 \times 63 = 7777777622222223$．

（4）有．例如，
$$1234321 \times 63 = 1111^2 \times 63$$
$$= 1111 \times 9 \times 1111 \times 7$$
$$= (10000 - 1) \times 7777$$
$$= 77770000 - 7777$$
$$= 77762223,$$

$$123454321 \times 63 = 11111^2 \times 63$$
$$= 11111 \times 9 \times 11111 \times 7$$
$$= （100000 - 1） \times 77777$$
$$= 7777700000 - 77777$$
$$= 7777622223.$$

二、超级画板为编写补充材料提供了工具

近些年，全国各地流行编写校本教材．我们认为：对于绝大多数学校而言，没有编写校本教材的必要，也没有足够的人力投入．但也要承认，校本教材概念的提出，有其合理性，毕竟各个学校情况千差万别．我们可以采取根据学生的实际情况，编写一些小片段，而不用急着整本地出书．

譬如在教授平行四边形时，提到平行四边形是不是轴对称图形，老师强调，除了特殊的正方形和矩形之外（这位老师所使用的教材中没有菱形的内容），一般的平行四边形不是轴对称图形．课后，有学生用纸剪了一个菱形来问：这个平行四边形是轴对称图形啊！到此，我们认为有补充一点菱形知识的必要了．于是编写了下面一节内容，图形都是作者自己画的，可想而知，倘若没有超级画板，这几乎是无法完成的．

菱形的千姿百态

同学们，你们都学过平行四边形了吧．

平行四边形中有一类特殊图形，它们的四条边都是相等的，我们称这类图形为菱形．

把一些菱形拼在一起，能够拼成很漂亮的花来．

图1看起来比较普通，不就是6个一模一样大小的菱形拼成的图案吗？

我们可以用更多菱形，拼出个更复杂的图案来，图2用了2种不同形状的菱形，图3用了3种不同形状的菱形．所用菱形的形状越多，数量越多，图案越漂亮．

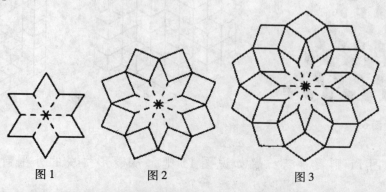

图1　　　　　图2　　　　　图3

有同学也许会问：图2中好像出现了正方形啊？

确实．正方形也是菱形，因为正方形满足菱形的要求，只不过比一般的菱形更特殊，多了直角的约束．

在菱形中，还有一类特殊的图形，可看成是由两个等边三角形拼接而成．我们可以利用这样的菱形小块，拼成很多美妙图案．

譬如图4中，暗藏着日本三菱汽车公司的标志"三菱"，暗藏着内含正六角形的正六边形．只要你愿意，可以永远拼下去，平铺整个平面……

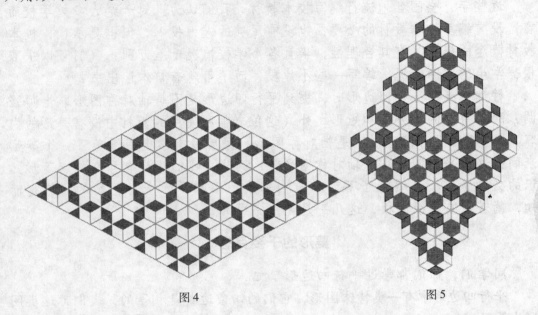

图4　　　　　　　　　　　　　　图5

图5～图7则更有趣了．看似是菱形的平铺，又好像层峦叠嶂的山峰．让人不敢相信自己的眼睛，明明是平面图形，却隐隐约约有着空间形式．

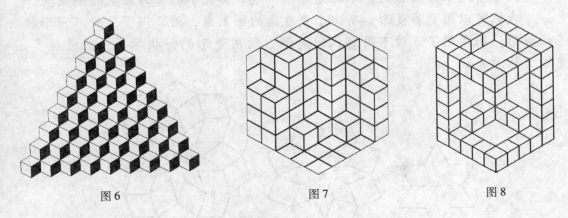

图6　　　　　　　图7　　　　　　　图8

图8～图11则更神奇．譬如说图11吧，从菱形拼成的外围看来，应该

是一个平面图形；而当我们的目光停留在中间的三个菱形时，却又有楼梯的感觉．这到底是平面还是空间呢？

不要埋怨我们的眼睛；也不要认为这只是骗人的小把戏．这中间可是暗藏深刻的数学道理的哦．

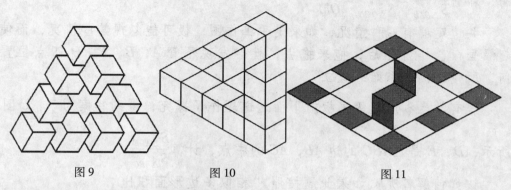

图9　　　　　　　　　图10　　　　　　　　　图11

三、超级画板为几何探究提供了工具

小学数学在很长一段时间内，被称为算术，显然这是没有包括几何在内的．小学数学难道没有几何么？当然不是．小学几何虽然大部分时候都是代入公式计算即可，但并不表示可以藐视它．如果下工夫研究，未必没有所得．

有一条极基本的命题：在 $\triangle ABP$ 的边 AB 上任取一点 M，则有 $\dfrac{S_{\triangle APM}}{S_{\triangle BPM}} = \dfrac{AM}{BM}$，即：等底等高的三角形面积相等．这条命题在古老的《几何原本》中就曾出现过，欧几里得将它作为一个有用的工具．如果将点 M 分裂成 M 和 Q 两点，保持 M 仍在 AB 上，Q 在直线 PM 上，便得到 $\dfrac{S_{\triangle APQ}}{S_{\triangle BPQ}} = \dfrac{AM}{BM}$，根据对称性可得 $\dfrac{S_{\triangle PAB}}{S_{\triangle QAB}} = \dfrac{PM}{QM}$，如图12所示．看起来不显眼，但用途很广泛，是几何机器证明的消点法的主要基本工具，所有的只涉及关联性质的几何定理，即所谓希尔伯特机械化类几何命题，都可以用共边定理来判定．

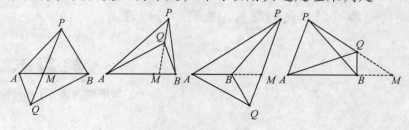

图12

共边定理 若直线 AB 和 PQ 相交于点 M，则有 $\dfrac{S_{\triangle PAB}}{S_{\triangle QAB}} = \dfrac{PM}{QM}$.

证明 在直线 AB 上取一点 N，使得 $MN = AB$，则 $\triangle PMN$ 与 $\triangle QMN$ 共高，即有 $\dfrac{S_{\triangle PAB}}{S_{\triangle QAB}} = \dfrac{S_{\triangle PMN}}{S_{\triangle QMN}} = \dfrac{PM}{QM}$.

共边定理有四种情况，如果是手工作图，极可能忽视某些情况，而使用超级画板，作好图后，拖来拖去，就会发现不管 A，B，P，Q 四点位置如何，所得比例关系始终成立.

曾有学生利用超级画板对下面这道题作了探究，得到答案为 $\dfrac{1}{4}$. 如图 13 所示，D，E 是 $\triangle ABC$ 的边 AB，AC 的中点，计算 $\dfrac{S_{\triangle ADE}}{S_{\triangle ABC}}$.

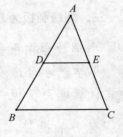

图 13

该如何解答呢？如果此题按照"相似多边形面积比等于对应边长的平方比"这一思路来解，确实超纲很多. 小学老师若这样讲解，需要补充的内容实在太多，学生也难以接受. 但是，如果我们这样解答：

$$S_{\triangle ADE} = \frac{1}{2} S_{\triangle ADE} = \frac{1}{4} S_{\triangle ABC},$$

只用到"等底等高的三角形面积相等"这一知识点，想必小学生是能够接受的.

所以说，不怕找不到问题的解决方案，就怕找不到问题. 而超级画板为我们找问题提供了工具.

以上几点应用，可能与大家的日常教学有一点距离. 但有什么关系呢？探索的路总是需要人去走.

超级画板在小学数学中的应用，肯定不只是以上几个方面，大家看完本书后心中自有分晓.

超级画板在小学数学中的应用，是大有可为的. 我们有我们的自信，但最终效果如何，还得实践来证明.

有兴趣的老师可以和我们联系，我们十分欢迎.

2010 年国庆节于武昌桂子山

在教学中学习认识物体和图形，不是研究它们的颜色或材料，而是从形状上进行分类．例如，图1中都是正方体，图2中都是三角形．在图1中，三个物体大小不同，但它们都有六个面、并且每个面都是正方形，所以都是正方体；在图2中，它们都是由三条线段围成的图形，虽然角度和边长各不相同，但都称作三角形．

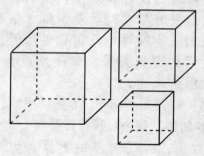　　　　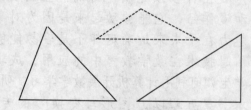

图1　正方体　　　　　　　　　　　　　　图2　三角形

数学就是这样：它只关注图形的性质以及图形之间的关系，如两条直线是否平行、两个夹角是否相等、两个点是否重合等，而不关心线段粗细、画线颜色、画笔类型等问题．因此，数学所研究的对象具有一定的抽象性．

就因为数学的抽象性，所以它所研究对象往往而不是某一个具体的，例如，"三角形的内角和为180°"实际上指的是"所有三角形的内角和均为180°"．

我们不可能画出所有形状的三角形，更不可能对它们的内角一一测量．但是，我们却需要掌握所有三角形都包含的这条性质：内角和为180°．

这就是任意形状的三角形中不变的数学性质！

这就是数学魅力：对于任何人在黑板上画出的三角形，不需要测量我们就知道它的内角和一定为180°！

但数学的抽象性同时也给很多同学带来了在学习上的障碍，从而让数学变得越来越难学．

为了突破这种障碍，世界各地的数学家们从 20 世纪 80 年代开始逐步研发出了各种动态几何软件．动态几何软件作出的图形，在运动变化中图形之间的性质始终保持不变，如相等还是相等、垂直还是垂直、平行还是平行，等等．在动态几何软件中，图形通过运动可以帮助我们直观地理解抽象的数学概念，从而让数学变得更容易学习．

事实上，图形一旦动起来，我们还会发现：数学比以前更好玩了，更具有挑战性了．从而激发我们研究、探索、学习数学的兴趣和积极性．我们不妨先思考生活中这样一个简单的问题：滚动的车轮边沿上一点经过的路径是一条什么形状的曲线呢（图 3）？

图 3　在动态几何软件《Z + Z 超级画板》得到的实验结果

除此之外，我们还可以利用动态几何软件进行设计和创作．我们将利用动态几何软件创作的作品叫做数理动漫．我们平时所看到动漫作品（俗称动画片）是由许多预先制作好的静止画面组成的．而在动态几何软件所开发的数理动漫作品，它能够动起来是因为对象之间的逻辑关系，牵一发而全动．它的魅力在于未来是确定却不是轻易能够看出结果的．

信息技术在数学教育中的应用，成功的关键是让学生有机会动手操作．

学生如何利用计算机开展数学学习、研究和创作，整个过程都需要精心设计．

本书第五章以"图形与变换"的专题为例，作了初步的尝试．力求从小学五年级所学习过的知识出发，指导学生在计算机上动手、观察、检验与发现，帮助学生巩固所学习过的知识，加深他们对数学本质的理解．利用学生已经知道的知识进行设计和创作，在计算机上通过简单的操作能够得到非常漂亮的同时对学生来说又是较为陌生的数学结果，激发他们研究数学问题的兴趣．通过设置恰当的情景，促进学生的思考，然后在计算机上进行操作和探索，最后帮助他们形成数学上的理解和认识，让学生有机会学习更多的数学，同时也把数学学得更好、更轻松．

我们将就带领大家利用动态几何软件——Z + Z 超级画板进行数学学习、数学探索、数学研究和数学创作活动．您不必为孩子担心是否具有很好的计算机操作基础，也不用担心学生是否要数学成绩多么优秀，只要参与其中，就会乐在其中．

左传波

广州大学计算机教育软件研究所

2010 年 12 月

目 录

第一章 绪 论

第一节 教育信息技术学科的形成和展望[*]

一、什么是教育信息技术

简单地说，教育信息技术就是为推进教育信息化和教育改革而从事的信息技术研发活动．这些研发活动包括理论和实践、创新与推广、基础研究与应用研究．创新包括原始创新、集成创新和应用中的再创造．

现代信息技术始于通用电子计算机的发明．计算机出现之后，很快就有人想到它有可能在教育领域找到用武之地．在 20 世纪五六十年代开始的自动推理、符号计算以及几何定理机器证明的研究，都把教育作为其应用领域之一．随后出现的 Logo 技术和动态几何技术，更把教育应用作为主要的目的．

着眼于学科发展和商业利益，信息技术的一般研发活动更关心各行各业都能用到的普适技术．普适的信息技术当然也能应用于教育领域：教师和学生可以用电子邮件沟通，应用浏览器和搜索引擎上网查资料，用文字编辑软件来写东西等．但是，普适的信息技术还不能很好地满足教学与学习的需求．而且，不同的学科有不同的需求．例如，数理学科要用到的符号计算，就是很多其他行业不需要的技术，不属于普适的信息技术．为了教学和科学技术研究而发展符号计算技术，数学家和计算机科学家耗费了大量心血，仅仅为了实现整系数多项式的因式分解，发表的学术论文就超过千篇．

有些普适的信息技术表面上看来适用于教学和学习活动，我们甚至花了大力气在教育领域推广这些技术，但很遗憾，这些技术未能通过教学实践的检验．例如，通用的文稿演示软件（如 PowerPoint）和通用的动画生成软件（如 Flash）都是我们曾经希望在教育领域推广应用的技术工具，这些工具还一度燃起教师们应用新的信息技术的热情．然而几年之后，大家就发现学习和使用这类技术产生的教学效果，远远不能补偿所投入的人力和物力．一位数学教师在网上对这类技术在教学上的应用效果的评价是："老师做累了，学生看傻了"．这句话一针见血地指出了在教学活动中滥用普适信息技术的负面影响．

有作者指出，运用多媒体演示进行教学活动，其效果常常不及传统的黑板粉笔[1]．其实，这种不如黑板粉笔的信息技术，不是为了教育而研发的技术，而是普适的信息技术．为教育而研发的适用于课堂教学的信息技术工具，应当而且可以兼具黑板粉笔教学模式的长处，而不是和传统的教学方式对立．

---

* 基金项目：教育部科技创新工程重大项目培育资金项目资助（705038）．

1

近30年来，许多国家寄希望于教育信息化能显著地提高教学质量和学习成绩，投入大量的人力物力进行校园信息化的建设，但实际的效果远远低于预期．美国最近的一次调查甚至得出信息技术无助于提高学生成绩的结论[2]．笔者以为，这种情形的出现，主要是因为试图将普适的信息技术直接用于教学的倾向广泛存在．这种倾向符合商业利益，因而得到有力的支持和鼓励．与此相反，有些报告提供的情形说明，使用某些针对教育需求而研发的技术，在教学实践中取得了良好的效果[3,4]．

实践表明，针对教育需求进行信息技术的研发活动是有必要的，也是有可能取得积极效果的．这是教育信息技术学科得以存在和发展的基本依据．

二、教育信息技术和教育技术的区别与联系

说到教育信息技术，不可避免地要考虑一个问题：它和教育技术是不是同一个概念？如果不是同一个概念，它们之间有什么关系或联系？

关于教育技术的来龙去脉，在文献［5］～［15］中有非常全面而详尽的论述．由这些文献可知，教育技术是在19世纪末、20世纪初，照相术、幻灯、无声电影陆续进入教育领域后开始形成的学科．它是基于视听教学、程序教学、个别化教学、视听传播理论、教学系统化方法等教学实践和理论研究活动而形成的．从一开始，它就把注意力放在如何将已有的普适的技术用于教育领域．

从定义看，教育技术强调的是在现代教育思想和理论的指导下，运用现代信息技术来优化教育过程．注意，这里仍然说的是"运用"现成的技术，而不是为教育创造新的技术．这里所说的现代信息技术，主要是有关信息的处理和传输的技术，属于多行业共用的技术，当然更是多学科共用的技术．

而上面我们所说的教育信息技术，其实践活动肇始于计算机的出现．从一开始，它就把注意力放在基于信息技术的一般成果，研究开发满足教育需求的新技术．不论是符号计算，还是动态几何都是如此．这些对优化教育过程有重要价值的活动，在有关教育技术的学科发展过程的许多文章里很少提到．教育信息技术更关心的是教育信息的组织和转换，是普适的技术难以满足的不同学科的教学需求．

教育技术着眼于现成技术的应用而不是创造，这与教育技术的学科定位有关．教育技术从名称上看好像是教育和信息技术两大学科的交叉学科，但无论是从历史沿革还是从实际现状来看，它是教育学的一个分支学科．正如我国教育技术界前辈南国农教授反复强调的那样，"教育技术姓教不姓技（电教姓教不姓电）"．既然不姓技，就只能讨论现成的信息技术的应用，很难谈到技术的创新．国外的教育技术学者多来自心理学和教育学领域，隔行如隔山，他们能研究的主要就是已有的技术（如多媒体技术、网络技术）在教育中的作用，很难预见到技术还能做什么有助于教育的创新，更难于进入创造新技术的活动之中．

与教育技术不同，教育信息技术的学科定位属于信息技术，它应当是信息技术学科的一个分支．从历史上看，从事符号计算研究和动态几何研究的人，其学科背景是在信息技术相关的领域．但它既然要服务于教育，也就应当对教育有所了解．但是，它所要做的事大多不涉及不同流派的教育思想和理论的争议；无论老师和学生遵循哪种教育理

论来从事教学和学习，教育信息技术的成果都应当能够起到积极的作用.

　　教育技术的研究，从发表的文章和著作看，似乎着眼于寻求跨越不同学科的一般的教学理念和方法，希望找出指导不同学科教学的规律. 所用的研究方法，不是从大量的实践中找寻一般规律，不是深入到不同学科经过教学实践后总结提取共同的规律，而是企图从一般的哲学观点或心理学的某些结论推出一般的指导原则.

　　教育信息技术的研究，更着眼于教学实践的需求，着眼于教师和学生的具体困难的解决. 这些具体的困难，往往因学科的不同而不同. 但不同的学科之间是有联系的. 符号计算技术的研究，首先是为了数学教学和研究的需求，但对所有的理科和工科，其意义是不言而喻的.

　　简单地说，教育技术是教育学的一个分支；它遵循现代教育思想和教育理论的指导，着眼于运用信息技术的成果优化教育过程. 教育信息技术是信息技术的一个分支；它面向各科教学的实际过程，着眼于适用于教育的信息技术的研究、开发和应用. 两者都是为了使信息技术能够更好地服务于教育. 两者是同盟军的关系.

三、教育信息技术的成功实例

　　教育信息技术作为一个学科，尚在形成之中. 但是，教育信息技术的活动，如前所述，自有计算机之后就开始出现，并且日益发展和完善. 了解其中若干成功的案例，有助于认识教育信息技术的特点，有助于推动教育信息技术学科的形成和发展.

　　教育信息技术的成功案例，在基础教育领域，最值得一提的是动态几何图形技术.

　　在计算机屏幕上作出的几何图形，如果在变化和运动中能保持其几何关系不变，就叫做动态几何图形. 显然，动态几何和信息技术密不可分，没有现代的信息技术，就不可能有动态几何.

　　动态几何图形有两个基本特点：

　　（1）图中的某些对象可以用鼠标拖动或用参数的变化来直接驱动；

　　（2）其他没有被拖动或直接驱动的对象会自动调整其位置，以保持图形原有的几何性质.

　　第一个动态几何软件"几何画板"（简称 GSP）[16]，出现于 20 世纪 80 年代，是美国国家科学基金支持的项目研究的成果. 经过 20 多年的发展，各国研发的动态几何软件至少已有 40 种，其功能也更加丰富；除了上面两个特点外，有些软件增加了跟踪、轨迹、测量、动画、迭代以及曲线作图的功能. 我国自主研发的"Z + Z 智能教育平台——超级画板"不仅具有上述种种功能，还根据教师教学和学生学习的实际需要，将动态几何和符号演算、自动推理、编程环境以及课件制作等进行有机地集成；操作方式上的创新处理使得软件更加易学易用[17].

　　动态几何作图软件出现以来的 20 多年里，它在教育领域产生的积极作用已经形成共识. 对于动态几何在教育上的应用，所有的评论和教学实践的反映都是正面肯定. 关于动态几何的理论和应用的研究和实践，已经有大量的文章书籍和网页. 以 Dynamic Geometry（动态几何）为关键词在 Google 搜索，搜到的网页有上百万之多. 动态几何在教育中的应用，以我们自主研发的超级画板为例，至少有这些方面：①日常的学习工具；②课件制作的平台；③实验探索的环境；④创新思维的触媒；⑤学术交流的手段；⑥艺术欣赏的园地[18].

动态几何图形技术的使用，对学生的自学能力、探索精神、创新意识、科学素质都有积极的影响. 动态几何可深可浅，小学生可以学会一些基本的操作而玩得津津有味；博士生也可以从其中找到挑战性的课题而孜孜以求. 动态几何兴味浓厚，使人进入后乐此不疲，足以吸引青少年学子从网络游戏回到学术殿堂.

目前我国已有少数师范院校开设了"几何画板"或"超级画板"的课程，其内容涉及动态几何的若干技能. 其中"几何画板"开设较早，被毕业后从事教学工作的学生认为是大学期间所学的最有用的课程之一[19].

教育信息技术另一个成功的案例是符号计算软件的研发和普及. 日常生活中或商业活动中以及一般的生产活动中的计算工作，只要有足够精确的数值计算器或软件就够了. 但是在教育过程中或某些科学研究活动中，则需要完全准确的计算或对符号进行计算. 经过数十年坚持不懈的努力，符号计算的理论和技术已经相当成熟. 现在所有的理工科高等院校的学生，如果不用符号计算软件，几乎不可能完成自己的学业. 具有符号计算功能的软件，如 Maple、Mathematica、Matlab 已为大家熟知. 还有免费的 Maxima 和 Reduce，也是功能强大的流行的符号计算软件.

基于人工智能软件 LISP 的思想风格而开发的儿童教育软件 LOGO，在早期计算机编程教育和数学教育的教学实践中也有相当成功的报道[20].

教育信息技术研发成果的例子不限于软件. 图形计算器、模拟机器人游戏、教学用的电子白板、虚拟现实等这些针对教育需求，部分地为教育而研发的软硬结合的设备，已经进入学校的教学或课外活动，在不同程度上起到积极的作用.

四、教育信息技术学科发展的必要性

从 1970 年美国教育传播与技术协会（AECT）成立算起，教育技术作为一门学科，在世界上已经走过了 37 年. 在中国，从 1978 年电化教育重新起步以来，也有近 30 年的历史了. 大家对教育技术寄予厚望，从多方面给以支持. 硬件软件、人力物力，投入逐年递增. 教育技术领域的学术活动十分活跃，队伍不断扩大，期刊网站兴旺，论文著作丰富，机构企业林立，一片繁荣景象，令人兴奋鼓舞. 教育技术学科的蓬勃发展，带动了有关的市场，给信息产业带来了新的机遇，受到有关企业界的欢迎.

但是，发展教育技术的初衷是运用信息技术优化教育过程. 这一初衷在多大程度上实现了？教育得到的好处和投入是否适应？这样提出问题并进行实际考察时，却传来许多令人失望的消息. 国外的一些调查显示，信息技术无助于提高学生的成绩. 国内一些老师写文章说，多媒体教学效果不如黑板粉笔.

信息技术的应用，本来应当能够减轻老师的负担，提高学生学习的兴趣. 结果许多老师说用了信息技术更辛苦了；许多学生不用信息技术来加强学习，倒迷恋于上网嬉戏以致影响学业.

提到课程和信息技术的整合，大家都知道资源重要. 但是，优质资源的建设和共享问题 20 年来始终没有很好地解决. 有人提出"积件"的概念，这是一个好主意. 但是，如何建设制作和装配积件的平台，这样的技术问题却无人着手解决．

在 2005 年的一次国际会议的报道[21]中有这样的段落："华东师范大学的祝智庭教授从教育技术学科的现状和教育技术的领域定义两个角度提出了教育技术学存在的大量问题，如课程体系没有体现教育技术学科的特点，交叉学科的定位不清楚（'教育技术曾经是教育心理学的产儿，后来变成课程教学的养儿，现在变成教育学与信息科技之间的流浪儿了'），队伍建设存在严重问题（'整体水平偏低、年龄严重断层'），如研究问题（'有想法，没办法；有概念，没实验；有议论，没理论'）、就业问题（'方向不明、职岗边缘化、能力遭疑'）……"在这次国际论坛上，几位教育技术领域的著名学者都提到了"教育技术的未来"的问题，其中祝智庭教授很深刻地提到了："教育技术领域现在处在非常尴尬的境地，在课程设置、研究问题、就业问题等方面都存在大量的问题，如果教育技术领域的同仁们再不求发展，教育技术很可能成为社会的弃儿．"李克东教授也多次提到了"教育技术培养的学生无论是动手能力还是研究能力都和很多主流学科的学生存在很大的差距"，还有很多专家或学者都或多或少地表现了对教育技术发展前途的担忧．

不少文章谈到，教师缺乏现代教育理论、信息技术素质不高，是教育技术难于充分在教学实践中发挥作用的重要原因．认为关键在于加强对教师的培训．而培训的内容，不是分学科具体地帮助教师解决实际的困难，而是向教师灌输现代的教育理论，要教师认识到信息技术用于教育的必要和重要，要教师转变理观念．但是，观念是在生活和工作中形成的，观念的真正转变也要通过生活和工作的实践才能完成．让教师树立要在教学中使用信息技术的最有效的办法，是向教师提供能够使他们感到确实受益的有效的技术．硬笔代替了毛笔，是因为它比毛笔方便有效．不同的学科所需要的技术有所不同．同为数学教师，课堂教学时所需要的技术和写论文时所需要的技术又有所不同．例如，写论文时写公式不妨用公式编辑器，一个符号一个符号地操作，讲课时这样写公式就感到不如粉笔黑板方便了．现代信息技术的发展水平，能不能为数学教师提供得心应手的工具，让老师在投影屏幕上或白板上像在黑板上那样方便地写出公式？这样的技术当然是可能的，但要研究开发．因为已有的普适的技术做不到这样．这个例子仅仅涉及部分学科，也仅仅是部分学科中的一个小问题．但是对于教师来说，他上课的时候就是必须解决的重要问题．解决的不好就会影响教学的效果和效率．要解决这类问题，培训教师就不够，更重要的是培训从事信息技术研究开发的人员，说服他们指导他们组织他们为教育的需求研究开发这种新的技术．这类工作，教育技术的研究者很少讨论．事实上，教育技术没有把这类工作视为己任．

教学活动需要开发还没有出现的新技术．为教育过程的优化而开发出来的技术需要应用和推广．要把最适合的技术介绍给教师和学生，就要对技术的教学应用进行评价．按定义，教育技术的活动，包括对资源和技术过程的评价．但如果不对技术有比较具体的了解，作出的评价就很难全面，甚至误导教师和学生．

本来，使用具有动态几何功能的软件可以在几分钟或十几分钟能完成的动态函数图像的课件，我们的期刊上却常常有文章指导教师花更多时间精力用难学难用的普适性软件 Flash 去做．

符号计算软件早已能够实现任意精度的计算，这已经属于常识范围了．有篇论文还在说计算机计算时数位的大小受到限制，特别提到 Excel 只能计算 15 位有效数字，提到大数的平方计算，要教师制作课件时注意．其实，在本节多次提到的"Z＋Z 智能教育平台——超级画板"的免费版本里，就能准确地计算任意大的整数的平方，上百位的整数的平方计算时间不到 0.1 秒．

数学教学中使用的动画，重要的是交互性和开放性．快捷方便地制作这类动画，是动态几何软件的专长．有些论文却大力推荐用长于符号计算的 Maple 或 Mathematica 来做这类动画．也有文章推荐用 Excel 来做这类动画．如果看这些论文的老师不知道动态几何软件而接受这些论文作者的建议，就会走弯路，花费更多的劳动做出质量更差的课件，甚至误导更多的学生．

更多事例表明，从事教育技术的研究者，由于对信息技术的了解不够，在文章中往往是泛泛而谈；谈定义概念，谈思想理论，谈教师的认识偏差等抽象的东西多；谈一般的系统设计原则原理多；对具体学科的具体问题讨论得少．一旦涉及具体的技术，如软件工具，就会说错．这也难怪，因为教育技术学科定位所限，所培养出来的学生在技术上多数先天不足，在理论上往往人云亦云．不少教育技术系的学生有所困惑：我们在理论上比不了教育系的，做软件比不过计算机系的，将来出去能做什么呢？

事实表明，教育技术无论是作为学科或作为理论与实践的活动，都不能独自撑起教育信息化的重担，不能实现运用现代教育理论和现代信息技术使教育优化的目标．原因很简单，它在技术方面太弱．教育信息化的前进需要两条腿走路，教育技术虽然在字面上教育和技术各占一半，实际上主要是教育方面的一条腿，或者一条腿加根拐杖，缺少技术方面这条腿．

能不能动员一部分信息技术专业的人员和教育技术的研究者合作来加强教育技术的技术力量呢？这当然是从事教育技术事业的人所希望的：我掌握理论大方向，你来解决具体技术问题．这个想法虽然极好，但是很难得到信息技术领域的响应．这里有两个方面的原因：从教育技术方面，只靠理论大方向很难对技术研发活动作出好的指导；从信息技术方面，其研究发展的主流是为多个行业服务的普适的技术，如果没有特别的应用背景，总是力图把普适的技术推向教育．

目前，教育技术的活动实际上是由信息技术领域之外的一支大军来进行的．而教育信息化的伟大事业，也需要在信息技术领域内组织起一支队伍来参与．这样里应外合，相互协作，才有可能能取得理想的效果．

教育信息技术，就是我们所设想的，在信息技术领域内组织起来的，为服务教育而进行信息技术的研发活动的一支力量．

五、教育信息技术人才的培养

任何学科的发展都离不开人才的培养．教育技术学科人才的培养，在美国主要是在研究生阶段进行，在我国则是在师范院校建立教育技术系或专业，在大学阶段就进行培养．教育信息技术人才的培养，从目前看来，在研究生阶段开始进行为宜．对入学考生的专业要求，则希望有较好的信息技术和数学的背景．

作为信息技术学科的分支,教育信息技术的学习者要特别重视一般的信息技术能力和素养的提高,特别是软件设计和编程能力的培养和提高.与信息技术学科的其他分支不同,教育信息技术的学习者当然要有自己特别关注的对象,包括关注某些已有的成果,关注那些自己准备从事解决的问题.

教育信息技术的学习,不是从定义或理论体系出发,而是从具体的成功的案例出发.例如,要学习动态几何技术的原理和应用,要学习有关符号计算技术的原理和应用,要学习自动推理技术的原理和应用.要掌握有关软件的操作,在使用中体会这些技术的教育价值.在了解多个案例的基础上,选择一个方向做更深入的研究.

上述这些成功应用于教育的技术,都具有提升和扩展的空间.例如,不仅动态几何软件本身有提升的空间,动态几何软件的教学应用(包括二次开发)也有很大的研究空间.国外就有几位应用几何画板创作高级作品的专家,其作品广为流传,极具启发性.国内近年来由于几何画板和超级画板的推广,不少老师也逐渐从新手成为专家,在报刊和网站上常常有新颖的含有创意的作品出现.

结合这些成功的案例,教育信息技术的学习者可以探索其成功的根据和应用的策略方法.这自然涉及现代教育思想和理论.这样学到的教育学的思想和理论主要不是由老师和书本简单地传授给他们的,而是通过具体事件和实际活动在它们的头脑中建构起来的.

教育信息技术的学习者除了精通一两种实用的程序语言外,还应当掌握人工智能语言 LISP.这是最容易学习和使用的语言,用它能够最快地实现一些创意的初始原型.

教育信息技术的学习者要了解教学,了解教师的工作,了解教师运用信息技术于教学时所遇到的问题和困难,从中发现自己的研究开发目标.为此,应当特别关注一个或两个学科的教学.只有深入到具体学科的教学过程中,才能更好地体会或发现教育和信息技术结合的瓶颈或一般的规律.下得深才能站得高,共性寓于个性之中.

教育信息技术的学习者要积极参与教育技术领域的活动,和从事教育技术的专家老师合作,从教育技术领域学习正面和反面的经验,相互协作切磋,在教育技术的学术环境中考验自己的工作和能力.

教育信息技术学科的建设不可能一蹴而就.要有更多的理论上的、实践上的和组织上的酝酿.人才、教材的准备都要假以时日.也许,几个或十几个高校经过一到两届研究生的培养过程,在本科中开设教育信息技术专业的条件就具备了.

在目前,应当提倡在师范类本科开设"动态几何"课程,既有利于提高学生的思维品质和科学素质,也培养了未来教师的信息技术能力.同时,无形中为教育信息技术的学科形成培育了氛围.

六、教育信息技术学科发展的展望

教育信息技术的实践活动早已存在,但作为一个学科领域,尚未形成.要让它形成一个学科并向前发展,需要大家的共同努力.我们相信,教育信息技术会形成一个蓬勃发展的学科.一方面,这是教育信息化的需要,是社会的需要.一方面,教育信息技术的研发活动的成功历史给人们以信心,相信它能够为满足教育信息化的需要而提供有价值的成果.

有意义的问题是推动学科发展的动力.教育信息化的最基本的问题之一是运用信息技术的成果,为各科教师提供得心应手的教学工具,为学生提供方便实用的学习工具.这些工具要能够节省繁琐的机械劳动,提高学习课程的兴趣,有利于促进探索创新精神,激发创新意识;要使教师学生一见就能上手,一上手就不想丢;要让老师制作课件比原来用纸笔备课还要快捷省事.这个问题,也就是建立各科的智能知识平台的问题,对于中学的数学学科,解决得差不多了,主要是推广普及的工作.对于物理、化学、生物,对于语文、历史、地理等,也有些进展,但远远没有达到现代信息技术所可能达到的水平,也没有达到使老师同学感到满意的水平,值得教育信息技术领域花力气逐步解决.

通过网络进行信息交流,本来是普适的信息技术基本解决了的问题,但它不能满足网络教学和合作学习的需求.在网上讨论问题时,书写公式和作图就很不方便,这就需要研发网上书写公式作图的技术.这个任务,当然要教育信息技术来承担.

智能答疑的事,大家都很关心.很多项目提到智能答疑.但到目前为止,除了确定的计算问题和几何命题的判定基本解决之外,其他方面进展甚微.即使学生家长很希望做到的小学生应用题的智能答疑,也远远没有解决.这是教育信息技术应当关心的事.

上面几个例子都是软件技术问题,还有硬件问题.上课用的电子白板,如何能够又方便又便宜?这就不仅涉及软件,也涉及硬件的研究.

教育信息技术活动,不论是软件和硬件的研究,都是为教育服务,为教师和学生的教学和学习服务,为教师的教书育人和学生的健康成长服务.服务就需要了解服务对象,了解教师和学生过去和现在如何进行教学和学习活动,了解他们的习惯和需求,了解他们所用的工具和他们对这些工具的评价.我们的教师和学生现在使用什么样的信息技术硬件和软件?国内外有哪些能够有效地促进教学或学习的软件?现有的硬件和软件有哪些不足?这不足是由于技术发展水平的制约还是由于研发人员不了解教师和学生的需求?我们的教学资源是多了还是少了?什么样的资源最受师生欢迎?

要进行为教育服务的信息技术创新活动,这些事先的调查研究和理论分析必不可少.新的技术或资源推出之后,如何推广?如何有效的应用?如何进一步改进?如何评价技术对教育的作用?

有这么多的有意义的问题,说明教育信息技术的研究不限于具体的技术,而是有宽广的范围和巨大的发展空间.但是,教育信息技术要做的事很具体,具体了就要花力气.做这方面的研究需要的准备比较多,研究有没有进展容易看出来,所以不少人不想做.想做的又往往没有起步的办法.现在我们提出来,把它作为一个学科考虑,有计划地培养人才,积极地推动学术活动,宣传推广有关的成果.相信这个学科会在中国发展起来,在几年间会出现一批对教育信息化有实际意义的成果.在教育信息技术学科发展过程中,必然和教育技术学科进行广泛的合作交流.两个学科相辅相成,从不同角度为教育信息化服务,有望出现共同繁荣的新局面.

参 考 文 献

［1］唐月红．高等数学 MCAI 的研究与实践［J］．高等数学研究，2001，（1）：41-43.

［2］美国一项规模最大的专题研究认为教学软件无助提高学习成绩［N］．参考消息，2007-04-07（6）．

［3］王鹏远，马复．超级画板与数学新课程［M］．北京：科学出版社，2005.

［4］王鹏远．用"几何画板"辅助数学教学［M］．北京：人民教育出版社，2001.

［5］李龙．教育技术学科的定义体系——论教育技术学科的理论与实践［J］．电化教育研究，2003，（9）：3-8.

［6］李龙．教育技术学科的定位——二论教育技术学科的理论与实践［J］．电化教育研究，2003，（11）：18-22.

［7］李龙．教育技术学科知识体系的构成——三论教育技术学科的理论与实践［J］．电化教育研究，2004，（2）：3-8.

［8］李龙．信息化教育：教育技术发展的新阶段（上）——四论教育技术学科的理论与实践［J］．电化教育研究，2004，（4）：6-8.

［9］李龙．信息化教育：教育技术发展的新阶段（下）——四论教育技术学科的理论与实践［J］．电化教育研究，2004，（5）：32-36.

［10］李龙．教育技术人才的专业能力结构——五论教育技术学科的理论与实践［J］．电化教育研究，2004，（5）：3-8.

［11］万嘉若．现代教育技术学［M］．北京：中国科学技术出版社，1993.

［12］尹俊华．教育技术学导论［M］．北京：高等教育出版社，1996.

［13］李克东．教育技术发展与电化教育新体系［R］．中国：广州，1997.

［14］何克抗，李文光．教育技术学［M］．北京：北京师范大学出版社，2002.

［15］南国农，李运林．电化教育学［M］．北京：高等教育出版社，1998.

［16］Nicholas Jackiw. 几何画板（软件）．北京：人民教育出版社，1996.

［17］张景中．超级画板自由行［M］．北京：科学出版社，2006.

［18］张景中，江春莲，彭翕成．《动态几何》课程的开设在数学教与学中的价值［J］．数学教育学报，2007，（03）：1-5.

［19］欧吉良，陈月兰．数学师范生教育实习调查研究［J］．上海中学数学，2007，（1-2）：10-12.

［20］符美瑜，李遵白．Logo 高中数学实验室（高一分册）［M］．北京：电子工业出版社，2003.

［21］第四届教育技术国际论坛收获与反思［EB/OL］．http：//ladysyl. bokee. com/index. html，2005-09-19/2007-07-06.

张景中、王继新、张屹、彭翕成等合作完成

（发表于《中国电化教育》2008 年第 1 期）

第二节　深入数学学科的信息技术

一、信息技术深入学科的必要性

在过去 20 多年中，世界各国都很重视教育信息化．投入的人力物力数量可观．但是从初步调研情况看，效果不能令人满意．教育信息化的设备有硬有软，而硬件是要通过软件发挥作用的．多数人对软件不满意，就说明实际效果不理想．

这不是中国特有的现象．据 QED2004，美国投入约为 660 亿美元．但人们预期的教育目标并没有实现．根据美国教育进步评估协会（NAEP）的研究结果，过去 20 年间，学生的学习成绩基本上没有什么变化．2007 年美国国会的调查报告称，计算机和教育软件的使用无助于学生成绩的提高[1]．我国近 20 年来在教育信息化方面投入也很大，专家们写文章、作报告，老师们讲公开课、参加课件竞赛评奖，似乎一片繁荣景象．但大量的信息说明，实际效果同样并不理想．多数教师和学生的负担没有减轻甚至反而加重，多数学生成绩并没有因此得到显著提高．

我国的教育技术，从观念、理论到方法，都是从西方（主要是美国）引进的．我国的国情和西方不同，教育的传统和文化背景都有很大的差异．即使教育技术的理论和实践在西方得到很大的成功，我国也不宜照搬．何况现在西方自己都没有成功，我们就更应当慎重了．如何发挥用巨大投入建设起来的信息化设施的作用，提高教育教学的实际效果，应当是我们着重探索的问题．

笔者认为：这种情形的出现，原因之一可能是试图将普适的信息技术直接用于教学的倾向广泛存在．这种倾向符合商业利益，因而得到有力的支持或鼓励，但教师和学生从中得到的好处不多．

教学活动是分学科进行的．不同的学科教学和学习对信息技术有不同的需求．如果教育信息化的活动不能深入到学科，不能为学科教学服务，就很难有实际的效果．这个道理很浅显，也没有人说深入学科不好．为什么强调深入学科教学呢？因为在实际工作中，很容易忽视这一点．寻找能够指导不同学科与信息技术整合工作的普适的理论，是很吸引教育技术领域的专家学者的目标．同样，开发适用于不同学科的普适的教育信息技术，也是软件企业优先考虑的任务．因为普适的理论或技术只要考虑共性，而把有个性特色问题的处理留给了各个学科的教师，这样可以花费较少的代价而得到更多的应用领域或用户．如果没有方针政策的引导，多数研究者和产品开发者自然的理性选择是作普适的理论研究和技术开发，直到此路拥挤不通．而教师和学生，则更欢迎针对学科的理论指导和技术服务．因为普适的理论指导往往使他们无所适从，普适的技术产品往往把困难的工作留给他们自己，不能有效地减轻他们的负担，不能让他们充分信息技术带来的好处[2]．

我们都提倡"个别化教学"．在对教师的信息技术培训和考核中，应更加重视不同学科教师的特点．信息技术对学科教学和学习的支持，有效的方式是向师生提供易学易用功能全面的学科教学平台．有了好的学科教学平台，资源问题就容易解决了．以数学为例，用好的学科教学平台备课和制作课件，比使用流行的普适的课件平台的效率提高 10 倍到 100 倍，而且课件的交互性和开放性好得多．这样，教师的负担能够减轻，学生的兴趣能够提高，就能够现出教育信息化的实际效果．

一度流行的各种"课件制作平台"和基于课本搬家而开发的"教学资源库"，对教师和学生已经没有太大吸引力了．那么，数学教学中究竟需要什么样的信息技术呢？

二、数学教学中常用信息技术的三个类别

在计算机飞速发展和普及的今天，信息技术的应用已经渗透到各个领域，这其中当然包括数学教育．在数学教育活动中，数学教师需要用的信息技术，大体上分为三类．

（1）选择性地使用普适的信息技术：收发电子邮件，上网查资料，汉字输入写东西，以及在网络论坛社区上交流等．

（2）数学教学中常用的信息技术：动态几何（包括动画、变换、跟踪、轨迹）、动态曲线作图、动态测量、符号计算、编程环境、随机现象模拟、统计图表制作、快速公式编辑、课件制作演示等．

（3）某些专题教学活动需要的信息技术：如分形制作、函数拟合等．

下面对这三类信息技术分别论述．

（一）选择性地使用普适的信息技术

普适的信息技术种类繁多，目前数学教师使用较多的有这么几种：用 Word 写文章、写教案；用 Excel 统计学生成绩；用 PowerPoint 制作课件；用 QQ、E-mail 等通信工具与人交流；上网查资料，上论坛讨论问题．需要指出的是，不少老师对前面几种信息技术使用较为熟悉，而对上网查资料，上论坛讨论问题则还认识不够．

网络上有很多好的资料，有一些是要收费的，如中国期刊网、超星图书馆等；但也有不少资料是免费的，我们可以利用搜索引擎（如百度、Google）来搜索资料．千万不要以为使用搜索很简单，其中也有不少的技巧，需要查看百度（或 Google）的帮助文件才能发现，而这通常是很多老师忽略了的．譬如说，写教案的时候想参考一下别人的教案，那么只要进入百度（或 Google）的"高级搜索"，输入关键词，选择文件格式为 Word，就能很快搜索出大量的 Word 文档，这一招就避免了通常的网页搜索会丢失图片和数学公式的缺陷．

只用搜索引擎搜索资料，难免有点宽泛和盲目，有时候搜索出一大堆资料出来，却找不到自己需要的．这时候就需要去专业论坛了．不管是查找资料，还是求解问题，或者有什么心得体会想与人分享，都可借助于论坛．论坛的优势就在于交互性强，便于交流．可能你刚发了个帖子，再一刷新，别人就已经回复了．所谓太阳底下无新事，你所遇到的问题，极有可能别人早就碰到过，看看别人是怎么解决的，就可以少走弯路．网络上数学教育方面的论坛不少，但精品却不多，人教社论坛、K12 教育论坛、《数学通讯》论坛等都是办得不错的，人气旺盛，会员的水平较高，资料也丰富．

普适的信息技术给教师和学生带来很多的便利，但远不能满足学科教学与学习的需求．例如，数理学科要用到的符号计算，就是很多其他行业不需要的技术，不属于普适的信息技术．为了教学和科学技术研究而发展符号计算技术，数学家和计算机科学家耗费了大量心血．例如，仅仅为了实现整系数多项式的因式分解，发表的学术论文就超过千篇．

有些普适的信息技术表面上看来适用于教学和学习活动，人们甚至花大力气在教育领域推广这些技术．但很遗憾，这些技术未能通过教学实践的检验．例如，通用的文稿

演示软件、通用的动画生成软件和通用的课件制作系统都是数学教师希望在教学中应用的技术工具，它们一度燃起教师们应用信息技术于教学的热情．然而几年之后，大家就发现学习和使用这类技术产生的教学效果，并不能补偿所投入的人力和物力．一位数学教师在网上对这类技术在教学上的应用效果的评价是"老师做累了，学生看傻了"．这句话一针见血地指出了在教学活动中滥用普适信息技术的负面影响．有作者指出，运用多媒体演示进行教学活动，其效果常常不及传统的黑板粉笔[3]．其实，信息技术和黑板粉笔并不是完全对立的两套教育技术．为教育而研发的，适用于课堂教学的信息技术工具，应当而且可以兼具黑板粉笔教学模式的长处，应当能够继承发扬传统的教学方式的长处．

（二）数学教学中常用的信息技术

数学教学活动中，还有许多特殊的需求，普适的信息技术难以满足．为了减轻负担、提高效率、改善教学效果，数学教师应当熟悉一些专为数学教学而开发的工具软件．数学教学活动中有哪些特殊需求能够得到信息技术的帮助呢？简单归纳起来，无非是作图、测量、计算、编程，以及制作课件或演示现成的课件．

数学教师常常要画图．画几何图形（包括平面几何、解析几何和立体几何图形）、画函数图像、画统计图表等．

数学教学中画图是为了讲道理，数学的道理常常表现为变化中的不变．例如，三角形不论如何变化，但内角和总是180°，3条中线总是交于一点．为此，动态几何作图软件应运而生．用动态几何软件所作的图形有两个基本特点：①图中的对象可以用鼠标拖动或用参数的变化来驱动；②其他对象会自动调整其位置，以保持图形原来设定的几何性质．通常的作图软件，都不能满足数学教学的这种需求．

动态几何软件很多，如美国的"几何画板"，法国的"Cabri"等．而学习和使用起来最方便的，当推我国自主开发的"Z＋Z智能教育平台——超级画板"（下简称超级画板）．用超级画板的智能画笔，直接操作鼠标即可作出自由点、线、圆，直线或圆锥曲线等几何对象上的点，直线与直线或圆锥曲线等几何对象的交点等几乎所有的基本几何图形（图1-1）．几何作图是最常用的功能，细节需求当然不少；譬如一位老师在教求阴影部分面积这一内容时，想将图1-2画在试卷上（Word版），那么利用Word自带的绘图工具绘制有一定难度，而采用动态几何软件，特别是采用能够作出交、并、补、差集的软件则是容易实现的．

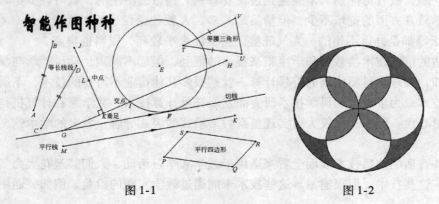

图1-1　　　　　　　　　　　　　　　　图1-2

超级画板不是专门的立体几何作图软件，但也能够较好地画立体图（图1-3）. 专门的立体几何作图软件，国外的有"Cabri3D"，国内的有"Z+Z智能教育平台——立体几何".

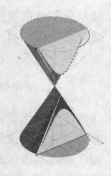

图1-3

动态几何软件都带有测量功能. 图形中的角度、长度和面积可以测量，表达式的值可以测量，点的坐标和曲线的方程也可以测量；测量出来的数据随图形变化而变化. 作图、测量、计算，改变图形形状观察几何规律，这已经成为用动态几何软件进行教学的一个基本模式. 利用这一模式，很多中学数学老师在教学中取得了很好的效果. 动态几何的学习、应用和研究已经成为很活跃的领域. 动态几何在教育领域的积极作用已为国际公认.

数学教学当然离不开计算. 不但要用到数值计算，有时还用到符号计算. 例如，计算 $\frac{1}{2} + \frac{1}{3}$ 得到 $\frac{5}{6}$，计算 $\sqrt{2} + \sqrt{8}$ 得到 $3\sqrt{2}$，计算 2^{64} 得到 18446744073709551616 ，从 $a + a$ 得到 $2a$，从 $x \times x \times x$ 得到 x^3，从 $(a+b)^2$ 得到 $a^2 + 2ab + b^2$ 等，都属于符号计算. 这是普通计算器做不到的. 一些老师由于不了解现在信息技术的发展状况，还写文章强调说计算机计算时数位的大小受到限制，特别提到 Excel 只能计算 15 位有效数字，提到大数的平方计算，要教师制作课件时注意. 有老师在讲授二项式定理时，常常举这样的例子："今天是星期一，那么 8 天之后是星期几？这是很容易知道的呢？那么 8^{1000} 天之后是星期几呢？这么大的数，计算机也算不出来啊？"

符号计算软件早已能够实现任意精度的计算，这已经属于常识范围了. 在超级画板中就能准确地计算任意大的整数的平方，上百位的整数的平方计算时间不到 0.1 秒. 专门的符号计算软件有 Maple，Mathematica，还有免费的 Maxima 等. 但中学数学教师没有必要花时间学这些专业软件，超级画板里面的符号计算功能足够用了.

（三）某些专题教学活动需要的信息技术

超级画板好比超级市场，数学教学对信息技术的需求基本上都能满足了. 但是除了超级市场，有时还要上专卖店. 例如讲分形几何，超级画板就不如几何画板流畅（因为几何画板将所有迭代对象看成是一个对象，存储空间较少；缺点是对迭代对象难以进一步操作. 超级画板的设计刚好与几何画板相反），更比不上专门的分形几何软件.

有时候进行数学建模的活动，需要采集一些物理、化学等方面的数据，则还需要带有传感器的图形计算器，因为一般的计算机软件都不具有这样的功能.

三、数学教育信息技术对教与学的影响

计算机已经成为很多人工作、学习、生活中不可缺少的一部分. 尽管目前还不是每个教室、每个老师都有电脑，但数学教育信息化的趋势不可逆转. 正如一列火车开进山村会改变那里人们的思想观念和生活方式一样，信息技术的使用也会改变师生们的思维习惯和教与学的方式.

长期以来，有这么一种错误认识，将信息技术与公开课等同起来. 其实，公开课的

演示只不过信息技术的应用之一．信息技术不单应该是公开课表演的道具，更应该是日常教学中的工具，就好像三角板、圆规一样．下面仅简单介绍信息技术对数学教学的影响，限于篇幅，没有展开论述．

（一）使用信息技术引发学生兴趣

不少学生觉得数学单调、枯燥．即使花大量时间做题，效果却不显著，让人失望．陈省身先生所说的数学好玩，一般人是很难体会的．而采用信息技术则可能改变这一局面．有趣活泼的动画效果、生动直观的彩色图形，正是学习的最佳刺激．以趣引思，能使学生处于兴奋状态和积极思维状态，学生在这种情境下会乐于学习，且有利于学生对新知的吸收和理解，而这一切都是传统教学很难做得到的．

（二）使用信息技术让学生深入理解数学

数学是一门抽象且逻辑性很强的学科．在学习过程中，常常会遇到一些难以理解的地方．难点不突破，积少成多，就会成为学生的包袱．其实，不少的难点用信息技术做个动画就能解决了．

传统教学讲中位线，都是先作 AB、AC 的中点 E、F，然后连接 EF，然后告诉学生，这就是中位线．而使用信息技术，则可以让学生理解更深入一点．先在底边 BC 上任取一点 D，跟踪 AD 中点 E，作点 D 的动画，则可得到 $\triangle ABC$ 的一条中位线．这样让学生充分了解中位线的本质：底边上任意一点的与顶点 A 的连线的中点都在中位线上，换句话说，中位线是由无数个中点 E 的集合构成的，传统教学所取的只是底边线段 BC 的两个端点罢了．再扩展一下，一一对应的数学思想便呼之欲出．

（三）使用信息技术提高教学效率

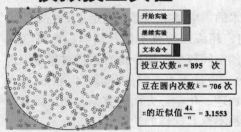

图 1-4

不少人认为使用信息技术，教师讲课可以节省很多板书的时间，从而信息容量增大，学生能够学到更多的东西．但实践表明，容量过大，学生反而接受不了，而传统教学中教师板书恰恰给学生消化吸收提供了时间．那么信息技术提高教学效率表现在哪些地方呢？

以投豆实验为例，一些老师让学生分组做试验，把大量时间花在了单调、重复的投豆活动及相关数据的记录和计算中，看似热闹，实际意义不大．完全可以利用信息技术进行模拟实验（图1-4），让学生了解大概怎么回事就可以了．关键在于把为什么可以用概率的方法计算出 π 的近似值的原理讲清楚，让学生从中深切体会数学方法的神奇！

（四）使用信息技术帮助学生创新

姜伯驹院士曾指出："在教师指导下，探索某些理论或应用的课题，学生的新鲜想法借助数学软件可以迅速实现，在失败与成功中得到真知．这种方式，变被动的灌输为主动的参与，有利于培养学生的独立工作能力和创新精神"．运用信息技术开展数学探究改变学生单一、被动的学习方式，学生不再是一味听教师讲、看教师做，而是自己在计算机上进行实验方案的设计和操作，对实验的事实加以分析并做出结论．在这样的学习氛围中，学生学习的主动性和积极性被充分调动，钻研问题的兴趣被完全激发，学生真正感受到自己是学习的主人，变"要我学"为"我要学"，较好地提高了学习的效率[7]．

只要选择了好的实验平台，学生不但可以将已学的知识施展开来，甚至还常有创新之举．譬如北大附中广州实验学校的初中生们，利用所学的"旋转、放缩、反射"等知识进行设计的《金色的海鸥》、《蓝色贝克的镶嵌》、《万花筒景象魔幻球》、《能量爆炸》等作品，就受到很多教育专家的高度赞赏[8~10]．

再看看图 1-5 中 6 幅小图片，你可能认为要设计很久吧．其实步骤很简单，先任作四点，构成四边形后，再以某点为直线旋转得到三个新的四边形；此时任意拖动初始的四点，随手就能得到很漂亮的图案．简单的元素能够产生如此多的意想不到的变化，不借助信息技术是绝难想象的，同时也体现了数学的迷人之处．

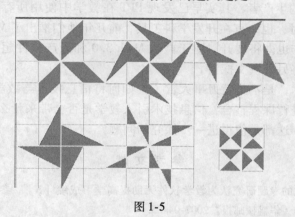

图 1-5

（五）使用信息技术联系生活和大自然

不少的中学生认为，数学就是搞理论，成天做题；甚至还认为，数学学到初中就可以了，反正学多了也没可用之地．其实不然，数学在我们生活中可谓是无处不在．以圆为例，为什么车轮要做成圆形？这个问题可以不用信息技术，从常识就能回答．但是如果继续追问，假如车轮不是圆的又如何？假如是正方形车轮，而又想让车子上的人觉得平稳，应该修一条什么样的路？恐怕就难以想象，此时最好借助信息技术来帮忙（图 1-6）．

还有就是数学与自然的联系．有人说："上帝是数学家，唯一能够描述宇宙的语言是数学！"对于这句话，不管是学生，还是老师可能都不大理解．怎么用数学语言去描述宇宙？恐怕很难回答．在很多人看来，数学和自然的联系实在是不多．著名数学家分形几何的创始人芒德勃罗说："为什么几何学常常被说成是'冷酷无情'和'枯燥乏味'的？原因之一在于它无力描写云彩、山岭、海岸线或树木的形状．云彩不是球体，山岭不是锥体，海岸线不是圆周，树皮并不光滑，闪电更不是沿着直线传播的……数学家不能回避这些大自然提出的问题．"在教学过程中同样也不能回避这一点．其实不需要太高深的数学，将所学的一些数学知识加以组合，譬如指数函数、正弦函数、余弦函数等，就能描绘出自然界的很多物体（图1-7）．信息技术则是我们探索真理、追寻事实的有用工具．

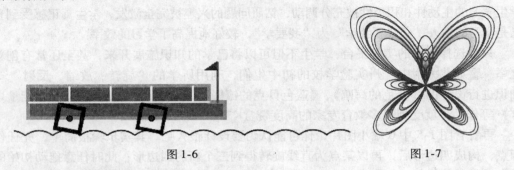

图1-6　　　　　　　　　　　　　　　　　　　图1-7

四、进一步探讨的问题

微软作为 PPT 的生产者，其实早已发现 PPT 在教学中使用所存在的问题，所以微软在推广 PPT 的同时，也一直在开发学科工具．前几年他们推出了 Math 3.0，据笔者所知，大规模推广工作也即将展开．对于微软 Math 3.0 和国产软件超级画板在功能设计上有何不同，笔者将另外撰文探讨．

使用了信息技术，是不是就万事大吉了？如何将信息技术与数学教学更好地结合，应该如何有步骤的进行课程整合？信息技术引入教学是否会带来什么不好的效果，哪些地方是需要注意的，这都是值得进一步探究的问题．

参 考 文 献

[1] 美国一项规模最大的专题研究认为教学软件无助提高学习成绩［N］．参考消息，2007-04-07，(6)．原载于美国《华盛顿邮报》2007-04-05．

[2] 张景中，王继新，张屹等．教育信息技术学科的形成和展望［J］．中国电化教育，2007，(11)：13-18．

[3] 唐月红．高等数学 MCAI 的研究与实践［J］．高等数学研究，2001，(1)：41-43．

[4] 张景中，彭翕成．函数作图软件的评价和选择［J］．数学通报，2007，(8)：1-9．

[5] 褚红英．对两则教学案例的反思．中学数学教学参考［J］．2008，(1-2)：30，31．

[6] 彭翕成，江春莲，李万菊．基于《超级画板》的探究性教学案例：因式分解［J］．中学数学，2008，(5)：43-45．

[7] 彭翕成．运用超级画板开展中学数学实验［J］．数学通报，2008，(4)：44-47．

[8] 王鹏远，马复等．超级画板与数学新课程［M］．北京：科学出版社，2005．

[9] 刘舜．陪我进步的朋友［N］．中国教育报，2004-6-29，(12)．

[10] 胡文欣．"Z＋Z"的魔法［N］．中国教育报，2004-6-29，(12)．

张景中、彭翕成

（编入时有删改）

第三节　动态几何解析

在计算机屏幕上作出的几何图形，如果在变化和运动中能保持其几何关系不变，就叫做动态几何图形．有关动态几何作图的理论和应用的学科，就是"动态几何"．

动态几何图形有两个基本特点：

（1）图中的某些对象可以用鼠标拖动或用参数的变化来直接驱动；

（2）其他没有被拖动或直接驱动的对象会自动调整其位置，以保持图形原来设定的几何性质．例如，作两条线段和它们的一个交点；当拖动一条线段的端点时，线段会随着运动，交点也会随着运动（图1-8）．

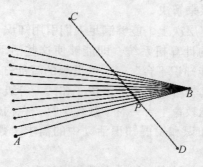

图1-8

第一个动态几何软件"几何画板"（简称 GSP），出现于 20 世纪 80 年代，是美国国家科学基金支持的项目的成果．"几何画板"问世后，动态几何的教育价值很快得到世界各国的教师和教育家的肯定，欧美国家又研发出更多的动态几何软件，经过 20 多年的发展，动态几何软件至少已有 40 种，其功能也更加丰富．除了上面两个特点外，有些软件增加了跟踪、轨迹、测量、动画、迭代以及曲线作图的功能．我国于 1996 年由人民教育出版社引进"几何画板"并完成该软件界面的汉化工作．10 多年来，"几何画板"在中学数学教学中已产生较大的影响，"几何画板"也成为大学数学系的"计算机辅助教学"课程的一个重要组成部分，而这一课程被那些已经毕业，现在从事中学数学教学的老师认为是最有帮助的大学课程．

本教程选择的配套软件，是我国自主研发的"Z＋Z 智能教育平台——超级画板"的免费版本．它比"几何画板"更容易学习和使用，也能更全面地满足数学教学和学习的需求．

事实上，教与学的活动要涉及知识的传播．用于教学的教育软件实质上是满足人们知识需求的系统．人们对知识的需求是多种多样的．大体说来，不外是：

（1）引用资料，这是对知识的最通常最基本的使用方式．

（2）解决问题，特别是专业科技问题．如用数学软件来解方程，求最大公因式；或用绘图软件画几何图形工程图样．为满足这类需求，知识要以基于一定算法的可执行程序的形式储存．

（3）科学传播，这就要将知识组织成生动通俗的表现形式．如教师备课和制作课件，科普作者进行创作，都是为传播知识而提出对知识的需求．这不仅要使用资料和解题程序，还要求提供方便的表现手段，以便演示其作品．

（4）学习进修，包括知识学习和技能培训．这要资料组织得由浅入深以循序渐进，解题程序要有过程便于举一反三．并辅以练习、测评等．

（5）学术研究，这要求知识库具有高层次的专业内容和有效率的运算器，支持知识创新活动．

简单地说，人们对知识系统的需求，基本上是为了引用知识、运用知识、传播知识、学习知识和发展知识．在引用知识、运用知识、传播知识、学习知识和发展知识的活动中，有大量的工作是可以机械化的，其中相当多的工作是数学活动，可以应用数学机械化的思想、方法和成果来解决．

在某一知识领域内一定层次上，能够满足人们引用知识、运用知识、传播知识、学习知识和发展知识的需求的计算机系统，即能够使这些活动尽可能机械化的计算机系统，可以称之为一个"智能知识平台"．这里设想的智能知识平台是面向学科领域的，并且是分层次的．如果将其学科知识水平定位于和某一等级学校的课程大纲相符合，它就成了针对某个学科的智能教育平台．对于数理学科，在构建其智能教育平台时，为了满足人们运用知识、传播知识和发展知识活动中的需求，数学机械化扮演着重要的角色．

数学机械化和教育技术的结合，能带来哪些好处呢？

（1）本来就要做的事，做得更快更容易，提高了效率．

效率问题不可忽视．因为量变会引起质变．效率提高了，老师和学生就减轻了负担，才有更多时间思考、实践、讨论，才有可能创新．教师不论用什么模式来教，学生不论用什么方法来学，他们都要写、画和计算．这些劳动中有些部分是机械的、重复的，并且劳动过程本身对达到教学目标意义不大．对教师来说，这类劳动所占比例更大．用计算机代替教师和学生做这些工作，能够提高效率，减轻负担，使教师、学生把精力和注意力用到更高层次的教学和学习环节．

（2）有些过去想到而做不到的事，可以轻松实现．

许多现象和过程在黑板和纸笔提供的教学环境中，教师只能讲一讲，学生只能想一想．用了计算机和智能平台，可以演示、操作了．例如，带参数的初等函数图像，会随着参数的变化而变化．观察这变化过程，对同一类函数图像的共性和与参数的关系就能一目了然．对在屏幕上作出的立体图形（如各种正多面体）进行操作并从不同的角度观察：平移、旋转、缩放、分割、取截面、表面展开以及把空间的多边形放到平面上看等．这是过去教师非常想做的．许多操作用实物难以进行．对大量数据的处理和对庞大的数和式的运算的感受．如算一算 10000 的 3 次方和 3 的 10000 次方，比较一下，对指数增长会有震撼性的感受．以上这些活动，都可以直接应用智能平台的基本功能现场即兴操作，不必制作课件．教师在通常的备课过程中就可以作好准备．

（3）创造出过去可能想不到或不敢想的教学资源．

有了计算机和智能平台作为工具和教学环境，教师和学生的创新潜能会得到更多的激励,设计制作出新的课件和学件.这些课件和学件可以直接联系着课程内容,也可能是课程内容的扩展和深化.它们可供学生欣赏、操作、研究以及制作发展.例如,不规则多边形镶嵌;按定义生成圆锥曲线;用凸轮或曲轴连杆实现直线运动和圆周运动的转化;把三棱柱切割为棱锥等.

我国在自主研发"Z+Z 智能教育平台——超级画板"(简称超级画板)的过程中,借鉴"几何画板"的长处,把动态几何作为最基本的功能.此外,还根据教师教学和学生学习的实际需要,将动态几何和符号演算、自动推理、编程环境以及课件制作等进行有机地集成;在操作方式上的创新处理使得软件更加易学易用.事实上,它已经突破了动态几何的框架,发展成为集动态图形与动态计算于一体的逻辑动漫平台.为了交流的方便,我们仍然把已经发展成为逻辑动漫的系统叫做动态几何.表 1-1 就是关于"超级画板"和"几何画板"主要功能的一些对比.

表 1-1

	几何画板	超级画板	备 注
动态几何	强	强	超级画板智能画笔更方便
几何变换	有	强	超级画板增加仿射变换,对轨迹变换
轨迹跟踪和动画	有	强	超级画板对应功能更完善
含参数曲线作图	有	强	超级画板支持含字母表达式直接输入和复制
数值计算	5~6 位	15~16 位	几何画板分数运算只能得出小数
符号计算	无	有	超级画板支持大整数、多项式等的运算
文本和公式编辑	弱	强	超级画板有可变换文本和公式自动排版
动态测量	有	强	超级画板可测量任意表达式
统计图表	无	有	超级画板还可以自动生成函数表
可视化作图	有	强	超级画板作图更"傻瓜化"
程序化作图	无	有	
编程环境	无	有	
几何推理*	无	有	
网页生成*	有	有	
运行情形	快速流畅	正常	非常复杂的图形拖动起来才有差别
作图宏记录*	有	有	
几何迭代*	强	有	
新手入门	5~7 天	1~2 天	超级画板操作更简便易学
课件制作演示	可以	非常方便	超级画板比 PPT 更方便讲课
用户发挥空间	大	更大	超级画板学会后更容易扩展
对数学课程支持	大部分	全面	
视觉印象	一般	美观	超级画板作图有分层有渐变
免费版本	无	有	超级画板免费版本能满足教学要求
界面	简洁	可简可详	超级画板界面支持用户自定义

*号表示超级画板注册版才有的功能

近年来，很多人关心在教学中使用信息技术的实际效果．但是，美国教育部公布的一项研究报告（载于美国《华盛顿邮报》2007-04-05）指出：教学软件对学生成绩的提高没有多大帮助．造成这一结果的一个重要原因就是软件的选择不恰当．如果总是将普适的软件（如 PPT，Flash 等）直接搬过来用于教学，那么所得到的教学效果肯定是不佳的．这些年的实践表明使用普适的软件从事教学所取得的效果，远远不能补偿所投入的人力和物力．一位数学教师在网上对这类软件在教学上的应用效果的评价是"老师做累了，学生看傻了"．这句话一针见血地指出了在教学活动中滥用普适信息技术的不当之处．也说明为学科教学研发量身订做的软件的必要．

而与此相反的是，对于动态几何在教育上的应用，所有的评论和教学实践的反应都是正面的肯定．关于动态几何的理论和应用的研究和实践，已有大量的文章书籍和网页．下面以"超级画板"为例，介绍动态几何在教育中的应用．

（一）日常学习的工具

作为学生学习和教师备课的日常工具，它可以作为信息时代的圆规直尺三角板、计算器、数学表、画笔、书写板以及计时器；一身多任，方便快捷，所作的图形和计算的结果都以动态方式呈现，大大提高工作学习效率．例如，用超级画板制作 3 个参数的动态简谐振动图像只要一分多钟，学会制作方法也只要三五分钟．用其他非动态几何工具作这样的图像，学会使用软件至少要几个小时，制作动态图像也要个把小时．

（二）课件制作的平台

用基于动态几何功能的平台来制作课件，方便快捷．一般的课件常常能在几分钟内作出，甚至可以一边讲课一边作，或师生在讨论中共同作出．所作的课件常常可以根据教学需要动态呈现，具有很强的动态性、交互性和开放性．动态性和交互性是大家常常谈到的，开放性则要进一步说明．所谓开放性，是指学生可以比较容易地修改课件，在课件上增加新的对象作进一步的观察探索．例如，课件上画了正弦曲线，学生可以容易地把它改为余弦曲线或对数函数曲线，以收到举一反三的功效．讲平摆线（旋轮线）的课件上画了滚动的圆，学生可以在圆上作一个点，看看自己作的点在圆滚动时会不会也画出平摆线（图1-9）．

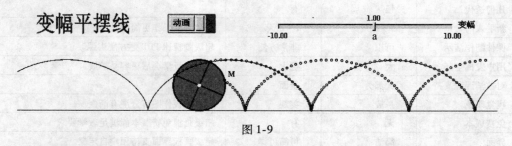

图 1-9

用基于动态几何功能的平台，还有利于制作模拟随机过程的仿真课件．课件所呈现的随机过程每次不同，有真实感．用通常的动画工具很难表现这类过程，如高尔顿实验

（图 1-10）.

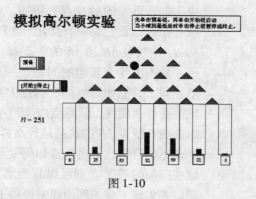

图 1-10

在基于动态几何的平台上备课或准备报告，可以使内容的呈现生动有趣，把事物的发展过程和逻辑关系阐述得更为清楚，使其更有吸引力和说服力.

（三）实验探索的环境

基于动态几何功能的平台，为学生提供了实验探索的环境. 学生可以利用其动态作图、动态计算、动态测量以及编程功能来帮助自己理解概念，启迪思路，探索疑问，检验答案.

历史上著名的实验，如蒲丰投针算 π，实际上做起来很花时间，可以用计算机模拟实验（图 1-11）. 基于动态几何的平台，能画、能算、能动、能变、能测，是实验探索的得心应手的环境. 这样的平台，还可以用来模拟探索物理过程和其他有趣的自然现象，如单摆、布朗运动、多普勒效应、混沌与分形等.

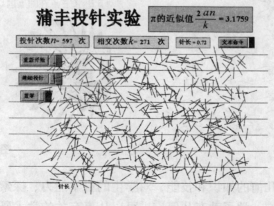

图 1-11

（四）创新思维的触媒

动态几何软件问世以来，已经有大量的学术论文对它的理论和应用进行研究，其中不少是博士学位论文. 这些研究涉及数学、计算机科学、科学教育多个方面. 一个事物一旦

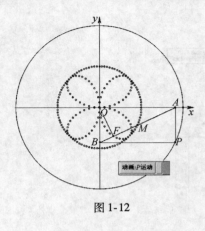

图 1-12

从静态提升到动态，常常会出现新的现象和新问题，会成为创新思维的触发点．例如，以直角坐标系的原点为圆心作圆，圆上取一个点 P，自 P 向两个坐标轴引垂足 A 和 B，作线段 AB 和 AB 的中点 M．这是一个平常的几何图形，看不出什么有趣的问题．一旦把图形动态化，就大不相同了．例如可以问，当点 P 在圆周上运动时，M 的轨迹是什么曲线？从原点向 AB 引垂足 F，F 的轨迹是什么曲线？线段 AB 的轨迹是什么样子？如果两条坐标轴的夹角不是直角，上述轨迹如何变化？利用动态几何软件，这些问题的答案立刻可以直观地呈现出来，使人耳目一新，并为进一步的理论探索提供了导向（图 1-12）．

（五）艺术欣赏的园地

在基于动态几何的平台上，运用跟踪、轨迹、变换和迭代等功能，容易创作千变万化的美丽的图案．更有趣的是可以创作动态的百变艺术作品，一个看来简单的图像，观察者自己调整参数后，可以产生无穷无尽的不同效果．例如，图 1-13 中的平面密铺图，只要拖动左下角的几个关键点，所有的图案都会随着变化，但仍保持密铺．

图 1-14 和图 1-15 是一个更有趣的例子．在一个圆上任取 3 个点 A、B、C，在线段 AB 上取点 P，再在线段 PC 上取点 Q（图 1-14），当 A、B、C 三个点在圆上运动时，点 Q 的轨迹是什么样子？这个看来如此简单的几何图形，所产生的轨迹出乎意外的丰富多彩！图 1-15 仅仅是从它产生的成千上万种图案中随手拈来的少许样例．

密铺曲线形

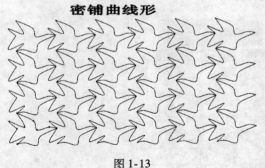

图 1-13

A、B、C 三点在圆上运动时，点 Q 的轨迹的一种

图 1-14

综上可知，动态几何的知识和技能，对学生的自学能力、探索精神、创新意识、科学素质都有积极的影响．学了动态几何，进可以从事有关的学术研究，退可以具备一项有用的信息技术教学技能．动态几何可深可浅，小学生可以学会一些基本的操作而玩得津津有味；博士生也可以从其中找到挑战性的课题而孜孜以求．动态几何兴味浓厚，使人进入后乐此不疲，足以吸引青少年学子从网络游戏回到学术殿堂．

目前，我国已有一些师范院校开设了"几何画板"和"超级画板"课程，其内容涉及动态几何的若干技能．而基于我国自主研发的"超级画板"开设包括动态几何及

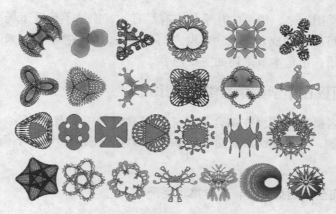

图 1-15

其发展（动态图形、动态计算、逻辑动漫）的理论知识和实践应用的"动态几何"课程，在国内外是一个创举．开设动态几何课程，对我国的高等教育特别是教师教育，将产生重要的积极影响．有动态几何知识和技能的教师，将成为我国基础教育中稀缺的骨干人才，为我国教育的现代化作出更大贡献．

张景中　彭翕成
（原载张景中、彭翕成著《动态几何教程》）

第四节　用超级画板教小学数学

一、背景分析

众所周知，信息技术对于教学来说可能发生的改变是革命性的．在 10 年之前，或许您难以相信今天现实生活中信息技术带给我们的生活和工作中的变化．对于学校的数学学习也是一样．然而，理性分析信息技术与小学数学整合可能产生的变化，主要集中在以下方面，从作用对象来看主要包括两个方面：利于教师的教，利于学生的学；从实践时间来看，主要是课内与课外．反观一线的教学现实，我们不难发现，虽然目前市场上教学软件花样繁多，但究其本质，主要还是集中应用在教师课内教的方面，很少有成为学生学习的工具，即使是教师教学演示的应用也大都停留在直观演示层面，很难有深入学科的教育软件．

目前，我国正在制定《国家教育中长期规划》，对于教育信息化的规划来说，"博采众长，自主创新，深入学科，注重实效"，受到高度重视．作为小学数学学科来说，如何做到这 16 个字，这也正是笔者开展基于超级画板的小学数学教学实践研究的目标所在．

"超级画板"的全名是"Z + Z 智能教育平台——超级画板"，"Z + Z"是"知识 + 智能"之意，是由中国科学院院士、计算机科学家张景中研制开发．"超级"二字，则是从"超级市场"的名称借用过来的，是说"超级画板"好比超级市场，教数学的老师和学数学的同学用起来，想要的几乎是应有尽有，好像进了超级市场一样．"超级画板"的主要功能可以归纳成 8 个字，叫做"写画测变，编演推算"．如何在小学数学教学中发挥它的作用，正是本节阐述的主要内容．

二、超级画板在小学数学教学中的作用

近年来，笔者所在课题组在结合国家义务实验教科书浙教版小学《数学》建设的同时做了一些实践，发现超级画板对小学数学教学有积极的影响，下面结合具体案例，阐述如下．

（一）让不完全归纳更完全，数学推理更严谨

数学是严谨的．但是在小学数学学习的过程中，基于学生的认知特点和学习要求，严谨又是相对的．陈重穆先生提出的"淡化形式，注重实质"一直是小学数学教育的良方，也使得数学的形式化程度在小学阶段有一定的宽限．然而，在超级画板应用小学数学教学的实践中，在数学推理的过程中，严谨程度完全可以得到提升．

在一线的教学课堂中，我们常常看到这样的教学场景：老师示范举个例子，学生补充两个例子，老师就开始总结"任意"的一般情况．如何让"任意"成为学生真切的感受，真觉得所举的例子是很"任意"的，超级画板大有作为．

例如，三角形的内角和．且不论小学里适合哪种方法来推导三角形的内角和比较好，就说用直接测量的办法来验证．在超级画板中，如图 1-16 所示，任意画一个三角形，随即测量三个角度并显示度数，三个角的度数相加，显示最后的和．拖动三个顶点，学生可以直观地发现：三角形的形状大小在变化，三个角度的大小也在变化，但内角和180°始终不变．由此学生更容易坚信：所有的三角形内角和都为180°．

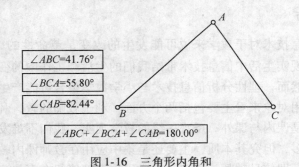

图 1-16 三角形内角和

（二）让不变在变化中更明显，数学本质更突显

1. 其他的变了，不变的就显现了

处理好变与不变的关系，是小学数学教学中函数思想的具体体现．超级画板作为动态几何软件，这个"动态"和普通意义上的"动态"是有区别的，不仅仅是把静止的图片"动"起来（这种动是呈现方式的改变），重要的是在动态的过程中保持数学属性

的不变，利于学生概括出数学的本质．

例如，五角星中的黄金比．这个内容可以在学习比例的时候使用，也可以在组织综合与实践活动的时候使用．如图 1-17 所示，先呈现一个标准的五角星，随即测量出相应的线段的长度，并计算出相应线段的比值，拖动五角星任意的顶点，五角星的大小随即发生变化，在动态变化的过程中，线段的长度发生着变化，但对应线段的比不变，都是 0.618．

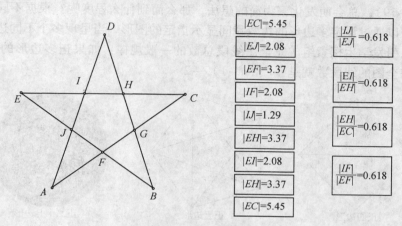

图 1-17　五角星中的黄金比

2. 条件变了，结果也变了

在小学数学学习中，平行四边形的面积公式是底与高的乘积．于是，在很多的课堂中，当师生讨论类似的问题：平行四边形的面积与什么有关，是怎样的关系？老师总略带启发的引导：平行四边形与底和高有关．然而，这样的分析是片面的．当学生置身在一个开放的教学环境中思考这个问题：平行四边形面积除了可能和底和高有关，也会有学生猜测与平行四边形的邻边长度，以及两条边的夹角有关．事实上，学生这样的猜测都是有道理的．超级画板能够验证学生的各种猜测，改变其中的一个数量，看面积是否发生变化？结果是显然的．如图 1-18（a）所示，拖动平行四边形的一个顶点沿着底边拖动，就可以发现底边改变了，面积也改变了．同样的道理，如图 1-18（b）所示，改变斜边的大小，面积都会改变．因此，在教学平行四边形面积的时候，除了分析平行四边形面积与哪些因素有关，重要的是还要明晰是一种怎样的关系．

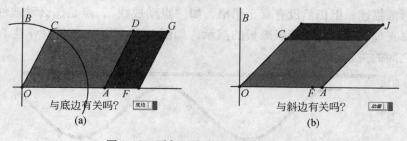

图 1-18　平行四边形面积与什么有关

3. 看似都在变，不变的是内在的规律

数学的眼光，是引导学生透过表面现象看到数学实质，从变化中发现不变的规律．一个正多边形，连接所有的对角线所组成的图形叫做完全图，对于完全图中有多少条线段？（不包括线段与线段相交后形成的新的线段）当学生面对一个正二十七边形的完全图时（图 1-19），总会萌发化繁为简的想法，那么简到什么程度呢？根据不同学生提出的需求，可以通过设定多边形的边数瞬间显示指定的图形．当呈现多个不同边数的完全图时，可以引发学生探索组成完全图线段总数的一般规律：如果正多边形的边数为 n，那么这个完全图的线段数就是 $n \times (n-1) \div 2$．

正四边形　　　　　　正五边形　　　　　　正二十七边形

图 1-19　完全图

（三）让直观形象更"入微"，数学理解更到位

华罗庚先生在"数形结合诗"中写到"数缺形时少直观，形缺数时难入微"，都说多媒体的技术引进数学课堂后，通过多种感官的刺激起到直观形象的效果．超级画板在小学数学教学中的应用则从不同维度增强直观形象的程度，即便是形象也因为超级画板更"入微"了．从某种角度看来，现在一般软件制作出的课件是在改变数学知识的抽象程度，而超级画板除了形象程度更高，重要的是旨在揭示数学本质属性．也就是说如果一定要给超级画板在"数学的数""技术的技"里面选个姓，它应该姓"数"，因为它根在数学．

1. 形象在动态中呈现

在小学数学教学中，有的概念需要直观呈现，学生才会领悟，否则即便有时学生能够重复老师的描述，但仍然没有真正感悟，如"点动成线"，点是怎么动成线的呢？并不是能够真正理解的．基于超级画板的演示，如图 1-20 所示，就能让学生真切地感受到点和线之间的关系．

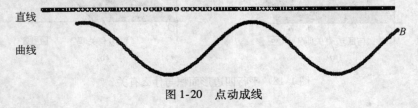

直线

曲线

图 1-20　点动成线

再如：圆的认识. 小学生学习圆的时候，是用描述画圆的过程来引出圆的概念. 基本上停留在"混而不错"的阶段，要让学生体悟到圆的定义"圆是到定点等于定长的点的集合"，教学上的困难的确存在. 但是，有了技术的介入，引入严格的定义（或者说更接近严格的定义）有了可能.

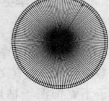

图 1-21 圆的形成

如图 1-21 所示，屏幕上确定一个点，带有箭头的线段表示度量到定点的距离都是这一条线段，然后随着线段的旋转，就形成很多的点，这些点形成的封闭的曲线就是圆，而这个演示的过程就直观地表达了"到定点等于定长的点的集合"这一圆的实质.

2. 数形结合更紧密

尽管直到中学解析几何的学习才是数形结合的典型集中的体现，但是数形结合在小学是可能的. 张景中院士还特别提出：即便是在数立方体的几个顶点时，就播撒下数形结合的种子. 有了超级画板的演示，能够让图形在动态的变化过程中与数量关系完美结合，实现"数形结合百般好"的佳境.

例如：三角形面积公式的变式. 在如图 1-22 所示的变化过程中，既是演示不同推导三角形面积的方法，同时又是对三角形面积公式应用的变式. 把形的变化和式的变化完美地结合在一起了.

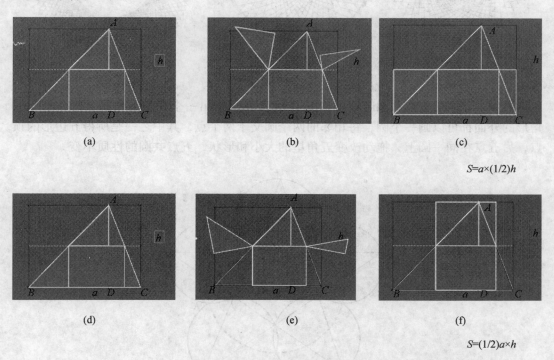

$$S=a\times(1/2)h$$

$$S=(1/2)a\times h$$

图 1-22 三角形面积公式的变式

（四）让数学更好看更好玩，学习兴趣更浓厚

2002 年数学家大会期间，陈省身先生给孩子们的题词是"数学好玩"．简单的四个字，却是数学教学努力的重要方向．怎样让现在的小学生觉得学习数学负担不重，并且数学好玩，大有文章可做．借助超级画板，能为孩子学习数学拓展新的发展空间．让孩子不要拘泥于枯燥的技巧性的数学学习中，而是打开视野，欣赏数学带来的美，"玩"好数学．

1. 数学欣赏

借助超级画板可以制作出很多美丽的数学图案．如图 1-23 所示，它们都是由基本的图形旋转而成．有的图形是图形围绕图形外的一点旋转，旋转是三角形和正方形；有的图是围绕中心点旋转的三角形和四边形．引导学生欣赏后判断，培养学生良好的空间观念．

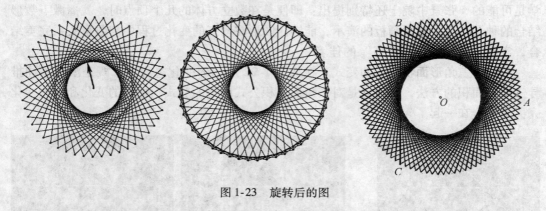

图 1-23　旋转后的图

再如，著名的五点共圆问题．如图 1-24 所示，给出一个任意五角星，每一个小三角形的外面都可以画一个圆，每相邻的两个圆交于两个点，其中之一是所得五边形的顶点，另五点在同一圆上．拖动改变五角星的大小和形状，五点共圆的性质不变．

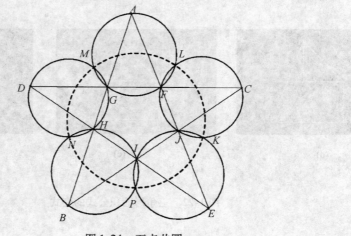

图 1-24　五点共圆

2. 数学好玩：组织学生应用数学创造作品

数学好玩，关键要解决"玩什么东西，用什么玩，怎么玩"的问题．基于超级画板，可以丰富一些有趣的数学学习活动，让学生在玩的过程应用数学创造美．

例如，竖着的梯子滑倒了，会形成一幅怎样的图案？就可以组织四五年级的学生应用超级画板制作一个动画的梯子模型，进而可以制作出更美的图案．如图1-25中的3幅图便是由简单到复杂的梯子模型变化图形．

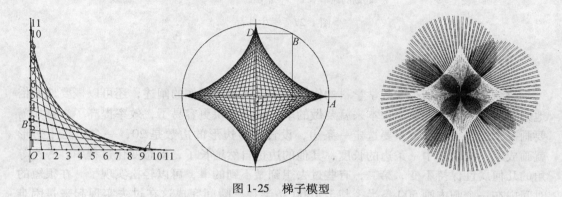

图1-25 梯子模型

再如，不同的车轮．车轮为什么是圆的，在一般的课堂上老师都会启发学生从圆心和半径的特点上去分析，这是有道理的，但是忽略了一个大的前提，那就是路是平的．如果路不是平的，要使车能够平稳地开，车轮就不能是圆的了．超级画板能够方便变更车轮的多边形边数，如图1-26所示，随即变换的是路的不同坡度，不同的车轮在不同的路上，车都是平稳前行的．

图1-26 不同的车轮

组织学生开展基于超级画板的综合实践活动，制作出相应的小作品，见图1-27．通过此项研究活动旨在让学生动手做数学，创造数学美，欣赏数学美．相信学生的潜力，学生的精彩作品一定会超过您的想象．下面的作品就是由学生制作的，或许你一时都难以判断学生是怎么画出来的了，在超级画板创造的学习新时空中，学生潜力无穷．

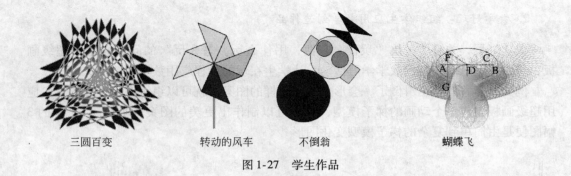

三圆百变　　　转动的风车　　　不倒翁　　　　蝴蝶飞

图1-27　学生作品

三、结论及讨论

超级画板应用到小学数学学科的作用除了上述基于案例的阐述,还可以概要地通俗地归纳为三个方面.第一,本来就要做的事,做得更快更容易了,效率提高了.譬如需要画一个正二十边形,只要选定一条边,设置正多边形的边数是20,一个正二十边形就画成了,拉动其中一条边的长度,其他的边也自然增长了,动态变化过程中,等边等角的几何属性保持不变.第二,有些过去想到做不到的事,可以轻松实现了.在很短的时间内在一个圆内画500条半径甚至1000条半径,瞬间完成这在过去实现起来是困难的.第三,过去想不到或者不敢想的资源可以创造了,如美丽的五角星、旋转的三角形等,这些传统的教学环境中几乎不可能完成的任务现在也能轻松实现了.

当然,作为一项有待进一步普及的教育技术,还有很多的问题值得大家共同探讨,比如:超级画板的强大技术如何与小学数学教学的具体案例相结合,适合于哪些具体的课堂教学中,还有待有序地设计,形成必要的资源库;学生应用超级画板作为学具固然好,但什么时候掌握这样的技术,又能应用技术开展哪些学生可以动手操作"做"数学的活动?学生有时候设计出了作品,但并不能解释数学原理,又该怎样看待这项活动的教育价值?超级画板在小学数学教学中还能发挥哪些作用,期待更多老师参与实践,欢迎更多专家共同探讨.

参 考 文 献

[1] 张景中.超级画板自由行 [M].北京:科学出版社,2006.
[2] 史宁中.数学思想概论第1辑 [M].长春:东北师范大学出版社,2008.
[3] 张奠宙等.小学数学教育概论 [M].北京:高等教育出版社,2008.
[4] 全美数学顾问小组.成功的基础 [J].全球教育展望,2008,(7):64-72.
[5] 唐彩斌.小学数学课程建设中信息素养的培养 [J].中国电化教育,2005,(7):66-68.
[6] 全美数学教师理事会.美国数学教育的原则和标准 [M].北京:人民教育出版社,2004.
[7] 张天孝.义务教育小学实验教科书数学 [M].杭州:浙江教育出版社,2008.

唐彩斌、彭翕成合作完成
(发表于《中国电化教育》2009年11期)

第二章 技 术 入 门

第一节 动画图案轻松作
——智能画笔与跟踪动画

我们在纸上画图，或者是用 Windows 自带的画图软件画图，所画的图都是静止不动的，但如果用专业的动画软件来作动画，譬如 Flash，那又相当麻烦．"超级画板"不但能准确快速地作图，还能使作好的图形动起来，而且动起来之后又生成新的图案，这是一件多么有趣的事情，让我们一起来感受一下吧！

【任务 2-1】 会用智能画笔作圆．

跟我学

（1）我们启动超级画板之后，屏幕如图 2-1 所示，是不是和 Word 等软件相似啊？中间的大窗口就是用来画图的地方，给它取个名字叫"作图区"，这就是我们以后主要的"工作场所"．

（2）从作图区向上看，有两排图标按钮，组成了工具栏．工具栏上面是菜单栏．在工具栏的中部，有个按钮 画了一支笔．把鼠标移到这个按钮处，稍停一下就会出现"画笔"二字，这就是超级画板的智能画笔了．

（3）先点击"画笔"按钮，然后双击坐标原点 O，第二击不松开就拖动，画出一个圆．此时圆上有一点 A（图 2-2）．（新版本的"超级画板"，可单击右键拖动画圆．）

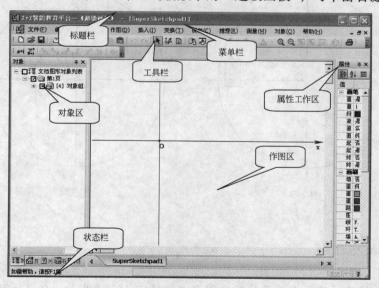

图 2-1

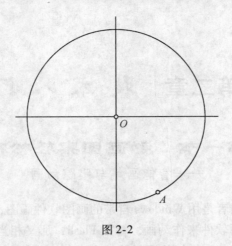

图 2-2

【任务 2-2】 学会用智能画笔作点、垂线段、中点.

跟我学

（1）将鼠标移到圆上，圆会变色，此时单击则会生成点 B.

（2）按下左键拖动，当已经画出（但尚未画完）的线接近垂直于 x 轴时，x 轴即会变色，附近会出现"垂足"字样. 这时松开鼠标左键，就画出了一条垂直 x 轴的线段 BC（图 2-3）.

（3）仿照（2），作出线段 BD 垂直 y 轴.

（4）将鼠标从点 D 出发移动到点 C，这样就作好了线段 CD.

（5）当鼠标移动到线段 CD 的中点附近时，线段 CD 变色，附近出现"中点"字样，单击即可作出线段 CD 的中点 E（图 2-4）.

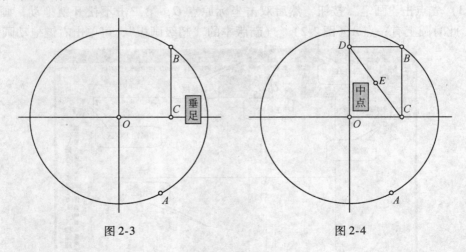

图 2-3   图 2-4

 **小技巧**

用智能画笔能快速画出很多的数学图形，远远不止上述几种. 但是上述几种图形的

绘制，已经给我们提供了智能画笔的一般用法，小结如下，只要大家多加尝试，相信很快就能熟练掌握智能画笔了．

第一条：左键单击松开作点；左键按下拖动画线；左键双击（第二击不抬起）拖动画圆，也可右键拖动作圆．

第二条：屏幕上出现的提示符合要求时，单击或松开即可完成提示的操作．例如，鼠标指向线段的中点附近并出现"中点"字样时单击就作出中点，鼠标拖动画线并出现"平行"字样时松开左建就画出了平行线段．

第三条：与作图有关的几何对象会变色．例如，作圆上的点时圆会变色，作垂足时与所画线段垂直的线会变色．所以看见提示时要注意一下哪些东西变色，确认是否符合要求，以免作错．

【任务2-3】 跟踪半径中点，拖动作出小圆．

 学一招

当我们不需要作图而改作其他事情的时候，譬如说要选择某个对象，拖动某个对象，点击某个动画，都要记得先点击一下选择按钮，这就表示我们已经把画笔放下了．

跟我学

（1）选择点 E，单击右键，弹出右键菜单后，点击"跟踪"；拖动点 B，使之在圆上转圈，我们会发现屏幕上多出来了一个小圆圈（图2-5）．单击屏幕空白处，刚才作出来的小圆圈不见了；

（2）单击屏幕左下方的"对象"，弹出一个小窗口"图形对象工作区（以下简称对象区）"（图2-6）．在这里我们可以找到刚才所作的"［14］：跟踪［点 E：线段 DC 的中点］"，只是在屏幕上暂时消失罢了．我们再拖动点 B，小圆圈又会出现了．

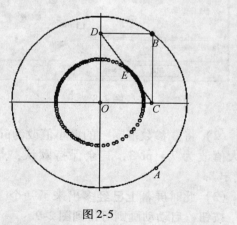

图2-5

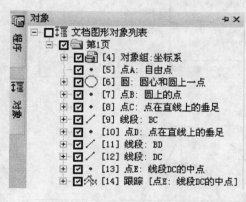

图2-6

 小技巧

超级画板的工作区是可以拉大和缩小的，如果我们将它关闭了，还可以在"查看"

菜单里的"工具栏"找回来.

知识链接

我们所作的图形对象,都被超级画板自动地记录在图形对象工作区里,而且还按作图的先后顺序进行了编号.编号使得所作的图形对象与一组不重复的数字一一对应起来,这是为了便于管理,就好比虽然每一个同学都有自己的名字,但可能会出现同名同姓的情况,所以学校还要给每一个同学编一个学号.

如果同学们另外还作了什么图形的话,那么所看到的编号可能就与图2-6有所不同.当我们选择某一个几何对象时,状态栏则会显示该几何对象对应的编号.

(3)在对象区里,右键单击"[14]:跟踪[点E:线段DC的中点]",则会弹出一个"对象的属性"对话框(图2-7).点击"颜色",弹出"色盘",选我们喜欢的颜色,两次点击"确定".

【任务2-4】 作出点B的动画.

跟我学

(1)选择点B,单击右键,弹出右键菜单后,点击"动画",弹出"对象的属性"对话框后(图2-8),将"类型"改为"一次运动";

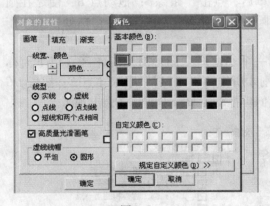

图2-7

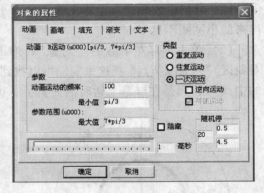

图2-8

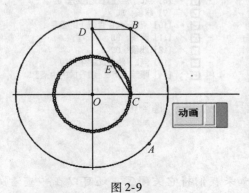

图2-9

(2)将"参数范围"的最小值改为pi/3,最大值改为7 * pi/3,其余保持默认,点击"确定";

(3)此时屏幕上已经多出来了一个"动画"按钮,启动动画则可得到图2-9.

知识链接

动画按钮最左边部分是主钮，我们一般所讲的启动动画，就是单击此部分.

【任务2-5】 作出星形线和四叶玫瑰线.

跟我学

（1）过点 B 作线段 BF 垂直于线段 DC，垂足 F 在线段 DC 上，将点 F 设置成跟踪；

（2）到对象区里改变点 F 的跟踪颜色，启动动画则可得到图2-10；

（3）过点 O 作线段 OG 垂直于线段 DC，垂足 G 在线段 DC 上，将点 G 设置成跟踪；

（4）到对象区里改变点 G 的跟踪颜色，启动动画则可得到图2-11.

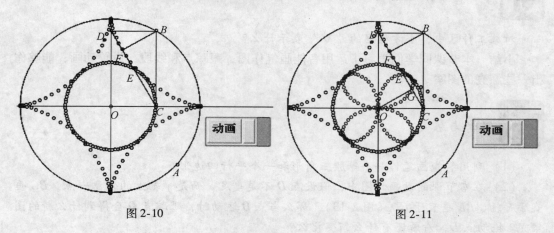

图 2-10   图 2-11

小技巧

改变线的粗细：单击＋号按钮变粗，－号变细（＋号、－号是指工具栏里的 ）.
改变线的颜色：单击"画线颜色"按钮 旁边的小小黑三角，打开色盘.单击蓝色，圆周就变成蓝色了.

做一做

在对象区中，分别把 [14] 跟踪点 E，[16] 跟踪点 F，[21] 跟踪点 G 前面的小方框里的"√"点击一下，取消勾选.将线段 DC，BF 设置成跟踪，并改变跟踪颜色.启动动画.大家作出的图案是不是和图2-12一样啊？

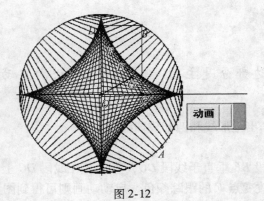

图 2-12

 想一想

对象工作区中，小方框里的"√"表示什么？

小结 本节课同学们学习了运用智能画笔作图，跟踪点和线段，设置动画，能够作出一些漂亮的图案．

 思考与练习

（1）利用智能画笔作一个等腰三角形和一个平行四边形．

（2）在本节课的动画作图中，假设点 D 不是垂足，而是 y 轴上的任意一点，BC 垂直于 x 轴，BE 垂直于 CD（图 2-13），那么当点 B 运动时，跟踪点 D 会得到什么新的图案呢？拖动点 D，看看还有什么新变化么？

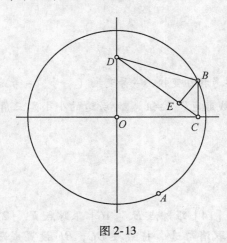

图 2-13

第二节 动画图案变化多
——设置动画与构造轨迹

通过第一节的学习，我们发现只要几步简单的操作，就能作出漂亮的图案来．其实如果大家对动画了解得稍微还多一点的话，那所能作出的漂亮图案就会成倍增多．本节除了进一步学习动画之外，我们还将学习一个新的功能——"轨迹"．

【任务2-6】 绘制各式各样的花瓣．

跟我学

（1）如图2-14所示，作一个圆，圆心是原点 O，点 A 在 x 轴上，在圆上作点 B，连接 OB，点 C 是线段 OB 上的一点，并将点 C 设置成跟踪．

（2）作出点 B 的动画，将动画类型改为重复运动，其他保持不变；作出点 C 的动画，将动画运动的频率改为10，其他保持不变．启动两个动画，就会得到类似于图2-15的图形了．

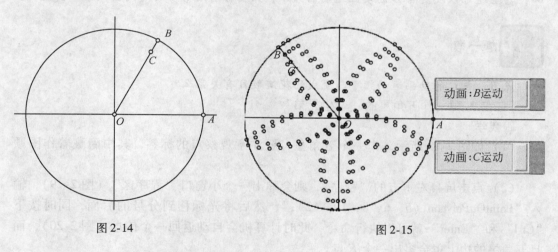

图2-14   图2-15

**知识链接**

动画按钮最左边部分是主钮（我们一般所讲的启动动画，就是单击此部分），中间部分是副钮（单击此部分也可以启动动画，但运动方向与主钮相反），最右边是一个绿色部分（双击此部分，则会弹出动画的属性对话框，可以更改动画的参数）．

（3）更改点 C 的动画参数，将动画运动的频率改为15，其他保持不变．启动两个动画，就会得到类似于图2-16的图形了．

（4）更改点 C 的动画参数，将动画运动的频率改为20，其他保持不变．启动两个动画，就会得到类似于图2-17的图形了．

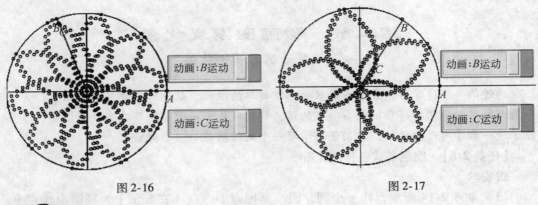

图 2-16   图 2-17

做一做

我们还可以作出更多式样的花瓣来，如将点 C 的动画运动的频率改为 25，30，35，…，甚至还可以改变点 B 的动画运动的频率，只要你有足够多的时间去探索，去发现！

想一想

点 B、点 C 的动画运动频率与生成的花瓣数目有关系么？

【任务 2-7】 作五角星的"孪生兄弟".

跟我学

（1）如图 2-18 所示，作一个五角星，要注意观察点的标签，其中隐藏着作图顺序.

（2）点击屏幕左下方的"程序"，则会弹出一个小窗口"程序区"（图 2-19），输入"PointOnPolygon（5，6，8，10，12）;"，然后将光标移到分号的后面，同时按下"Ctrl"和"Enter"就可以执行命令，此时计算机会自动返回一个信息（图 2-20），而且五角星的边上也会多出一个 F 点.

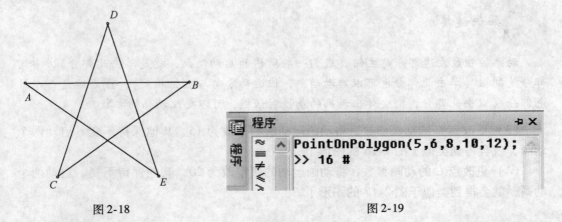

图 2-18   图 2-19

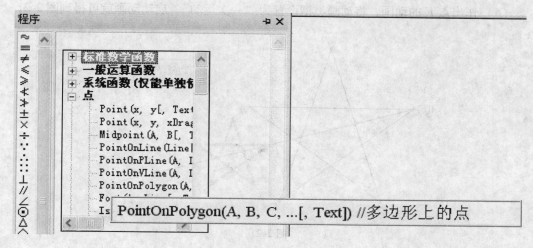

图 2-20

知识链接

在超级画板的程序区中，所有输入必须是在英文状态下，包括分号．输入完函数命令之后，将光标移到分号的后面，同时按下"Ctrl + Enter"就可以执行命令，以后我们就简写为执行命令．如果不记得函数命令，可以在程序区里按"F1"键，就会弹出如图 2-20 所示的提示框，很容易找到相关的函数命令和用法，双击该命令，函数命令就会出现在程序区了．

想一想

作五角星的时候，如果作图顺序不同，可能 PointOnPolygon（5，6，8，10，12）就作不出我们希望作出的点．那么 PointOnPolygon（5，6，8，10，12）中的 5，6，8，10，12 代表什么？计算机返回的 16 又是代表什么（提示：查看对象区的编号）？

小技巧

如果我们用的是注册版的超级画板，则可用菜单操作：依次选择点 A，B，C，D，E，点击"作图"菜单中的"点"，在其子菜单中点击"多边形边上的点"，五角星的边上则会生成一点 F．

选择多个对象，可以同时按下 Ctrl 键来单击对象．也可以按一下 Insert 键，切换到可以多选的状态，就能连续选择了．要解除对对象的选择，在空白处单击即可．两个图像比较接近时，在对象工作区选择比较方便．

（3）在五角星外另作点 G，连接 FG，作出 FG 的中点 H，跟踪点 H．

（4）作出点 F 的动画，将动画类型设置为"一次运动"，启动动画就可得到图 2-21.

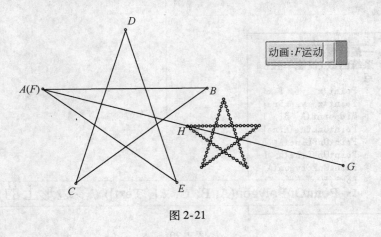

图 2-21

 做一做

将五角星换成其他图形，再作跟踪.

【任务 2-8】 作出动圆轨迹.

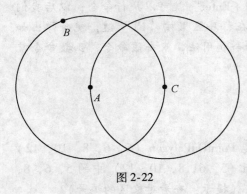

图 2-22

跟我学

（1）先作一圆，圆心为 A，点 B 为圆上一点；

（2）在圆上任取一点 C，并以点 C 为圆心，CA 为半径再作一圆（图 2-22）；

（3）在程序区输入"Locus(8，9)；"，执行命令，可得到图 2-23；

（4）双击新生成的图像，弹出对象属性对话框，将运动点的基本频率改成 20；

（5）改变轨迹颜色和填充颜色（图 2-24）.

图 2-23

图 2-24

 学一招

（1）改变轨迹颜色：先选中轨迹，然后单击"画线颜色"按钮 ✏️ ▾ 旁边的小小黑三角，打开色盘．单击红色，轨迹就变成红色了．

（2）给圆填充颜色：先选中圆，单击"填充颜色"按钮 🎨 ▾ 旁边的小小黑三角，打开色盘．单击蓝色，圆内就染成蓝色了．

 小技巧

如果我们用的是注册版的超级画板，则可用菜单操作：依次选中点 C 和 $\odot C$（数学中常用 $\odot C$ 来表示以点 C 为圆心的圆），单击右键，弹出右键菜单后，点击"轨迹"即可．

【任务2-9】 作出椭圆、双曲线的轨迹．

跟我学

（1）如图 2-25 所示，先作一圆，圆心为点 O，点 A 在 x 轴上，在圆上作点 B，平面上作点 C，连接 BC；

（2）选中点 D 与线段 BC，在"作图"菜单中点击"线段，向量，射线与直线"，在其子菜单中，点击"垂直直线"（图 2-26）；

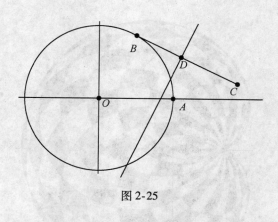

图 2-25

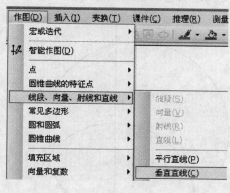

图 2-26

（3）在程序区输入"Locus（7，11）；"，执行命令，可得到图 2-27；

（4）把点 C 拖动到圆内，可得到图 2-28．

小结 本节课同学们学习了动画的参数设置和轨迹功能，能够作出一些漂亮的图案．

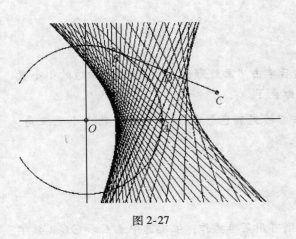

图 2-27

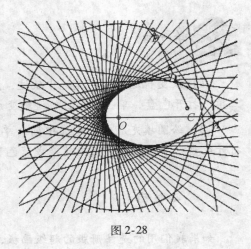

图 2-28

 思考与练习

完成下面练习，看看与本节的任务2-8有何不同？

（1）先作一圆，圆心为原点 O，点 A 在 x 轴上；

（2）在圆上任取一点 B，并以点 B 为圆心，BA 为半径再作一圆（图2-29）；

（3）在程序区输入"Locus（7，8）;"，执行命令；

（4）双击新生成的图像，弹出对象属性对话框，将运动点的基本频率改成20，并改变轨迹颜色和填充颜色（图2-30）.

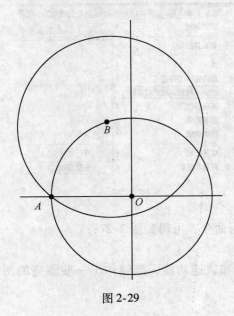

图 2-29

图 2-30

第三节 几何图形奥秘多
——智能作图与动态探究

我们学几何，经常需要画图，很多想很久都解决不了的问题，画出图形之后，思路就豁然开朗，轻轻松松就能解决了．可是平时画图，不管是老师在黑板上画图，还是同学们在纸上画图，都存在一个很大的缺陷，就是这些图形画好之后，都是静止不动的，很多时候就会导致看问题的片面性．"超级画板"由于具有智能性，不但能准确快速地作图，而且还能使作好的图形动起来，这样就能帮助我们更好地认识几何，学习数学！

【任务2-10】 探索三角形的三条高．

跟我学

（1）作钝角△ABC，过点A向BC作垂线段，垂足为点D（图2-31）．

（2）慢慢拖动点A，使得点D和点B重合（图2-32），此时△ABC是直角三角形，继续拖动点A（图2-33），此时△ABC是锐角三角形．

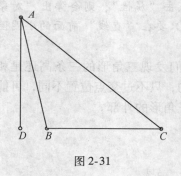 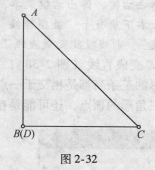 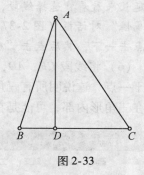

图2-31 图2-32 图2-33

知识链接

超级画板中，线段上的点可以在线段所在的直线上自由拖动，这为我们探索数学奥秘提供了有利条件．

我们在纸上作三角形的高，需要看三角形是锐角三角形，直角三角形还是钝角三角形，然后分情况作图．而在超级画板中，只要作一次高就可以了，拖来拖去相当方便．

（3）作出另两边上的高BE，CF（图2-34）．

（4）慢慢拖动点A，使得点D、点F和点B三点重合（图2-35），此时△ABC是直角三角形，三条高相交于三角形的一个顶点．

（5）继续拖动点A（图2-36），此时△ABC是钝角三角形．

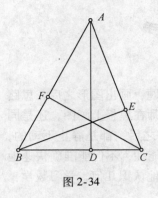

图 2-34

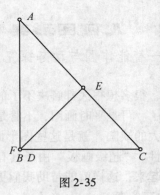

图 2-35

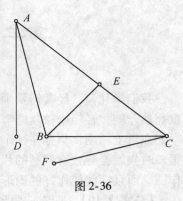

图 2-36

 学一招

　　三条高都不相交了那又怎么谈得上相交于一点呢？我们可以将 AD，BE，CF 三条高延长来看看．选择线段，单击右键，弹出右键菜单，点击"属性"，则会弹出"对象的属性"对话框（图 2-37），右下角有个"类型转换"，只要在"直线"前面的小圈圈里点击一下，然后点击"确定"，则线段就变成直线了．

　　（6）将线段 CF，AD，BE 变成直线（图 2-38），我们发现三角形的三条高还是相交于一点．这说明所有三角形的三条高都是相交于一点的，只不过交点位置不同，可能是在三角形内部，可能是在三角形的顶点，还可能是在三角形的外部．

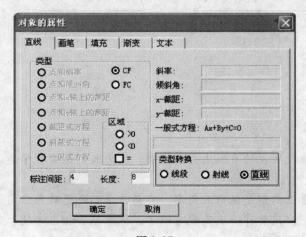

图 2-37

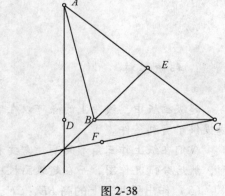

图 2-38

 做一做

　　作 $\triangle ABC$ 和三条边上中线，看看三角形的三条中线是不是也相交于一点？

【任务 2-11】 探索三角形的角平分线.

跟我学

（1）任意作△ABC.

（2）在程序区输入下面的函数命令，执行命令得到图 2-39：

AngleBisector（5，6，8）；AngleBisector（6，8，5）；AngleBisector（8，5，6）.

（3）显然三条角平分线相交于一点 D，作出 AD 所在的直线与线段 BC 的交点 E，以点 D 为圆心、DE 长为半径作圆（图 2-40）.

（4）拖动 A，B，C 三点，看看圆与三角形之间有什么关系.

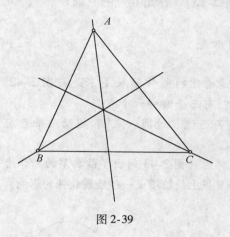
图 2-39

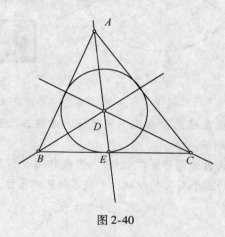
图 2-40

小技巧

看起来好像要输入三条函数命令，其实只要输入一条，其余的可以复制，稍微修改一下数据就可以了.

如果我们用的是注册版的超级画板，则可用菜单操作：依次选择点 A，B，C，在"作图"菜单中点击"线段、向量、射线和直线"，在其子菜单中，点击"角平分线"，就可以作出∠ABC 的角平分线了.

【任务 2-12】 探索三角形三边上的中垂线.

跟我学

（1）作△ABC，以及三边上的中点 D，E，F.

（2）分别过 D，E，F 三点作所在边的垂线.

学一招

选择点 E 和线段 BC，在"作图"菜单中点击"线段、向量、射线和直线"，在其子菜单中，点击"垂直直线"，就可以作出过点 E 且与 BC 垂直的直线.

也可以用智能画笔直接作垂直直线.

（3）拖动 A，B，C 三点，容易发现三条垂线交于一点 G.

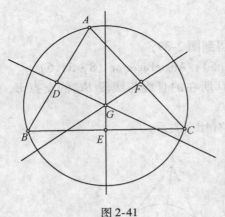

图 2-41

（4）以点 G 为圆心、GA 为半径作圆，看看 B，C 两点与圆有什么关系（图 2-41）.

做一做

画出过同一点的三个圆.

【任务 2-13】 作出共点的三圆.

想一想

大家看看你的制作结果是不是与图 2-42 中的图形相似？有三个圆，六个点.

现在随意拉动几个点试试，看这三个圆是否还能"过同一点"？拖动结果可能如图 2-42 所示.

为什么图形会"散架"，可能作图过程是这样的（图 2-43 列出了最典型的初学者"画共点的三个圆"的步骤，受到了传统作图方式如黑板上的绘图或一般绘图软件的影响）.

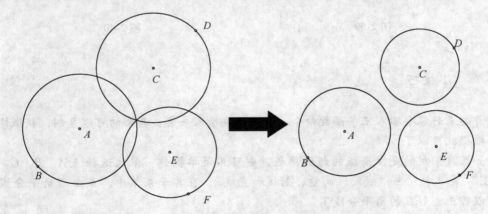

图 2-42

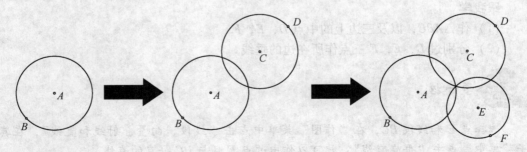

图 2-43

知识链接

超级画板作圆，双击鼠标按下去的点即为圆心，松开鼠标的点即为圆上的一点．改变这两个点中的任意一点都可以改变圆．

而在我们刚才的操作中，我们所给的几何关系是：每个圆都是由两个完全自由的点来决定的（请大家观察一下，图中共三个圆、六个自由点）．这样的几何关系决定了每个圆都可以随意地改变．这就表明：在超级画板中，不能再像在黑板上那样，随手画出图来，而每时每刻都得考虑几何关系．

跟我学

（1）画第一个圆：圆心为 A，圆上一点为 B（图 2-44）．

（2）画第二个圆：在任意一点处双击鼠标键即规定了圆心 C，拖动鼠标，对准点 B（注意颜色变化），并在 B 点松开鼠标，即圆上的点为 B（图 2-45）．

（3）画第三个圆：在任意一点处按下鼠标键即规定了圆心 D，拖动鼠标，对准点 B（注意状态栏的提示），并在 B 点松开鼠标，即圆上的点为 B（图 2-46）．

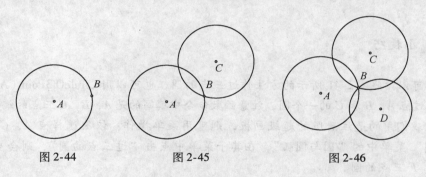

图 2-44　　　　图 2-45　　　　图 2-46

现在来试试拖动其中的任意一个圆．很显然，由于这种做法在作图过程中已经规定了三个圆上的点都为点 B，因此不管如何拖动这三个圆，它们都会经过点 B．

知识链接

什么是智能化的动态几何？

（1）软件具有智能化，能主动识别人的意图，减轻人的负担，并帮助人来完成所要作的事情；

（2）不管怎样拖动，图形始终保持当初作图时的几何性质不变．

做一做

如图 2-47 作出五角星，再分别以点 D、F、J，点 A、G、F，点 C、H、G，点 E、

H、I，点 B、I、J 作 5 个圆；这 5 个圆又产生了 5 个交点 K，L，M，N，P，以点 K，L，M 作圆，发现 P，N 两点也在圆上（图 2-48），是不是偶然的呢？

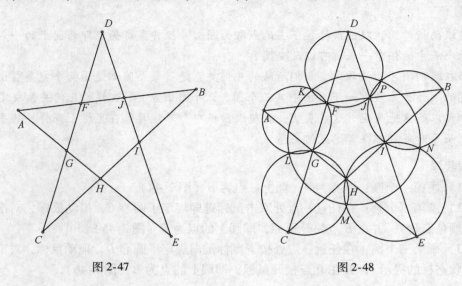

图 2-47   图 2-48

 **小技巧**

我们可以按照图 2-41 所示的方法作过三点的圆，也可以用 CircleOf3Point（A，B，C）命令作出过点 A，B 和 C 的一个圆，注意函数命令中填写的是 A，B，C 三点的编号！

如果我们用的是注册版的超级画板，则可用菜单操作：依次选择点 A，G，F，点击"作图"菜单中的"圆与圆弧"，在其子菜单中点击"过三点的圆"，则会生成一个过 A，G，F 三点的圆．

小结　本节课主要是学习如何作一些基本图形，以及通过"拖动"来探索一些几何图形的内在规律．

 思考与练习

我们平时在纸上作好几何图形之后，经常需要用刻度尺来测量边长，用量角器来测量角度，然后进行有关边、角的计算，那么在超级画板中有没有刻度尺和量角器呢？超级画板的刻度尺和量角器又有什么特别的地方呢？

第四节　图形变化藏规律
——动态测量来帮忙

平时作几何题，经常需要测量，包括测量角的度数、边的长度，而且测量完后，还要作一些相关计算．当图形发生变化时，则又得重新测量、重新计算，很麻烦！有没有省事一点的方法呢？

【任务 2-14】 探索邻补角和对顶角．

跟我学

（1）作线段 AB，在 AB 上取点 C，作线段 CD（图 2-49）．

（2）依次选择点 B、点 C、点 D，单击"测量"菜单，在下拉菜单中点击"角的值"，屏幕上则会多出一个小方框（图 2-50），这就是超级画板测量出来的 $\angle BCD$ 的值了．

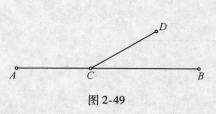

图 2-49

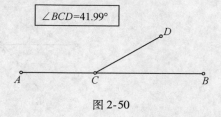

图 2-50

 **学一招**

数学中常用三个点来表示一个角，关键是要把角的顶点放在中间，也可以把选择顺序改为点 D、点 C、点 B．

菜单中的小图标 ⌄ 表示还有子菜单没有展开，单击小图标，菜单就会完全展开．

（3）拖动点 D，$\angle BCD$ 的值会跟着变．测量 $\angle ACD$ 的值，然后拖动点 D，发现 $\angle ACD$ 和 $\angle BCD$ 的值都会跟着变，而且总是一个变大，另一个变小（图 2-51）．

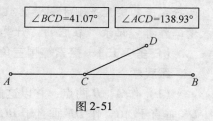

图 2-51

（4）单击"测量"菜单，在其下拉菜单中点击"测量表达式"，则会弹出"测量表达式"对话框，双击上面那行式子 m000，然后在键盘上按"＋"，再双击下面那行式子 m001（图 2-52），接下来的顺序很重要，就是要先去掉"测量结果表示为弧度"前面的"√"，再点击确定，关闭"测量表达式"对话框即可看到图 2-53．

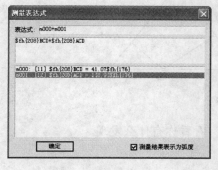

图 2-52

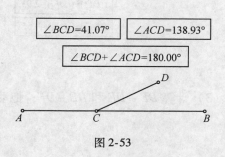

图 2-53

（5）拖动点 D，不管 $\angle ACD$ 和 $\angle BCD$ 的测量值怎么变化，$\angle ACD$ 与 $\angle BCD$ 的和始终是不变的．

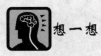

想一想

将线段 DC 延长至 E（图2-54）；测量 $\angle ACE$，你能看出 $\angle ACE$ 和 $\angle BCD$ 的关系吗？

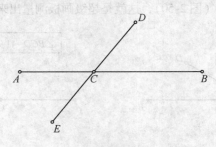

图 2-54

知识链接

这就是超级画板的"计算器"了，和平常见的计算器有所不同，它没有"0~9"这 10 个数字，也没有加减乘除等数学符号，只有两行式子，结合图2-51，可以看出这两行式子其实就是刚才测量 $\angle ACD$ 和 $\angle BCD$ 的值，原来超级画板把我们刚才所作的测量工作都"记录"在它的"计算器"里面了．

【任务 2-15】 探索等腰三角形的一个性质．

跟我学

（1）作 A、B 两点，并以这两点作等腰 $\triangle ABC$，其中 $AC = BC$；在 AB 上取点 D，作 DE 垂直于 AC，作 DF 垂直于 BC．

（2）测量线段 DE，DF 的长度（图2-55）．

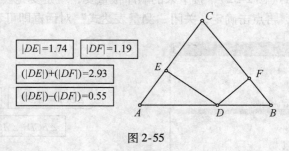

图 2-55

（3）计算 $DE + DF$ 和 $DE - DF$；拖动点 D，看看你有什么发现．

 **学一招**

作等腰三角形既可以先作两点，选中后点击"作图"菜单中的"常见多边形"，在其子菜单中，选择等腰三角形；也可以用智能画笔先画出两条相等线段，再作等腰三角形．等边三角形与等腰三角形作法类似．

测量长度和测量角度类似，先选中线段 AB（也可以选择 A，B 两点）单击"测量"菜单中"线段或向量的长度"，屏幕上则会多出一个小方框，这就是超级画板测量出来的线段 AB 的长度了．

 **做一做**

作出等边 $\triangle ABC$；在三角形内部作出点 D，过点 D 作 DE 垂直于 BC，过点 D 作 DF 垂直于 AB，过点 D 作 DG 垂直于 AC；测量线段 DE，DF，DG 的长度，并相加（图2-56）；在 $\triangle ABC$ 内部拖动点 D，看看你能发现什么？

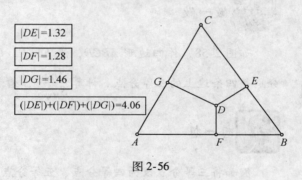

图 2-56

【任务 2-16】 探索井田问题．

跟我学

（1）任意作一个四边形 ABCD．

（2）在程序区输入下面函数命令之后，执行命令后生成 G，E，F，H 四点：

PointFlexRotate（5，10，1/3，0）；PointFlexRotate（5，10，2/3，0）；

PointFlexRotate（8，6，1/3，0）；PointFlexRotate（8，6，2/3，0）．

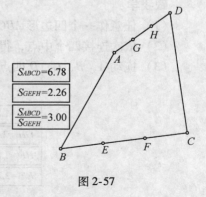

图 2-57

（3）依次选中 A，B，C，D 四点，点击"测量"菜单中的"多边形的面积"就可以把四边形 ABCD 的面积测量出来；同理测量四边形 GEFH 面积．

（4）计算 $\dfrac{S_{ABCD}}{S_{GEFH}}$（图2-57），拖动 A，B，C，D 四点，看看有什么发现．

小技巧

如果我们用的是注册版的超级画板，则可用菜单操作：依次选中 B，C 两点，点击"作图"菜单中的"点"，在其子菜单中，点击"点绕点的缩放旋转点"．弹出对话框后，在"缩放比例"一栏中输入"2/3"，在"旋转角"一栏中输入"0"，则可作出点 E．

知识链接

井田问题：是指一块不规则四边形的田地，在每条边上都取三等分点，再把两双对边上的三等分点连起来，成了一个井字形．井字把这块田分成 9 小块，虽然四边形不规则，这 9 小块的面积有大有小，但非常巧的是正中间那一块的面积，恰是整个四边形面积的九分之一．

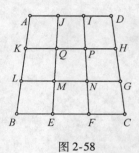

图 2-58

做一做

如图 2-58，作四边形 $ABCD$，点 E，F，G，H，I，J，K，L 分别是四条边上的三等分点．计算 $\dfrac{S_{ABCD}}{S_{MNPQ}}$，看看有什么发现．

想一想

假如将三等分点改为四等分点、五等分点……又将如何呢？

【任务 2-17】 探索四边形中点连线问题．

跟我学

（1）任意作一个四边形 $ABCD$，作出四边的中点 E，F，G，H．

（2）依次连接四个中点，得到四条新线段，测量这四条新的线段（图 2-59）．

（3）拖动 A，B，C，D 四点，看看有什么发现．

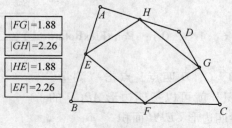

$|FG|=1.88$

$|GH|=2.26$

$|HE|=1.88$

$|EF|=2.26$

图 2-59

 做一做

假如开始所作的四边形是矩形，或者是菱形、正方形，那么所得到的结论有何不同呢？

【任务 2-18】 探索三角形中位线问题.

跟我学

（1）作△ABC；

（2）作出线段 AB 的中点 D，作出线段 AC 的中点 E，连接 DE；

（3）测量线段 DE，BC，计算 $\dfrac{BC}{DE}$；

（4）测量∠ADE 和∠ABC，∠AED 和∠ACB（图 2-60）；

（5）拖动点 A，B，C，看看你能发现什么？

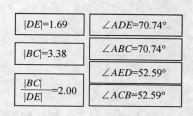
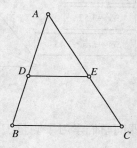

$\lvert DE\rvert$=1.69	∠ADE=70.74°
$\lvert BC\rvert$=3.38	∠ABC=70.74°
$\dfrac{\lvert BC\rvert}{\lvert DE\rvert}$=2.00	∠AED=52.59°
	∠ACB=52.59°

图 2-60

 做一做

作△ABC；作出线段 AB 的中点 D 和线段 AC 的中点 E，连接 DE；在 BC 边上作点 F，连接 AF 交 DE 于点 G；测量 AG，GF，看看你能发现什么？

【任务 2-19】 探索勾股定理.

跟我学

（1）作出直角△ABC，其中∠B 是直角；

（2）测量线段 AB，BC，CA 的长度；

（3）计算 $AB^2 + BC^2$，AC^2（图 2-61）；

（4）拖动点 A，B，C，看看你有什么发现.

【任务 2-20】 探索平行四边形面积问题.

跟我学

（1）作平行四边形 ABCD；在平行四边形内作点 E，连接 AE，BE，CE，DE；

（2）测量△DEA 和△CEB 的面积，并计算二者之和（图 2-62）；

（3）拖动点 E，看看你有什么发现；

（4）把点 E 拖出四边形外，你还能发现什么．

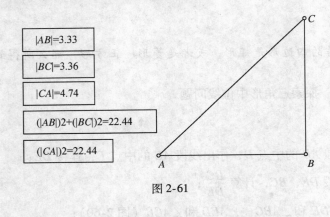

图 2-61

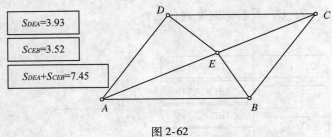

图 2-62

小结 本节课同学们学习了测量工具，更深入地探索了一些几何图形的内在规律．

 思考与练习

我们能不能将所学的几何作图运用到日常生活中去呢？

第五节 图案设计初入门
——点线圆的搭配组合

在日常生活中，到处都可以看到各种各样的漂亮图案，这些图案给我们带来了美的享受，有一些同学甚至还想长大后成为一个出色的图形设计师呢！那你是不是知道图案设计除了需要学好美术之外，也还需要学好数学．现在就让我们一起来看看数学能帮助我们设计一些什么样的图案吧！

【任务2-21】 掌握网格整点的用法，学会绘制数字．

跟我学

（1）在对象工作区中，右键单击"［0］直角坐标系"，弹出"对象的属性"对话框后，勾选"画坐标网格"，点击确定（图2-63）．

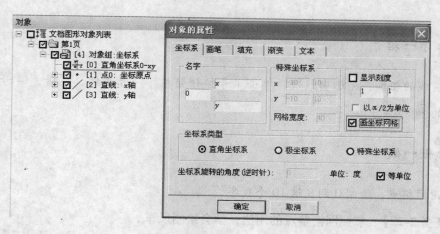

图 2-63

（2）将屏幕右边的"对象属性工作区"拉宽一点，在最下面的"其它"一栏里，点击"自由点为网格"右边的小三角，弹出下拉菜单后，选择"是"，此时下方还会出现提示（图 2-64）.

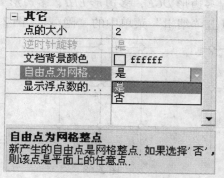

图 2-64

（3）现在在屏幕上画点，我们会发现所画的点都在网格上；仿照图 2-65，画点，并连上线.

（4）在"编辑"菜单中，去掉"全部点的名字"前面的勾选.

（5）在"编辑"菜单中，点击"选择对象"；在其子菜单中，点击"选择全部的直线、线段、向量或射线".

图 2-65

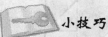 小技巧

"编辑"菜单中的"选择对象"提供了一条快速选择同类元素的好途径.

（6）改变所选线段的颜色、线宽等，可得图 2-66.

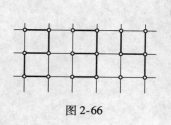

图 2-66

学一招

改变线的粗细：先选中线段，单击＋号按钮变粗，－号变细（＋号、－号是指工具栏里的  和 ）．

做一做

利用网格点，绘制 0 到 9 这 10 个数字．

【任务 2-22】 掌握网格整点的用法，学会绘制风车．

跟我学

（1）显示网格，设置自由点为网格点之后，我们很容易作出图 2-67．

（2）选择好 A，B，E 三点之后，点击"作图"菜单下面的"常见多边形"，在其子菜单中点击"多边形"，并填充颜色（图 2-68）．

（3）仿照（2），作出多边形 DGE，多边形 EHI，多边形 EFC，并填充颜色．

（4）选择所有点，点击"编辑"菜单中的"隐藏"，图 2-69 就是最终效果．

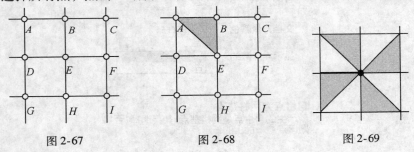

图 2-67　　　　　图 2-68　　　　　图 2-69

做一做

利用网格点，绘制图 2-70．

图 2-70

【任务 2-23】 学作中点正方形．

跟我学

（1）作 A，B 两点，选中后点击"作图"菜单下面的"常见多边形"，在其子菜单中点击"正方形"（图2-71）.

（2）作出 AB 的中点 E 和 BC 的中点 F，仿照（1），选中 E，F 两点作正方形（图2-72）.

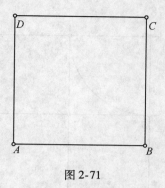

图2-71

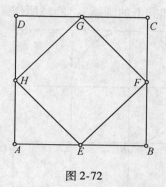

图2-72

（3）作出 EF 的中点 I 和 FG 的中点 J，仿照（1），选中 I，J 两点作正方形（图2-73）.

（4）作出 LI 的中点 M 和 IJ 的中点 N，仿照（1），选中 M，N 两点作正方形（图2-74）.

（5）作出 MN 的中点 R 和 NP 的中点 S，仿照（1），选中 R，S 两点作正方形（图2-75）.

（6）按照图2-76所示，构造8个多边形，并填充颜色，隐藏所有点.

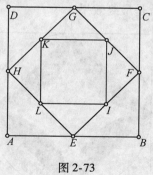

图2-73

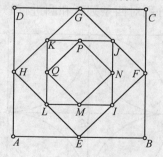

图2-74

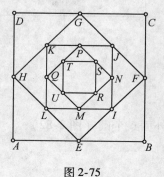

图2-75

图2-76

【任务2-24】 学作圆弧图案.

跟我学

上面绘制的都是直线形的图案,下面我们来绘制圆弧形图案:

(1) 显示网格,设置自由点为网格点之后,我们很容易作出图2-77;

(2) 依次选中圆,点 B 和点 D,在"作图"菜单中点击"圆和圆弧",在其子菜单下点击"已知圆上的圆弧",隐藏所作圆(图2-78);

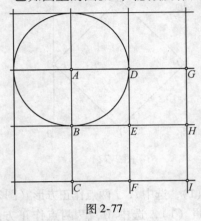

图 2-77

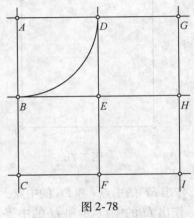

图 2-78

(3) 按照图2-79所示,仿照(2),作出其他三条圆弧(需要注意:选择圆上两点时,要按逆时针方向);

(4) 以点 E 为圆心,EF 为半径作圆(图2-79);选中该圆,点击"对象"菜单中的"移动对象到最后面";

(5) 分别对四条圆弧和圆进行修饰,图2-80就是最终效果.

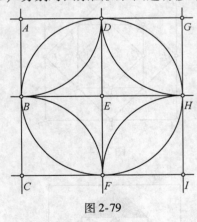

图 2-79

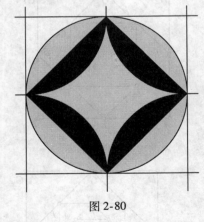

图 2-80

【任务2-25】 分割圆内接正六边形.

跟我学

(1) 如图2-81所示,作出7个圆,并隐藏外面6个圆(图2-82);

(2) 如图2-83所示,对正六边形进行分割;

(3) 如图2-84所示,填充分割后的图形.

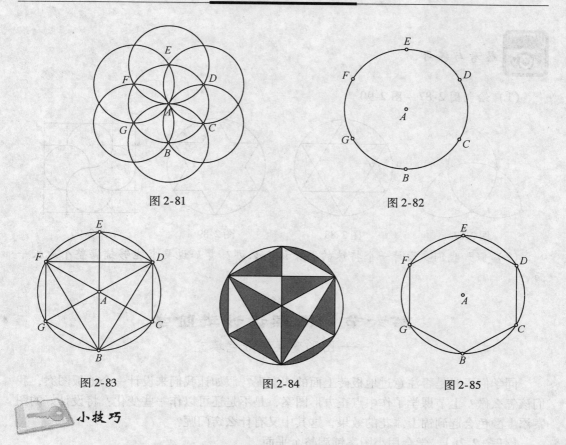

图 2-81　　　　　　　　　　　　　图 2-82

图 2-83　　　　　　　　图 2-84　　　　　　　　图 2-85

 **小技巧**

　　如果我们用的是注册版的超级画板，则可用菜单操作：任作一圆，点 A 为圆心，AB 为半径；选中圆和点 B，点击"作图"菜单下面的"常见多边形"，在子菜单中点击"圆内接正多边形"，弹出对话框后，输入"6"，就可得到图 2-85，再按照（2）、（3）操作.

做一做

绘制图 2-86.

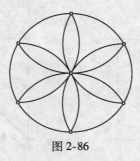

图 2-86

　　小结　本节课我们学习了利用格点和作图菜单设计简单的图案.

思考与练习

（1）绘制图 2-87 ~ 图 2-90.

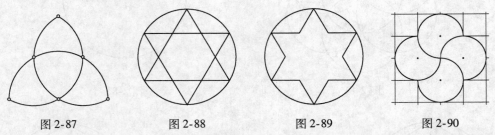

图 2-87　　　　　　　图 2-88　　　　　　　图 2-89　　　　　　　图 2-90

（2）假如我们要设计一个特殊的图案该怎么办？譬如说要求能够铺满整个地板平面.

第六节　图案设计进阶学
——图形变换与颜色填充

同学们平时是否注意过地板砖上面的图案呢？假如让我们来设计一个地板图案，我们该怎么做？上节课学了作中点正方形图案，是不是还可以作一些变化？将设计好的图案添上颜色会起到锦上添花的效果，这其中又有什么窍门呢？

【任务 2-26】 学会用小图案铺满整个平面.

跟我学

（1）显示网格，设置自由点为网格点；如图 2-91 所示，作好 8 个点，依次选择 A，C，F，G，H，E，D，B 等 8 个点作多边形；

（2）依次选中点 A 和点 B，点击"变换"菜单中的"选定平移向量"；

（3）选中点 B 和多边形，点击"变换"菜单中的"平移几何对象"，得到图 2-92；

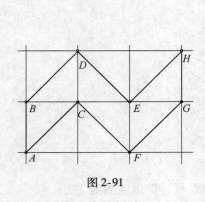

图 2-91

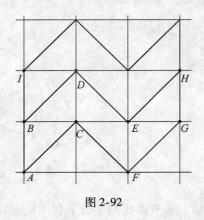

图 2-92

（4）依次选中点 B 和点 G，点击"变换"菜单中的"目前正在使用的平移向量为 AB"；

（5）先将两个多边形填充不同的颜色，然后选中，点击"变换"菜单中的"平移几何对象"；再次点击"平移几何对象"得到图2-93；

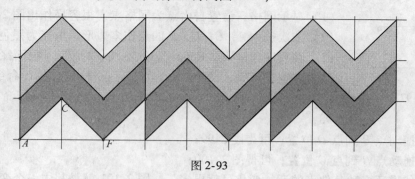

图2-93

（6）依次选中点 A 和点 I，点击"变换"菜单中的"目前正在使用的平移向量为 BG"；

（7）选中所有多边形，两次点击"变换"菜单中的"平移几何对象"就可以得到图2-94；

（8）拖动8个点，可以得到很多漂亮的图形，图2-95就是其中的一个.

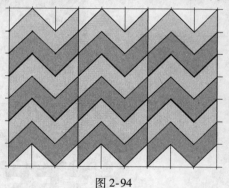

图2-94

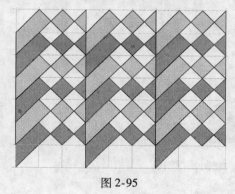

图2-95

 做一做

绘制图2-96.

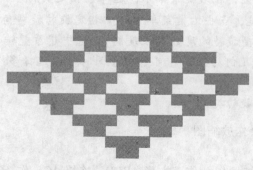

图2-96

【任务 2-27】 学会作旋转图案.

跟我学

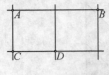

图 2-97

（1）显示网格，设置自由点为网格点，很容易作出图 2-97；

（2）依次选中 A，C，D，B 四点作多边形，填充为黑色；

（3）在程序区输入"Rotate（13，5，pi/2）;"，执行命令；

（4）在程序区输入"Rotate（15，5，pi/2）;"，执行命令；

（5）在程序区输入"Rotate（16，5，pi/2）;"，执行命令；可得图 2-98；

（6）拖动点 B 到点 D 位置；可得图 2-99；

（7）拖动点 B 到点 C 位置；可得图 2-100；

（8）如果还拖动其他点的话，变化可就更多了，图 2-101 就是其中一个变化.

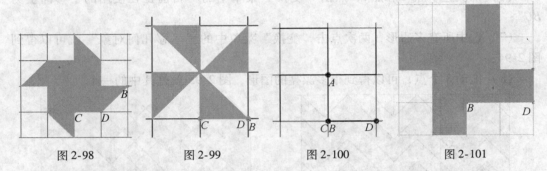

图 2-98 　　　　图 2-99 　　　　图 2-100 　　　　图 2-101

 **做一做**

绘制图 2-102.

 **小技巧**

图 2-102

如果我们用的是注册版的超级画板，则可用菜单操作：先选中中心点，单击右键，在右键菜单中，选择"指定旋转或放缩中心"；单击右键，点击右键菜单中的"指定旋转旋转角或放缩倍数参数"，在弹出的对话框中输入希望旋转的度数（弧度制）；选中想希望转多边形，单击右键，点击右键菜单中的"旋转几何对象"即可. 由于同时可以选择多个几何对象，所以注册版会方便很多.

放缩功能的用法与旋转类似.

【任务 2-28】 学会作放缩图案.

跟我学

（1）先作 A，B 两点，以此作正方形 $ABCD$，连接 AC，作 AC 中点 E（图 2-103）.

（2）在程序区输入"Rotate（5，14，pi/4）；Rotate（6，14，pi/4）；"可得到 F，G 两点，并以 F，G 两点作出正方形 $FGHI$；作出线段的交点 J，L，K 三点（图 2-104）．

（3）测量 EC，EL 的长度，并计算 $\dfrac{EL}{EC}$；作出多边形 CJK．

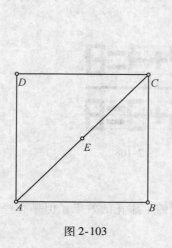

图 2-103

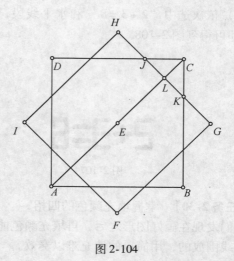

图 2-104

（4）在程序区输入下面函数命令，执行命令后生成 3 个新的多边形，将 4 个多边形添加颜色可得到图 2-105：

Dilate（29，14，m002）；Dilate（31，14，m002）；Dilate（32，14，m002）．

（5）在程序区输入下面函数命令，执行命令后生成 4 个新的多边形：

Rotate（29，14，pi/4）；Rotate（31，14，pi/4）；Rotate（32，14，pi/4）；Rotate（33，14，pi/4）．

（6）修改上述 4 条函数命令中 4 个多边形的编号，再旋转 6 次可得图 2-106．

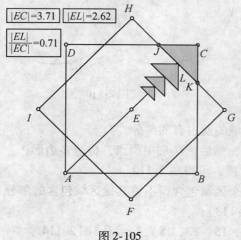

图 2-105

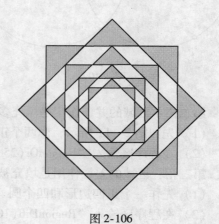

图 2-106

【任务2-29】 学会作对称图案．

有人在学习了怎样绘制数字之后，就作了图2-107，我们能帮他改正么？

跟我学

（1）在图2-107下面作一条水平的线段；

（2）依次选中"2＋3＝8"和水平线段，点击"变换"中的"关于直线的对称图形"，即可得到图2-108．

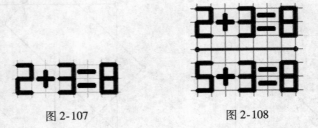

图2-107   图2-108

【任务2-30】 掌握填充颜色的四招．

我们发现在画好图形之后，再填充颜色能够起到锦上添花的效果，但是有些图形的是由曲线围成的，用简单的填充难以奏效．

跟我学

第一招：区域的交，作用是填充多个区域的公共部分．

（1）先作两个圆（图2-109）；

（2）在程序区输入"RegionAnd(7，10)；"可得图2-110.

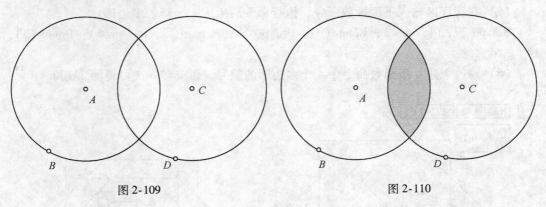

图2-109   图2-110

第二招：区域的并，作用是填充多个区域的所占有的部分．

（1）先如图2-111所示，作两个正方形，然后依次选中顶点，构造多边形；

（2）在程序区输入"RegionOr(25，26)；"，可得图2-112.

第三招：区域的差，作用是填充被第一个区域包含而不被其他区域包含的部分．

（1）先作一个正四边形和四个圆（图2-113）；

（2）在程序区输入"RegionDiff(10，13，15，17，18)；"，可得图2-114.

第四招：区域的与或，填充的范围是：多个区域的总和减去多个区域的相交部分．

（1）先作一个正四边形和四个圆（图2-113）；

（2）在程序区输入"RegionXor（13，15，17，18，10）；"，可得图2-115.

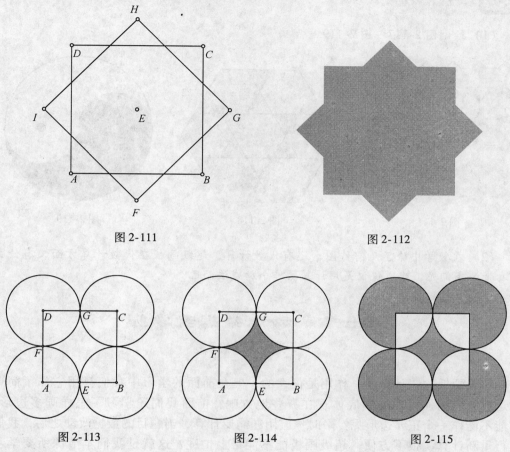

图2-111

图2-112

图2-113   图2-114   图2-115

小技巧

如果我们用的是注册版的超级画板，则可用菜单操作：这四招在"作图"菜单中的"填充区域"中，注意使用它们前要记得选择两个以上的区域.

做一做

先作出基础图形（图2-116），并将7个小区域用不同颜色填充.

小结 本节课主要学习了几何图形的四种变化和颜色填充的四种方法.

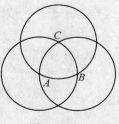

图2-116

思考与练习

（1）绘制图 2-117～图 2-119.

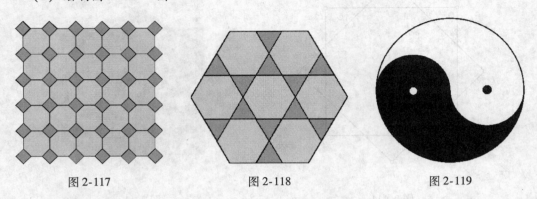

图 2-117   图 2-118   图 2-119

（2）在数学中除了几何作图，还有代数计算，超级画板在代数计算方面又有什么惊喜带给我们呢，难道仅仅是用计算器作个加减法而已？

第七节　动态数据我掌握
——变量尺的应用

超级画板的"计算器"作用是很大的，但在前面的学习中我们只用它作了简单的运算，它的强大功能到底体现在哪些地方呢？前面我们还学习了怎样画多边形，那能不能作一个正 n 边形呢？平时作应用题需要计算，当题目的数据改动之后，我们又得重新计算，很不方便，超级画板能不能帮上忙呢？这就是我们本节课所要学习的内容.

【任务 2-31】　解决周长定值问题.

问题：有人用一根 16 米的绳子，想围成一个长方形. 他希望所围成这个长方形的面积尽可能大，应该怎么做呢？

我们简单分析一下这个题目，假如设长方形的长是 x 米的话，那么宽就是 $8-x$ 米，则长方形的面积就变成 $x(8-x)$. 那么当 x 等于多少时，$x(8-x)$ 取得最大值呢？这样的式子，一般的计算器肯定是算不了的.

跟我学

（1）单击"测量"菜单里的"测量表达式"，弹出"测量表达式"对话框，在"表达式"后面的方框内输入 $x*(8-x)$，点击"确定"得到图 2-120.

（2）在程序区输入"Variable(x);"，执行命令后生成一把"变量尺"（图 2-121）.

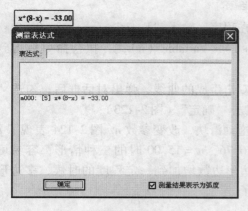

图 2-120

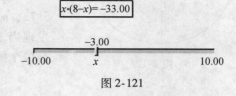

图 2-121

 小技巧

　　如果我们用的是注册版的超级画板，则可用菜单操作：在"插入"菜单中点击"变量对象"，弹出"对象的属性"对话框和一把"变量尺"，在"变量"后面的那个方框里输入"x"，点击"确定"后得到图 2-121.

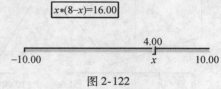

图 2-122

　　（3）拖动变量尺上的小滑块，让 x 的取值在 $0 \sim 8$ 之间变化，$x(8-x)$ 的值也会随之改变. 来回拖动几次，我们就会发现当 x 等于 4 时，$x(8-x)$ 的值最大（图 2-122）.

 知识链接

　　超级画板按照一定计算公式将字母赋予一个初值，x 的初值是 -3，所以计算 $x*(8-x)$ 的结果是 -33！我们要解决的是一个实际问题，x 的取值是有范围的，譬如说长方形的边长不能比 0 小，也不能太大，假如大于 8 的话，那么这样的长方形又怎么做得出来呢？

 做一做

　　已知长方形面积为 9，当长和宽为何值时，周长最小.

　　【任务 2-32】 学会绘制正 n 边形.

　　我们已经学会了怎样作一个多边形，但是否可以作出一个正 n 边形呢？当 $n=3$ 时，是正三角形；当 $n=4$ 时，是正四边形……

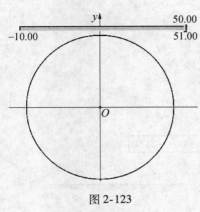

图 2-123

跟我学

（1）在程序区输入"Function（rho = 3，0，2 * pi，floor（n）+ 1）；Variable（n）；"，执行命令后得到图2-123；

（2）双击生成的曲线，弹出对话框后，勾选"折线段"，点击"确定"（图2-123）；

（3）拖动滑块，改变参数 n. 图2-124表现了 n = 5.73，n = 6.76，n = 15.00 时的三种情形，容易可以发现当多边形边数增加到一定程度的时候，多边形就会像个圆了.

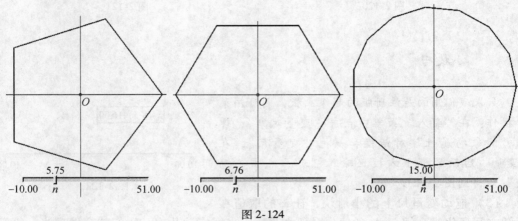

图 2-124

小技巧

如果我们用的是注册版的超级画板，则可用菜单操作：单击右键，在右键菜单中点击"函数或参数方程曲线"；弹出"对象的属性"对话框后，选择极坐标，设置 $\rho = 3$ 曲线的点数为 floor（n）+ 1，勾选"折线段"，将参数范围设置为"0 ~ 2 * pi"，点击"确定".

做一做

在程序区输入"Function（x，k * x，x，- 20，20，500）；Variable（k）；"，执行命令后得到图2-125，拖动滑块 k，看看有什么发现. 双击直线，在"对象的属性"对话框中将 x * k 改成 k/x；点击"确定"后得到图2-126. 拖动滑块，看看有什么发现.

【任务2-33】 学会用变量尺控制旋转与放缩.

跟我学

（1）作 A，B，C 三点，并以这三点构造多边形；任取一点 D.

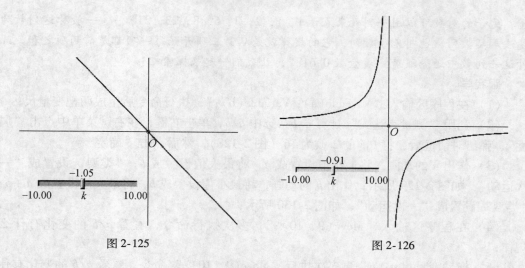

图 2-125　　　　　　　　　　　　图 2-126

（2）在程序区输入"Variable（t）；Dilate（8，9，t）；Rotate（8，9，t）；"执行命令后生成两个三角形和一把变量尺（图 2-127）.

（3）拖动滑块 t 或者是拖动点 D，看看△EFG 是如何变化的？

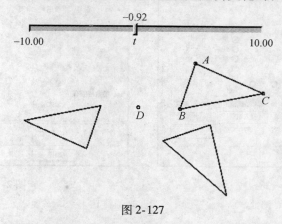

图 2-127

做一做

将三角形改为多边形，将点 D 在多边形内外之间拖动，看看有何发现.

【任务 2-34】　探索兔子数列和黄金数.

知识链接

意大利数学家菲波那契提出这样一个问题：小兔一对，若它们在出生后第二个月成年，第三个月就有生殖能力，而有生殖能力的一对兔子每一个月都生一对兔子.设所生的一对兔均为一雌一雄，且均无死亡.问新生的一对兔子一年后可以繁殖成多少对兔

子？兔子的对数可以用一列数来表示1，1，2，3，5，8，13，21，…. 一般称这列数为斐波那契数列，也叫兔子数列，它的规律就是从第三项开始每一项都是前两项之和. 此外这一列数中还隐藏着"黄金数0.618"，让我们一起来探索吧！

跟我学

（1）在程序区输入"Variable(a)；Variable(b)；"，执行命令后生成两把变量尺；

（2）利用"测量表达式"计算 a/b；选中 a/b，单击右键，在右键菜单中点击"属性"，弹出对话框后，将 f 前的2改为16（图2-128），然后点击"确定"；

（3）作出 a 的动画，将最小值设置成 a，将最大值设置成 b，"类型"设置成"一次运动"，如图2-129所示；作出 b 的动画，将最小值设置成 b，将最大值设置成 $a+b$，"类型"设置成"一次运动"，如图2-130所示；

（4）在程序区输入"Move(9，10)；"，多次执行命令，看看 a/b 的变化有什么规律；

（5）拖动变量尺 a，b，再多次执行"Move(9，10)；"命令，看看 a/b 的变化有什么规律.

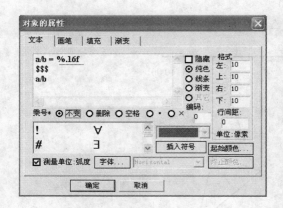

图2-128

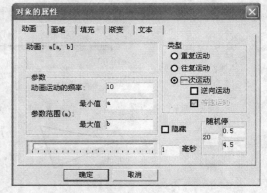

图2-129

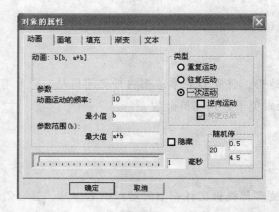

图2-130

小技巧

如果你用的是注册版的超级画板，则可用菜单操作：选中作好的两个动画按钮，点击"课件"菜单中的"动画串行运动按钮"，则可弹出一个对话框，点击"确定"即可（图2-131），不断点击最后生成的那个动画按钮.

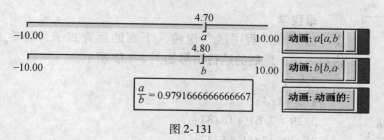

图 2-131

做一做

作出变量尺 a；利用"测量表达式"测量 a，并将小数保留位数改为16位；作出 a 的动画，将最小值设置成 a，将最大值设置成 $\dfrac{1}{1+a}$，"类型"设置成"一次运动"；不断点击动画按钮 a. 看看你能发现什么规律.

小结 本节课通过变量尺改变数值，引发了一些数学现象，既让我们感受到数学的奥妙，也帮助我们解决一些实际问题.

思考与练习

要计算梯形的面积，我们可以建立三把变量尺，分别代表上底 a、下底 b、高 h，然后利用"测量表达式"计算 $S = \dfrac{(a+b) \times h}{2}$，这样就能很清楚地看到随着 a, b, h 的变化，梯形面积是如何变化的. 但是拖动变量尺很难达到我们平时作题时需要准确值，譬如要计算上底 $a=5$、下底 $b=6$、高 $h=4$ 的梯形面积该怎么办？

第八节　复杂运算我能行
——代数运算与内置函数

学数学，计算肯定是免不了的. 有些计算很简单，心算都能算出结果，但有些计算却很复杂，必须得借助于计算器. 但计算器也不是万能的，有很多的计算它不能算，如，$a+a+a=$? 计算器就算不出来. 另外，怎样快速地分解因数，求余数呢？还是让超级画板来帮忙吧.

【任务2-35】 学会作数的四则计算.

知识链接

在"程序区"里输入运算式子，譬如"3+4;"，注意要加上英文状态下的分号，执行命令，计算机就会返回计算结果"＞＞ 7 #".

```
3+4;
>> 7 #
1/3 + 1/4;
>> 7/12 #
5/29 + 7/61 + 18/87;
>> 874/1769 #
25/29 - 7/11 - 5/37;
>> 1069/11803 #
```

图 2-132

跟我学

（1）在"程序区"里输入下面的运算式子，每输入一个式子，执行一次，最后的运行情形如图 2-132 所示.

3 + 4;

1/3 + 1/4;

5/29 + 7/61 + 18/87;

25/29 − 7/11 − 5/37;

（2）在"程序区"里输入下面的运算式子，每输入一个式子，执行一次.

123456789 * 987654321;

24/6;

568/124;

学一招

超级画板的计算总是尽可能地保持精确，如果你对"分数"结果不太习惯，希望能够转化成"小数"结果，这也是很容易的. 首先输入"Float(1);"，执行命令后，计算机返回信息：＞＞计算结果显示浮点数#，这就说明计算机已经知道我们需要的是"小数"结果了. 重新计算"568/124;"，运行情形如图 2-133 所示.

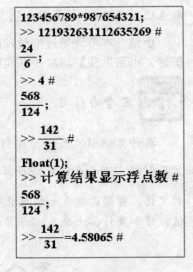

```
123456789*987654321;
>> 121932631112635269 #
24/6;
>> 4 #
568/124;
>> 142/31 #
Float(1);
>> 计算结果显示浮点数 #
568/124;
>> 142/31 =4.58065 #
```

图 2-133

做一做

（1）12345679 × 999999999.

（2）计算 12345679 × 1 × 9，12345679 × 2 × 9，12345679 × 3 × 9，12345679 × 4 × 9.

发现其中的规律了么？是不是很有趣啊！接着再算几个.

【任务2-36】 学会作带字母的计算.

跟我学

（1）在"程序区"里输入下面的运算式子，每输入一个式子，执行一次，最后的运行情形如图 2-134 所示：

a＋a＋a；

x＋x＋x＋x＋x；

a＊a＊a；

x＊x＊x＊x＊x；

2^3；

2^5；

2^8；

8＊32；

 知识链接

算加法时，可以不要死算，用乘法代替则会简便一些．而算乘法也有简便运算的．通常将这种简便运算叫做乘方，在计算机里面则经常用"^"来表示，把相乘的个数写在数字的右上角．

```
a+a+a;
>> 3*a #
x+x+x+x+x;
>> 5*x #
a*a*a;
>> a³ #
x*x*x*x*x;
>> x⁵ #
2³;
>> 8 #
2⁵;
>> 32 #
2⁸;
>> 256 #
8*32;
>> 256 #
```

图 2-134

$$\frac{a}{c}+\frac{b}{c};$$

$$>> \frac{a+b}{c} \#$$

$$\frac{a}{c}-\frac{b}{c};$$

$$>> \frac{a-b}{c} \#$$

$$\frac{a}{b}+\frac{c}{d};$$

$$>> \frac{a*d+b*c}{b*d} \#$$

$$\frac{a}{b}-\frac{c}{d};$$

$$>> \frac{a*d-b*c}{b*d} \#$$

图 2-135

（2）在"程序区"里输入下面的运算式子，每输入一个式子，执行一次，最后的运行情形如图 2-135 所示：

a/c + b/c；

a/c − b/c；

a/b + c/d；

a/b − c/d；

 **做一做**

计算 $\dfrac{4x^2}{9y} \times \dfrac{3y}{2x^3}$，$\dfrac{a^2 b^4}{3c^3} \div \dfrac{-2a^5 b^6}{9cd^2}$，$\left(\dfrac{x-1}{x^2+x+1} - \dfrac{1}{x-1}\right) \times (x^3 - 1)$．

【任务2-37】 学会计算 $(a+b)\textasciicircum n$ 和修改文本．

跟我学

在"程序区"里输入下面的运算式子，每输入一个式子，执行一次．

(a + b)^1；

(a + b)^2；

(a + b)^3；

(a + b)^4；

(a + b)^5；

 知识链接

可能大家对计算机返回的这些结果不大习惯，所以我们还要将它改写一下．你看到屏幕上多了个方框么？当我们在程序工作区作计算时，输入的文字符号和计算结果，都会在作图区以文本的形式显示出来．右键单击文本框，在右键菜单中点击"属性"打开属性设置对话框（图2-136），点击"空格"前的那个小圈圈，将"＊"用"空格"代替，然后在"文本栏"里把计算机特有的一些信息删去，加上"＝"，点击"确定"后得到图2-137．

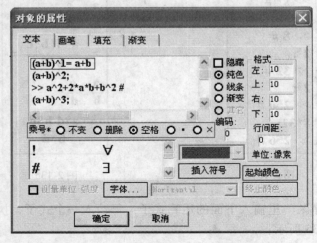

图 2-136

$$(a+b)^1 = a+b$$
$$(a+b)^2 = a^2+2ab+b^2$$
$$(a+b)^3 = a^3+3a^2b+3ab^2+b^3$$
$$(a+b)^4 = a^4+4a^3b+6a^2b^2+4ab^3+b^4$$
$$(a+b)^5 = a^5+5a^4b+10a^3b^2+10a^2b^3+5ab^4+b^5$$

图 2-137

【任务2-38】 学会使用简单的函数命令.

跟我学

（1）在"程序区"里输入下面的函数命令，每输入一个式子，执行一次：

Mod(10，5)；

Mod(10，3)；

（2）在"程序区"里输入下面的函数命令，并执行：

Coeff((a + b) ^100，b，30)；

（3）在"程序区"里输入下面的函数命令，每输入一个式子，执行一次：

Factor(12)；

Factor(120)；

Factor(17)；

（4）在"程序区"里输入下面的函数命令，每输入一个式子，执行一次：

sign(2，1)；

sign(1，2)；

（5）在"程序区"里输入下面的函数命令，执行三次：

rand(1，3)；

上述运行情形如图 2-138 所示.

```
Mod(10, 5);
>> 0 #
Mod(10, 3);
>> 1 #
Coeff((a+b) 100,b ,30);
>> 293723398216110944823963760*a 70 #
Factor(12);
>> (2) 2*(3) #
Factor(17);
>> 17 #
Factor(120);
>> (2) 3*(3)*(5) #
sign(2,1);
>> 1 #
sign(1,2);
>> 0 #
rand(1, 3);
>> rand(1,3)=2.2609 #
>> rand(1,3)=1.48207 #
>> rand(1,3)=2.33659 #
```

图 2-138

知识链接

很多问题利用超级画板的内置函数都能轻松解决．注意内置函数的首字母的大小写．

Mod(a，b)函数用来求 a 除以 b 所得到的余数，如果刚好能够除尽，则余数为 0；

Coeff(f，u，k)函数用来求多项式 f 中 u 的 k 次项的系数；

sign(a，b)函数用来判断大小，如果 a 大于 b，超级画板就会返回"1"；否则返回 0；

rand(a, b) 函数用来产生 a 到 b 之间的随机数，这个命令很特别，每次输出的结果都不一样．

 **学一招**

在"程序区"里按下"F1"键，则会出现一个小窗口（图 2-139），里面有很多既有趣，又有用的命令，而且还提供了相关提示．

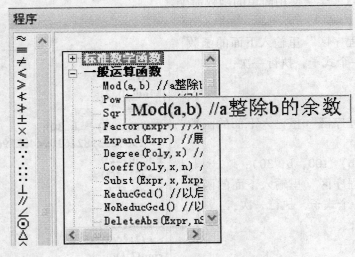

图 2-139

 **做一做**

动手探索程序区里函数命令的含义，譬如：ceiling( )；floor( )；Factorial( )；abs( )；

 思考与练习

1. 有人提出了这样一个猜想："任给一个自然数，若它是偶数则将它除以 2；若它是奇数，则将它乘以 3 再加 1．反复重复这种运算，经有限步之后其结果必为 1"．例如：$6 \to 6 \div 2 \to 3 \to 3 \times 3 + 1 \to 10 \to 10 \div 2 \to 5 \to 5 \times 3 + 1 \to 16 \to 16 \div 2 \to 8 \to 8 \div 2 \to 4 \to 4 \div 2 \to 2 \to 2 \div 2 \to 1$（注：一般称之为角谷猜想）．你相信这个猜想么？选一些数，在程序区里算算看．

2. 在程序区里计算确实很方便，但是该怎么样计算 $1 + \dfrac{1}{2} + \dfrac{1}{3} + \cdots + \dfrac{1}{100} = ?$ 呢，有什么巧妙方法吗？

第九节 繁琐问题模式化

——函数命令与 for 循环

要想学好数学，做题目是必须的．有些题目很有趣，能够启发我们思维，但有些题目却很枯燥，只是简简单单地"代入公式"．例如在学了梯形的面积公式之后，就有一大堆的课后习题等着我们，而这些题目千篇一律，大同小异，仅仅是将上底、下底、高的数值改来改去，只要作三五个这样的题目就能很好地掌握梯形的面积公式了，何必一定要作那么多重复工作，浪费宝贵时间呢？看看超级画板是怎样解决这个问题的吧！

【任务 2-39】 学会将梯形的面积公式制成模版．

跟我学

（1）在程序区里输入"$a=5$；$b=6$；$h=4$；"，执行命令（图 2-140）．

（2）在程序区里输入"$(a+b)*h/2$；"执行命令，计算机已经算好结果（图 2-141）．这就说明了上底 $a=5$、下底 $b=6$、高 $h=4$ 的梯形面积是 22.

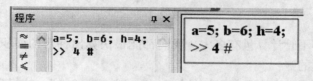

图 2-140

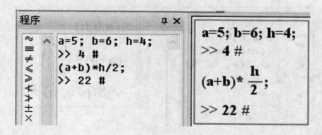

图 2-141

知识链接

我们首先要把题目的条件告诉超级画板，让它知道我们要做什么．譬如告诉超级画板，梯形的上底 a 等于 5，只要在"程序区"里输入"$a=5$；"，我们还可以验证，继续输入"$a+3$；"．执行后计算机会返回一个结果"8"，这表明超级画板已经知道 a 现在代表的值是 5.

我们还要将梯形的面积公式 $S = \dfrac{(a+b) \times h}{2}$ 告诉超级画板，S 代表梯形的面积，也就是我们要求的结果．注意，平时手写可以将乘号省略，但这里的乘号不能省略，省略了计算机就看不懂我们的意思了．

小技巧

假如高 h 不是 4 而是 6 呢？我们只要将"$h=4;$"中的 4 改成 6，执行命令，超级画板就会收到我们给它的新信息；然后再执行命令 $(a+b)*h/2$ 就能很快得到改变 h 后的梯形面积（图2-142）.

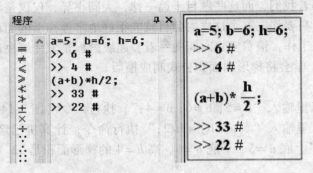

图 2-142

按这个方法，不管计算量有多大，我们都能很快算出梯形的面积，确实是很方便，但还有没有更方便的呢？

（3）在程序区里输入"$S（a，b，h）\{（a+b）*h/2;\}$"，执行命令（图2-143）.

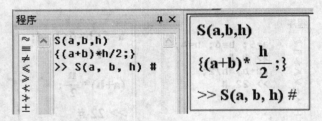

图 2-143

知识链接

S 是我们给模版取的名字，把与计算 S 有关的 a，b，h 用小括号括起来，放在 S 后面，花括号中的语句，就是计算梯形面积的公式；这是制作模版的一般方法.

（4）在程序区里输入"$S(5，6，4)$;"执行命令.

（5）再在程序区里输入"$S(5，6，6)$;"执行命令（图2-144）.

结果和刚才一样的，但比刚才要方便. 我们可以将做好的这个模版保存起来，取个名字叫做"梯形面积模版"，以后再遇到求梯形面积的问题，就可以直接"调用"模版了.

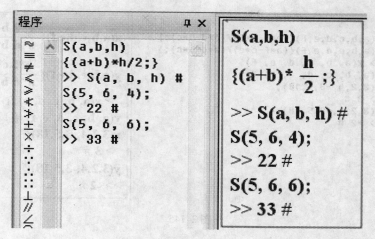

图 2-144

 做一做

编写一个求3个数的平均数的模板．

【任务 2-40】 编写一个求解二元一次方程组的模板，并用来解下列方程组：
$$\begin{cases} 3x + 2y = 5, \\ 4x - 3y = 18. \end{cases}$$

跟我学

（1）写出二元一次方程组的一般形式：
$$\begin{cases} ax + by = e \\ cx + dy = f \end{cases} \quad (ad - bc \neq 0).$$

用消元法解此方程组，得到
$$x = \frac{ed - bf}{ad - bc}, \quad y = \frac{af - ce}{ad - bc}.$$

（2）在程序区输入 "x(a, b, c, d, e, f) {(e*d−b*f)/(a*d−b*c);}
y(a, b, c, d, e, f) {(a*f−c*e)/(a*d−b*c);}"，执行命令．

（3）在程序区输入 "x(3, 2, 4, −3, 5, 18);"，执行命令就得到3，即 $x = 3$．

（4）在程序区输入 "y(3, 2, 4, −3, 5, 18);"，执行命令就得到−2，即 $y = −2$
（图 2-145）．

【任务 2-41】 求出多个数中的最小数．

跟我学

（1）在程序区里输入 "m(a, b) {if (a<b){a;} else {b;}}"，执行命令．

（2）在程序区里输入 "m(1, 3)"，执行命令．

（3）在程序区里输入 "m(4, 3)"，执行命令（图 2-146）．

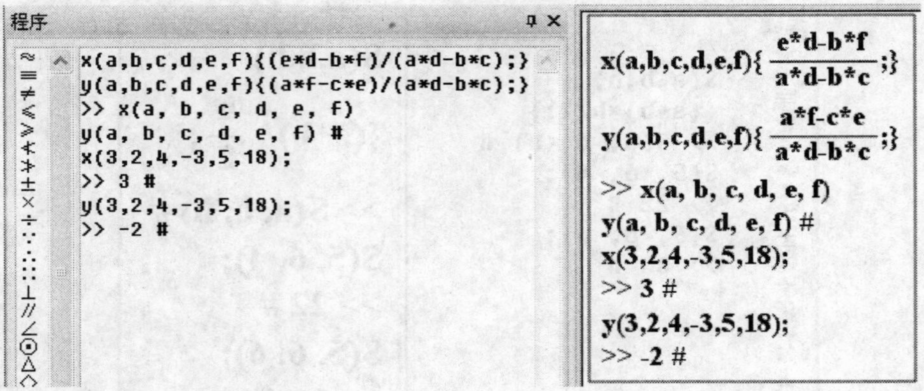

程序

```
x(a,b,c,d,e,f){(e*d-b*f)/(a*d-b*c);}
y(a,b,c,d,e,f){(a*f-c*e)/(a*d-b*c);}
>> x(a, b, c, d, e, f)
y(a, b, c, d, e, f) #
x(3,2,4,-3,5,18);
>> 3 #
y(3,2,4,-3,5,18);
>> -2 #
```

$$x(a,b,c,d,e,f)\{\frac{e*d-b*f}{a*d-b*c};\}$$

$$y(a,b,c,d,e,f)\{\frac{a*f-c*e}{a*d-b*c};\}$$

```
>> x(a, b, c, d, e, f)
y(a, b, c, d, e, f) #
x(3,2,4,-3,5,18);
>> 3 #
y(3,2,4,-3,5,18);
>> -2 #
```

图 2-145

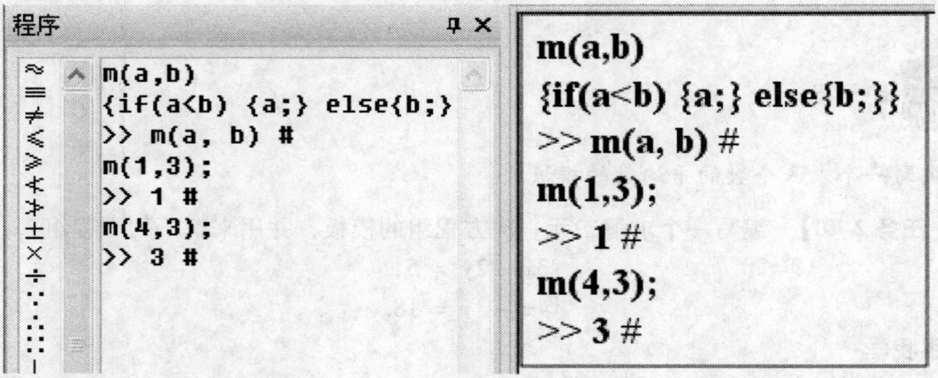

程序

```
m(a,b)
{if(a<b) {a;} else{b;}
>> m(a, b) #
m(1,3);
>> 1 #
m(4,3);
>> 3 #
```

```
m(a,b)
{if(a<b) {a;} else{b;}}
>> m(a, b) #
m(1,3);
>> 1 #
m(4,3);
>> 3 #
```

图 2-146

知识链接

在超级画板提供的编程环境中，条件语句的一般格式是：if(A){B}else{C}，这里 A 是条件，B 是 A 成立时要执行的一些语句，C 是 A 不成立时要执行的一些语句．在花括号内的 B 和 C，也可以是条件语句．

小技巧

我们要求多个数的最小值，可以采取步步为营，逐步逼近的原则：先编写一个模版从 2 个数中选出较小的，再通过"复合"求出 3 个或 4 个数中最小的数来．

（4）在程序区里输入：

```
m3(a,b,c){m(m(a,b),c);}
m4(a,b,c,d){m(m(a,b),m(c,d));}
```

m5(a,b,c,d,e){m(m(a,b),m3(c,d,e));}
执行命令（图2-147）.

```
程序                    ⋅ ⋈ ×
m(a,b)
{if(a<b) {a;} else{b;}}
>> m(a, b) #
m(1,3);
>> 1 #
m(4,3);
>> 3 #
m3(a,b,c){m(m(a,b),c);}
m4(a,b,c,d){m(m(a,b),m(c,d));}
m5(a,b,c,d,e){m(m(a,b),m3(c,d,e));}
>> m3(a, b, c)
m4(a, b, c, d)
m5(a, b, c, d, e) #
m5(21, 7, 3, 4, 12);
>> 3 #
```

```
m(a,b)
{if(a<b) {a;} else{b;}}
>>m(a, b) #
m(1,3);
>> 1 #
m(4,3);
>> 3 #
m3(a,b,c){m(m(a,b),c);}
m4(a,b,c,d){m(m(a,b),m(c,d));}
m5(a,b,c,d,e){m(m(a,b),m3(c,d,e));}
>> m3(a, b, c)
m4(a, b, c, d)
m5(a, b, c, d, e) #
m5(21, 7, 3, 4, 12);
>> 3 #
```

图 2-147

 学一招

有了求最小数的模板，就容易写出求最大数的模板：
M5(a, b, c, d, e){ −m5(−a, −b, −c, −d, −e);}

【任务2-42】 解决连加数学题.

曾经有个数学老师给班上的同学提出了下面的问题：$1 + 2 + 3 + \cdots + 100 =$？当时，当其他同学忙于把100个数逐个相加时，有个10岁的小孩子却用下面的方法迅速算出了正确答案：$(1 + 100) + (2 + 99) + \cdots + (50 + 51) = 101 \times 50 = 5050$，这让他的老师大为惊讶，这个小孩子就是后来被誉为"数学王子"的伟大数学家高斯. 高斯之所以能那么快求出结果，就是由于他非常善于动脑筋，发现了这100个数是有规律的，巧妙地将加法转化成乘法. 假如这100个数没这么有规律呢？假如那个老师出的题目是：$1 + \frac{1}{2} + \frac{1}{3} + \cdots + \frac{1}{100} =$？那么高斯还能不能那么快算出结果呢？

跟我学

（1）在程序区输入" i = 1;"，执行命令，计算机返回信息" >> 1 #"；
（2）再输入" i = i + 1;"，执行命令，计算机返回信息" >> 2 #".

 学一招

i 怎么会等于 i+1？别急，再多输入几次 "i=i+1;"，很容易就能发现计算机返回的结果每次都比上一次大 1（图 2-148），由此我们可以得出结论："i=i+1;" 的含义是把 i 的当前值加 1 后作为 i 的新值.

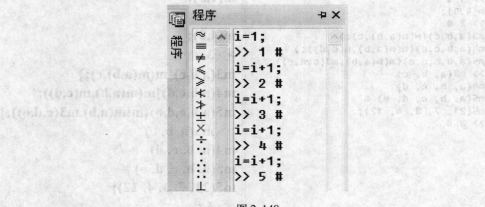

图 2-148

 知识链接

同一个问题，可以有不同的解法. 求 $1+2+3+\cdots+100$ 的和，既可以采用如下方法：先求 $1+2$，再加 3，再加 4，一直加到 100，最后得到结果 5050. 也可以采用这样的方法：$(1+100)+(2+99)+\cdots+(50+51)=101\times50=5050$. 显然，对于人来说，后一种方法更简便，而前一种累加的方法则更适用于计算机解题.

超级画板编程环境中的 for 语句格式为：for $(i=a; i<b; i=i+d)$ {S}.

其中圆括号中的 i 是循环变量，也可以用其他字母表示循环变量. $i=a$ 表示 i 的值从 a 开始，a 为初值；$i<b$ 说明了 i 的上限为 b；$i=i+d$ 表示 i 每次加 d，d 为步长. 花括号中的 S 表示一些语句，叫做循环体. 程序对每个 i 的值顺次执行循环体中的语句.

明白 "i=i+1;" 的含义之后，现在开始求 $1+2+3+\cdots+100$ 这个结果了. 在程序区输入：

s=0;

for (i=1; i<=100; i=i+1)

{s=s+i;}

执行命令，计算机马上算出结果（图 2-149）.

那到底刚才输入的东西是什么意思，这么神奇？给大家稍微解释一下：

变量 i 代表每个数，变量 s 代表和.

步骤 1：i=1，s=0；

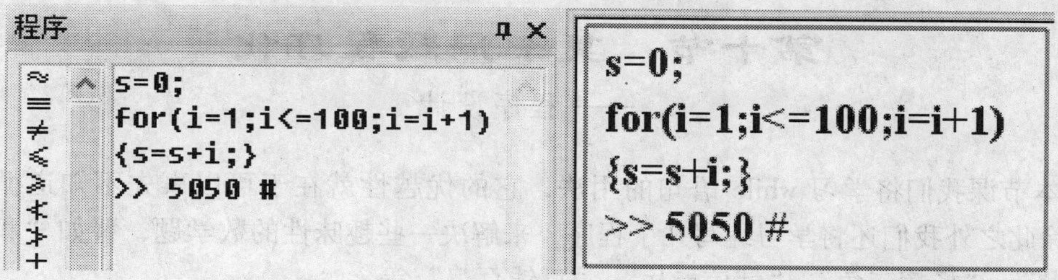

```
程序                    ⊓ ×
s=0;
for(i=1;i<=100;i=i+1)
{s=s+i;}
>> 5050 #
```

```
s=0;
for(i=1;i<=100;i=i+1)
{s=s+i;}
>> 5050 #
```

图 2-149

步骤 2：使 s 加上 i，即 s = s + i；

步骤 3：使 i 的值加 1，即 i = i + 1；

步骤 4：如果 i 不大于 100，返回重复执行步骤 2 和步骤 3；否则计算结束.

变量 s 中的值为得到的累加和.

我们再来看一看这个问题：$1 + \frac{1}{2} + \frac{1}{3} + \cdots + \frac{1}{100} = ?$，看起来好像非常复杂，100 个分数相加，分母又不相同，将它们通分的话，公分母该是个多大的数字啊？但是我们用超级画板来作的话，那就变得很简单了. 只要将刚才输入的"{s=s+i;}"中的 i 改成 1/i，然后执行，计算机马上算出结果（图 2-150）：

$$s=0;$$
$$for(i=1;i<=100;i=i+1)$$
$$\{s=s+\frac{1}{i};\}$$

$$>> \frac{14466636279520351160221518043104131447711}{2788815009188499086581352357412492142272} \quad \#$$

图 2-150

感到惊奇吧，分子分母都是这么大的数，你认为高斯能很快算出这个结果么？

做一做

计算所有小于 100 的正奇数的平方和.

小结 本节课同学们学会了如何将数学公式设置成模版，掌握了 if 语句和 for 语句的用法，能够编写简单的程序.

思考与练习

用累加法将 100 个自然数相加，事先我们就需要知道循环的次数，但是有些问题是我们不可能事先知道循环次数的，那该怎么办呢？

第十节　复杂问题程序化

——程序设计

本节课我们将学习 while 语句的用法，它的优越性就在于可以事先不知道循环次数．除此之外我们还将学习编写几个程序，来解决一些趣味性的数学题，譬如"积木垒金字塔"，"杨辉三角"，"韩信点兵"，"百钱百鸡"等．

【任务2-43】　掌握 while 语句的用法，学会用流程图分析问题，编程解决积木垒金字塔问题．

积木垒金字塔问题：假如要用 1000 块正方体的积木，垒一个金字塔，自上而下第 n 层用 n^2 块积木，问最多能垒几层？

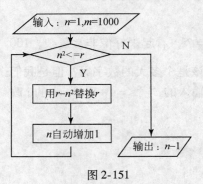

图 2-151

学一招

如果觉得题目较难，不知道如何下手，可以在纸上进行简单的分析：第 1 层用 1 块积木，第 2 层用 4 块积木，第 3 层用 9 块积木……那么就从 1000 中依次减去 1，4，9，…，到不够减时，返回减的次数．图 2-151 就是用流程图来表示的这一过程．

跟我学

在程序区里输入：

```
c(m)
{n=1;
while (n^2=m| | n^2<m) {m=m−n^2; n=n+1;}
n−1; }
```

执行命令（图 2-152），可见 1000 块积木最多能垒 13 层．

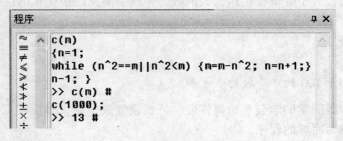

图 2-152

　**知识链接**

while 语句比较灵活，格式为 while（条件）{一些语句}

当条件满足时就顺次执行花括号中的语句，每执行一轮就检查一次条件，当条件不满足时就退出循环，跳过花括号执行后面的语句．用 while 语句可以实现各种循环过程，不论是否预先知道循环次数都行．

前面程序中条件（n^2＝m∣∣n^2＜m）的意思是 n^2 小于或等于 m．

【任务 2-44】 编程解决韩信点兵问题．

韩信点兵问题：相传汉高祖刘邦问大将军韩信统御兵士多少，韩信答说，每 3 人一列余 2 人、5 人一列余 3 人、7 人一列余 6 人……刘邦茫然而不知其数．

 学一招

韩信点兵是后人对"物不知其数问题"的一种故事化．我们将它改编成纯粹的数学问题就是：一个正整数被 3 除余 2，被 5 除余 3，被 7 除余 6，求出此数的最小值．我们可以从 1 开始，不断加 1，每次检查是否被 5 除余 3 且被 3 除余 2，被 7 除余 6，全部满足时即为所求．

跟我学

在程序区里输入：

n＝1；

while（（Mod（n，5）－3）^2＋（Mod（n，3）－2）^2＋（Mod（n，7）－6）^2＞0）｛n＝n＋1；｝

执行命令（图 2-153），这个数最小是 83．

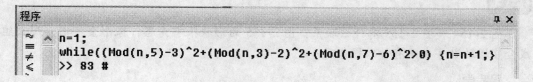

```
程序
n=1;
while((Mod(n,5)-3)^2+(Mod(n,3)-2)^2+(Mod(n,7)-6)^2>0) {n=n+1;}
>> 83 #
```

图 2-153

 想一想

（1）为什么是求满足条件的最小数？

（2）有人对程序进行了一些改动，你认为这样改动有什么好处？

n＝6；

while（（Mod（n，5）－3）^2＋（Mod（n，3）－2）^2＞0）｛n＝n＋7；｝

【任务 2-45】 编程解决画出杨辉三角的图形．

在第八节时，我们曾经计算过（$a＋b$）^n（$n＝1，2，3，4，5$），大家是否想过得到的这些式子里还含有更深一层的数学奥秘呢？我们先来对比一下图 2-154 和图 2-155．

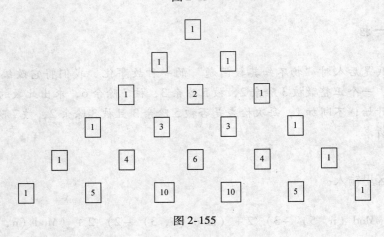

$$(a+b)^1 = a+b$$
$$(a+b)^2 = a^2+2ab+b^2$$
$$(a+b)^3 = a^3+3a^2b+3ab^2+b^3$$
$$(a+b)^4 = a^4+4a^3b+6a^2b^2+4ab^3+b^4$$
$$(a+b)^5 = a^5+5a^4b+10a^3b^2+10a^2b^3+5ab^4+b^5$$

图 2-154

图 2-155

想一想

图 2-154 和图 2-155 有什么联系？图 2-155 的形状很有意思，像个金字塔，那么组成金字塔的数字中间有什么规律吗？

跟我学

如果用手工来画图 2-155，比较麻烦，一是难得算，二是位置难得排的那么好．还是让超级画板来帮我们画这个图吧！在程序区输入：

```
c(u,v)
{if (v = =0) {1;} else {C(u,v);}}
yh(m)
{for(k =0;k <m;k = k +1)
    for(i =0;i < =k;i = i +1)
  {Text (2 * i-k +2, m-k-2, c (k, i));}}
```

执行命令，然后输入"yh(6);"，再次执行命令屏幕上就会出现图 2-155 了．

知识链接

图 2-154 我们早就见过了，如果你不大记得的话，可以在程序区再计算一次．图 2-

155 的来头不小，可以说是我国古代数学家的智慧结晶. 相传是北宋人贾宪首先发现，后来被南宋数学家杨辉记载在《详解九章算法》一书中，所以现在我们一般称之为杨辉三角. 500 多年后，西方国家才发现类似的图形.

$C(u，v)$ 是组合函数命令，Text 是文本输出函数命令.

 做一做

图 2-155 只画了 6 层，还可以继续画下去，你将 6 改成其他数字来试试.

【任务 2-46】 编程验证角谷猜想.

在第八节时，有个练习题"验证角谷猜想"，并且还以 6 为例：$6 \to 6 \div 2 \to 3 \to 3 \times 3 + 1 \to 10 \to 10 \div 2 \to 5 \to 5 \times 3 + 1 \to 16 \to 16 \div 2 \to 8 \to 8 \div 2 \to 4 \to 4 \div 2 \to 2 \to 2 \div 2 \to 1$. 可不可以将之设置成"模版"，不要一步一步去计算呢？

跟我学

在程序区输入：

```
jg(n)
{x=1;
Text(x,1,n);
while(n>1)
{x=x+1;
if(Mod(n,2)==0){n=n/2;}
else{n=3*n+1;}
Text(x,1,n);}}
```

执行命令，然后输入"jg(6);"，再次执行命令屏幕上就会出现图 2-156.

6	3	10	5	16	8	4	2	1

图 2-156

 做一做

你也可以将 6 改成其他数字试试.

【任务 2-47】 编程解决百钱百鸡问题.

百钱百鸡问题：公元前 5 世纪，我国古代数学家张丘建在《算经》一书中提出了"百钱百鸡问题"："鸡翁一，值钱五；鸡母一，值钱三；鸡雏三，值钱一. 百钱买百鸡，问鸡翁、鸡母、鸡雏各几何？"

跟我学

我们假设鸡翁有 a 只，鸡母有 b 只，鸡雏有 c 只，则可以列出方程

$$\begin{cases} a+b+c=100, \\ a\times 5+b\times 3+\dfrac{c}{3}=100. \end{cases}$$

有3个未知数，却只有2个等式的方程该如何解答呢？在程序区输入：

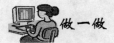

```
i=0;
for(a=0;a<=20;a=a+1)
for(b=0;b<=33;b=b+1)
{c=100-a-b;
if(a*5+b*3+c/3==100)
{i=i+1;
Text(1,1-i,a);
Text(2,1-i,b);
Text(3,1-i,c);
}}
```

0	25	75
4	18	78
8	11	81
12	4	84

图 2-157

执行命令，屏幕上就会出现图2-157，这说明符合题意的方案还不止一种，共有4种．

做一做

百马百担问题：有一百匹马，驮一百担货，大马驮3担，中马驮2担，两只小马驮1担，问有大、中、小马各几匹？

【任务2-48】 编程解决水仙花数问题．

水仙花数：有一类三位数很特别，它的各位数的立方加起来就等于该数，这样的数给它取个名字，叫做水仙花数．例如，153就是一个水仙花数，因为 $153=1^3+5^3+3^3$．能不能把所有100~999中的水仙花数都找出来呢？

跟我学

在程序区输入：

```
for(a=1;a<10;a=a+1)
for(b=0;b<10;b=b+1)
for(c=0;c<10;c=c+1)
{if(100*a+10*b+c==(a^3+b^3+c^3))
    Text(100*a+10*b+c);
}
```

153
370
371
407

图 2-158

执行命令，屏幕上就会出现图2-158.

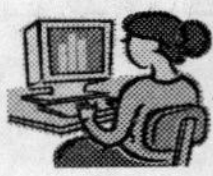

做一做

求满足 $\overline{abcd}=(ab+cd)^2$ 的四位数，如2025就满足要求，因为 $(20+25)^2=2025$.

 **思考与练习**

我们这节课所学的编程主要是解决一些数的问题,能否用编程来画几何图形呢?在超级画板中,要想作出几个同心圆,是很简单的事情.但要想一次作出很多个同心圆,而且还要求这些圆的半径越来越大(譬如作25个同心圆,半径每次增加0.2),那就更麻烦了,手工操作几乎是不可能.将下面的程序输入到程序区再执行,看看生成什么样的几何图形?

```
for(a=0.2;a<5.2;a=a+0.2)
{CircleOfRadius(1,a);}
```

附录 超级画板(免费版)的使用说明

1. 免费版本与注册版本的区别

超级画板是一个受知识产权保护的收费软件,为了让更多的老师和同学能够使用,所以同时该软件也提供了一个免费版本.

本教材中的作品都是免费版本可以完成的,免费版本和注册版在功能上没有太大的区别,而只是在操作上有所区别!免费版本的菜单有些不能用,主要是通过文本命令或者是通过程序来实现(有些灰色的菜单其实能用,要你选择了操作对象才能激活);注册版本的使用,大多是就是用鼠标点击菜单,所见即所得,当然也可以用文本命令或程序来实现.

"文本作图"在"作图"菜单栏中,点击则会弹出对话框,当鼠标移动到某一命令上时,系统会自动出现提示;单击屏幕左边的"程序"按钮,则会弹出"程序区",在程序区中按F1键就会出现函数命令的提示框.

2. 函数命令提要

以下的函数命令,按教材顺序排列(附有单词的解释),可以在文本作图对话框里运行,也可以在程序工作区执行.一次可以执行多条命令,每条命令结尾处都要加上分号(注意,必须是英文输入状态下的分号).在程序工作区执行的方法,是把文本编辑的光标放在最后一行的分号后面,按着 Ctrl 键击 Enter 键.成功时生成一个新的对象,返回值为该对象在当前页面对象列表中的编号;如果操作没有成功则返回值为 -1.在函数名后面的小括弧中,方括弧表示可以省略的部分.关于免费版本的使用,可参考范例:"Locus 的使用"和"兔子数列与黄金数".

第一、五、八、九、十节时中的所有操作,免费版本和注册版没有区别.大家完成作品后,可以将作品取个自己喜欢的名字作为标题,所以下面这个命令就相当有用了.

可变换文本　TransformText（Text）

参数：Text：文本字符串.

说明：生成内容为 Text 的可变换的文本. 其位置在最近新作的可变换文本的下方或右侧（如果没有可变换文本对象，则在作图工作区的左上角）.

transform［trænsˈfɔːm］vt. 1. 使改变；使改观；将…改成　2. 使变换

第二节　动画图案变化多——设置动画与构造轨迹

多边形边界上的点　PointOnPolygon（P1，P2，…，Pn［，Text]）

参数：P1，P2，…，Pn：点对象在当前页面对象列表中的编号.

说明：在多边形 P1P2…Pn 的边界上任取一点，该点可以被拖动，可以生成动画按钮. 参数中的点的个数至少为 3 个.

point［pɔint］n. 1. （空间的）一点，处，地方，位置　2.【数】点；小数点；标点

polygon［ˈpɔliɡən］n. 多边形；多角形

轨迹　Locus（Obj1，Obj2，…，Objn，Locus）

参数：Obj1，Obj2，…，Objn：线段、曲线、或多边形边界上的点在当前页面对象列表中的编号. Locus：点、圆、线段、射线或直线在当前页面对象列表中的编号.

说明：当 Obj1，Obj2，…，Objn 变化时，作出对象 Locus 的轨迹.

locus［ˈləukəs］n. 1. 所在地　2.【数】轨迹

object［ˈɔbdʒikt］n. 1. 物体　2. 对象；目标　3. 目的，宗旨

第三节　几何图形奥秘多（1）——感受动态几何

角平分线　AngleBisector（A，B，C）

说明：作∠ABC 的角平分线.

angle［ˈæŋɡl］n. 1. 角；角度　2. （建筑物，家具等的）角落，突出部分

bisector［baiˋsektə］n. 1. 二等分物　2.【数】二等分线

过已知三点的圆　CircleOf3Point（A，B，C）

说明：通过点 A、B 和 C 作一个圆，即作三角形 ABC 的外接圆.

circle［ˈsəːkl］n. 1. 圆；圆圈　2. 圆形的东西，环状物

第四节　几何图形奥秘多（2）——感受动态几何

点绕点旋转缩放点　PointFlexRotate（P，A，Times，Angle［，Text]）

参数：Times：放缩的倍数；Angle：旋转的角度，单位是度.

说明：点 P 绕点 A 逆时针方向旋转角 Angle，并将 P 到 A 的距离缩放 Times 倍后所产生的点. 这里要注意，旋转的角度是度，旋转的方向是逆时针方向. 如果要求顺时针方向旋转，可将 Angle 的值反号.

flex［fleks］vi. 屈曲；收缩

rotate［rəu'teit］vi. 1. 旋转，转动 2. 循环，轮流

第六节 我作图形设计师（2）——图形变换与颜色填充

平移 Translate（Obj，A，B［，Text］）

参数：Obj：图形对象在当前页面对象列表中的编号.

说明：此函数构造图形对象 Obj 按向量 AB 平移得到的几何对象.

translate［træns'leit］vt. 1. 翻译，转译 2. 解释，说明，表达 3. 转移，调动

旋转 Rotate（Obj，P，angle［，Text］）

参数：Obj：被旋转图形对象在当前页面对象列表中的编号. angle：表示旋转角弧度数的代数表达式.

说明：此函数构造的新对象为：对象 Obj 以点 P 为旋转中心按逆时针旋转角 angle 弧度所得的图形. P 必须是点对象；angle 的单位是弧度.

放缩 Dilate（Obj，P，times［，Text］）

参数：Obj：图形对象在当前页面对象列表中的编号. times：代数表达式.

说明：此函数构造的新对象为：对象 Obj 以点 P 为放缩中心放缩 times 倍所得的图形对象.

dilate［dai'leit］vt. 扩大；使膨胀

time［taim］n. 1. 时间；时 2.（办事所需）时间 3. 次，回 4. 倍

反射 Symmetric（Obj，Line［，Text］）

参数：Obj：图形对象在当前页面对象列表中的编号. Line：直线类对象在当前页面对象列表中的编号.

说明：此函数构造对象 Obj 关于直线 Line 对称的几何对象. Line 必须是直线对象.

以上四个命令中的 Obj 必须是下列几何对象：点、直线类对象、二次曲线、函数曲线、参数曲线、多边形、离散点曲线、轨迹、手写手画对象或可变换文本等；

symmetric［si'metrik］a. 1. 对称的 2. 匀称的；整齐的

line［lain］n. 1. 绳，线，索 2. 线条 3. 列，排；（等待顺序的）行列

区域的并 RegionOr（R1，R2，Text）

说明：生成两个区域 R1 和 R2 的并域.

区域的交 RegionAnd（R1，R2，Text）

说明：生成两个区域 R1 和 R2 的交域，即公共部分.

区域的差 RegionDiff（R1，R2，Text）

说明：生成两个区域 R1 和 R2 的差域，即从 R1 中去掉 R1 和 R2 的公共部分后剩余的部分.

区域的与或 RegionXor（R1，R2，Text）

说明：生成两个区域 R1 和 R2 的与或域，即从 R1 与 R2 的并中去掉 R1 与 R2 的交后剩余的部分．

以上四个命令中的 R1 和 R2 都是指可填充的对象内部区域，包括圆、多边形等的编号．

region［'ri: dʒən］n. 1. 地区，地带；行政区域　2.【解】部，部位　3. 领域，范围

or［ɔː］conj. 1. 或者；还是　2. 否则，要不然

and［ænd］conj. 1. 和，及，与，同；又　2. 然后　3. 而且

difference［'difərəns］n. 1. 差别，差异　2. 差，差距；差额　3. 争论；不和

XOR：Exclusive OR

exclusive［iks'klu: siv］a. 1. 排外的；除外的　2. 独有的，独占的，专用的

第七节　我作图形设计师（2）——图形变换与颜色填充

变量尺 Variable（Var）

参数：Var：符号或字符串．

说明：生成变量 Var 的变量尺．

variable［'vɛəriəbl］n. 1. 可变物，易变物；可变因素　2.【数】变量

函数曲线 Function（y = f（x），a，b，count［，Text］）

参数：f(x)：关于 x 的函数表达式．a 和 b 为数学表达式，且 a < b. count：画函数曲线时，样本点的个数．必须是一个大于 3 的正整数．

说明：在平面内画函数 y = f（x）在区间［a，b］内的图像．

function［'fʌŋkʃən］n. 1. 官能，功能，作用　2. 职务，职责　3.【数】函数

count［kaunt］vt. 1. 计算，数　2. 将…计算在内　3. 认为；看作

并联动画 Move（Obj1，Obj2，…，Objn）；

参数：Obj1，Obj2，…，Objn：动画按钮在当前页面对象列表中的编号．

说明：同时启动 Obj1，Obj2，…，Objn 动画．

move［mu: v］vi. 1. 移动；离开；前进　2.（事情等）进展　3. 迁移；搬家4. 采取行动；行动

文本命令单词表

transform［træns'fɔ: m］vt. 1. 使改变；使改观；将…改成　2. 使变换

point［pɔint］n. 1.（空间的）一点，处，地方，位置　2.【数】点；小数点；标点

polygon［'pɔligən］n. 多边形；多角形

locus［'ləukəs］n. 1. 所在地　2.【数】轨迹

object ['ɔbdʒikt] n. 1. 物体 2. 对象；目标 3. 目的，宗旨

angle ['æŋgl] n. 1. 角；角度 2. （建筑物，家具等的）角落，突出部分

bisector [bai`sektə] n. 1. 二等分物 2. 【数】二等分线

circle ['sə: kl] n. 1. 圆；圆圈 2. 圆形的东西，环状物

flex [fleks] vi. 屈曲；收缩

rotate [rəu'teit] vi. 1. 旋转，转动 2. 循环，轮流

translate [træns'leit] vt. 1. 翻译，转译 2. 解释，说明，表达 3. 转移，调动

dilate [dai'leit] vt. 扩大；使膨胀

time [taim] n. 1. 时间；时 2. （办事所需）时间 3. 次，回 4. 倍

symmetric [si'metrik] a. 1. 对称的 2. 匀称的；整齐的

line [lain] n. 1. 绳，线，索 2. 线条 3. 列，排；（等待顺序的）行列

region ['ri: dʒən] n. 1. 地区，地带；行政区域 2. 【解】部，部位 3. 领域，范围

or [ɔ:] conj. 1. 或者；还是 2. 否则，要不然

and [ænd] conj. 1. 和，及，与，同；又 2. 然后 3. 而且

difference ['difərəns] n. 1. 差别，差异 2. 差，差距；差额 3. 争论；不和

XOR：Exclusive OR

exclusive [iks'klu: siv] a. 1. 排外的；除外的 2. 独有的，独占的，专用的

variable ['vɛəriəbl] n. 1. 可变物，易变物；可变因素 2. 【数】变量

function ['fʌŋkʃən] n. 1. 官能，功能，作用 2. 职务，职责 3. 【数】函数

count [kaunt] vt. 1. 计算，数 2. 将…计算在内 3. 认为；看作

move [mu: v] vi. 1. 移动；离开；前进 2. （事情等）进展 3. 迁移；搬家 4. 采取
　行动；行动

第三章　教学积件

第一节　点 和 线

一、内容分析

点和线，看似极其简单，要说清关系却不容易．点动成线，说说也简单，关键在于这个"动"，如何动？在教学中如何描述，才能让学生更深刻地理解．单纯靠讲，是比较费劲的，因为常会将一种抽象转化成另一种抽象，学生仍是一头雾水．所谓耳听为虚，眼见为实，不如让学生看一下，到底是如何个动法！

基于超级画板，能够直观展示点运动的轨迹，揭示点与线之间的关系；让学生直观地感受线是由无数个点组成的．点的不同的运动方式就能产生不同的线．

二、使用说明

打开文件"1. 点和线 .zjz"，可以看到如图 3-1 所示，点 A、点 B 将分别运动成为直线、曲线．

点击 动画:A 主键，可以观察到点 A 的运动过程，跟踪点 A 的轨迹，得到图 3-2.

点动成线

· A

· B

动画:A 动画:B

图 3-1

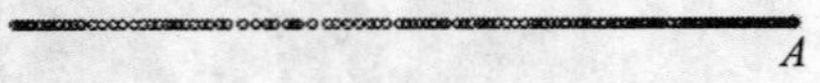

————————————————————————— A

图 3-2

点击 动画:B 主键，可以观察到 B 的运动过程，跟踪点 B 的轨迹，得到图 3-3.

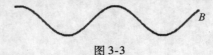

图 3-3

除了点击动画按钮，拖动点 A 也会出现点移动的轨迹．点 A 设定的是按直线方向移动的，拖动的速度越快，出现点的间隔越大；拖动的速度慢，出现点的间隔就小．拖动点 B，按曲线方向移动，点 B 的间隔大小也和拖动速度有关．拖动效果如图3-4、图3-5所示．为了让演示没有间隙，用动画演示比较好，但是为了更为直接地看出"点"的运动，用拖动操作更明显．

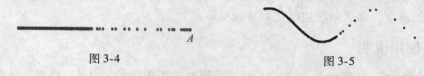

图 3-4　　　　　　　　　　　　　　　　　　　　图 3-5

第二节　角 的 形 成

一、内容分析

"从一点引出两条射线所组成的图形叫做角"．小学阶段一般教材对角都这样来定义，这其实是对角的一种静态描述．新课程改革以来，新增了"平移和旋转"等知识的教学，用联系的眼光来看，其实也为"角的动态描述"提供了条件，"角也可以看成是由一条射线绕着它的端点旋转而成的图形"．对于这种动态的定义，更能揭示角的本质，并且基于动态的角的定义，更利于学生学习角的大小，也更有利于为以后学习有关角的知识积累丰富的活动经验．

二、使用说明

打开文件"2.角的形成.zjz"，可以看到如图3-6所示，拖动点 C，绕着点 A 逆时针旋转，$\angle CAB$ 的弧线也随之变长，叉开的程度也随之加大，所表示的角度也随之增大．在演示的过程中，$\angle CAB$ 的角度能即时测算出大小．

当 CA 与 BA 重合时，如图3-7所示，$\angle CAB$ 为周角．

如果再拖动点 C，绕着点 A 顺时针旋转，$\angle CAB$ 的值相应地逐渐减小．当 $\angle CAB$ 的值为0度时，点 C 与点 B 重合，如图3-8所示．

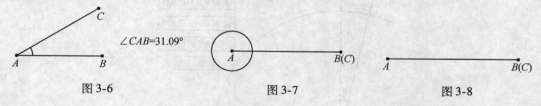

图 3-6　　　　　　　　　　　　图 3-7　　　　　　　　　　　　图 3-8

第三节　角 的 大 小

一、内容分析

根据经验分析：学生刚认识角时，总有学生认为角的两边较长的那个角就比较大．

在教学时，有的老师用纸片引导学生来折角，这在一定程度上也助长学生把角图形所在的面积当作角的大小．因此，比较角的大小，应该尽量克服受到非本质属性的影响，就用抽象程度比较高的角（由两根纸条或小棒组成的活动角）来说明角的大小比较合适，让学生很快明确角的大小指的就是角两边叉开的程度．

本积件在直观演示的过程中，如果只改变角两条边的长短，显然角度不变；如果改变了叉开的程度，那么角度也随之发生改变．

二、使用说明

打开文件"3.角度的大小.zjz"，可以看到如图 3-9 所示．点 A、点 B、点 C 可以拖动，点 A 可以在 X 轴上移动，点 B 可以在圆上移动，点 C 可以在线段 OB 所在直线上移动．

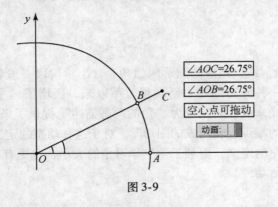

图 3-9

拖动点 B，绕圆心 O 逆时针旋转，$\angle AOC$ 的值与 $\angle AOB$ 的值随之增大，且 $\angle AOC = \angle AOB$，如图 3-10 所示．

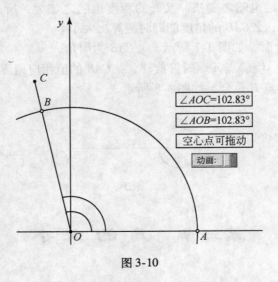

图 3-10

拖动点 C，向 OB 方向任意延长，$\angle AOC$ 与 $\angle AOB$ 的值没有发生任何变化，如图 3-11 所示．

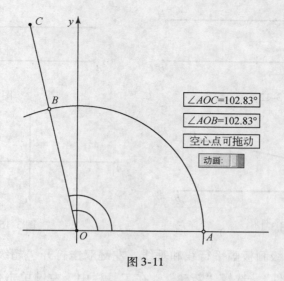

图 3-11

第四节 垂直与平行

一、内容分析

在同一平面内，两条直线的位置关系有两种：相交与不相交（平行），其中相交时有一种特殊情况是垂直．如果一条直线位置不变，另一条绕着自身的一端旋转，那么，在这一过程中，这两条直线就会自然形成上述几种位置关系，在动态的操作中，感受到这几种位置关系之间的内在联系，也能够感受到分类标准的合理性．

平行线和垂线的作图也是学生应该掌握的技能，基于超级画板画平行线和垂线变得十分方便．有时，需要学生根据题意间接作平行线，有一定的思考含量．如挑战题：动手画一画，看谁画的点多．①先在方格纸上画上一条直线 AB．②准备画出到直线 AB 的距离等于 2 厘米的点．③时间只有 30 秒，先想好，听到开始口令再一起开始画．

学生开始会找到一个个符合条件的点，但是当找到多个点以后，慢慢地更多学生会意识到就是画出符合条件的平行线．

值得补充说明的是：在同一平面内，永不相交的两条直线叫平行线．也就是说，平行线的定义是针对直线而言的．但习惯上，对于线段我们也有平行线的说法．譬如：线段间距离处处相等的两条线段是平行线．

二、使用说明

（1）打开文件"4. 垂直与平行 . zjz"，如图 3-12 所示，水平方向拖动 D 点，线段 CD 变短了（图 3-13），看上去变短了，但 AB 与 CD 仍是平行线；拖动 C 点（图 3-14），尽管线段 CD 与 AB 看上去暂时没有相交，但作为直线实际上它们之间的关系已经相交，当两条直线相交成直角时，这两条直线相互垂直（图 3-15）．

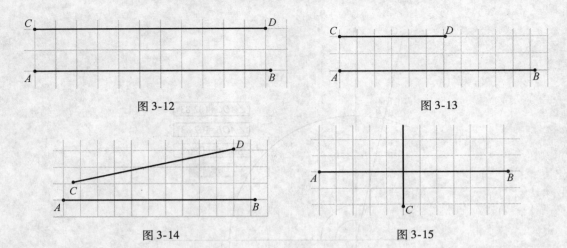

图 3-12   图 3-13

图 3-14   图 3-15

（2）如何利用超级画板画平行线和垂线．左键双击打开"超级画板"程序，在菜单栏中左键单击"文件"，选择"新建"．在工具栏中，左键单击作图按钮 <u>t.A</u>．在作图区，左键单击、拖动点 A 向右平移，形成线段 AB，如图 3-16 所示．

在线段 AB 外，左键单击、拖动点 C，出现"平行"二字时放手，此时 $AB//CD$，如图 3-17 所示．

在线段 AB、CD 外，左键单击、拖动点 E，与线段 AB、线段 CD 相交．当出现"垂足"二字时放手，此时线段 EF 垂直于线段 AB、垂直于线段 CD，如图 3-18 所示．

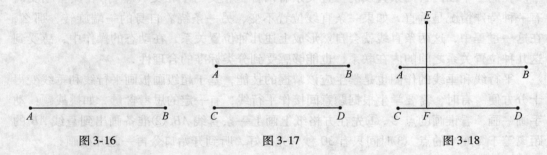

图 3-16   图 3-17   图 3-18

（3）解决挑战题．打开文件"平行（找等距的点）.zjz"，见图 3-19，拖动 C 点，就能找到与 AB 距离 2 厘米的点，点击动画按钮，就能画出与 AB 平行的两条直线．

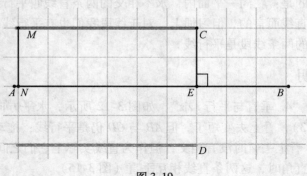

图 3-19

第五节　平　移

一、内容分析

"平移"是新课程改革以来加强的几个数学概念之一．在教学中，我们经常会发现，基于学生已有的生活经验，理解平移的含义并不困难，但是一碰到"平移距离"这样的问题，却经常出错．因此，基于超级画板制作"平移"图案的过程，恰恰是要强调平移的距离．

超级画板提供的网格线就是平移图形的背景网格，教师可以将较复杂图形放在其中，进行平移操作，引导学生重点关注某一点的运动过程，从而数清平移的格数．从平移前一点的位置到平移后相应的点的位置，便是这个图形平移的距离．

除此之外，在本积件中，如果设定了图案的构成是基于一个基本图形平移而成，那么一旦基本图形发生改变，其他"平移后"的图形也会随即发生改变，而在随意改变的过程中，却能创造出许多优美的图案．

教学时，也可以先呈现漂亮的复杂图案，引导学生判断这个复杂的美丽图形是通过哪一个基本图形怎样平移而成的．

二、使用说明

左键双击打开"超级画板"程序，在菜单栏中左键单击"文件"，选择"新建"．显示网格，设置自由点为网格点，如图 3-20 所示，作好 8 个点，依次选择 A，C，F，G，H，E，D，B 等 8 个点作多边形．

依次选中点 A 和点 B，点击"变换"菜单中的"选定平移向量"；选中点 B 和多边形，点击"变换"菜单中的"平移几何对象"，得到图 3-21．

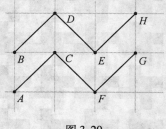
图 3-20

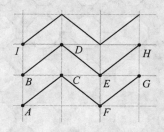
图 3-21

依次选中点 B 和点 G，点击"变换"菜单中的"目前正在使用的平移向量为 AB"；先将两个多边形填充不同的颜色，然后选中，点击"变换"菜单中的"平移几何对象"；再次点击"平移几何对象"得到图 3-22．

依次选中点 A 和点 I，点击"变换"菜单中的"目前正在使用的平移向量为 BG"；选中所有多边形，两次点击变换"菜单中的"平移几何对象"就可以得到图 3-23．

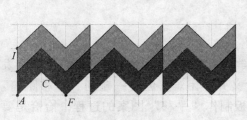

图 3-22

图 3-23

打开文件"5. 平移. zjz",拖动 8 个点,可以得到很多漂亮的图形,图 3-24 就是其中的一个.

有些基本图形很简单,但反复出现,排成序列,也有一种整体美.譬如图 3-25 ~ 图 3-27.

图 3-24

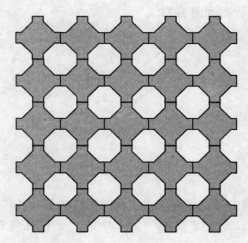

图 3-25

图 3-26

图 3-27

第六节　旋　　转

一、内容分析

如果新图形中的每个点都是由原图形中的一个点绕着一个固定点（叫做旋转中心）转动相等角度得到的，这样的全等变换称为旋转变换，简称旋转．也就是说，旋转的基本特征是，图形旋转前后"对应点到旋转中心的距离相等，并且各组对应点与旋转中心连线的夹角都等于旋转的角度"．显然，确定旋转变换需要三个要素：旋转中心、旋转方向与旋转角度．

传统的教学，在演示中不能留下图形在旋转时经过的轨迹，学生全凭想象，不好理解．本积件能让学生直观地感受平面图形旋转后得到的图案，便于学生分析旋转中心、方向和角度．一个图形由一个基本图形旋转而成，那么当这个基本图形发生改变的时候，"旋转属性不变"，其他相应的图形也会随之发生变化，在这个改变的过程中，会形成很多漂亮的图案，学生在活动的过程中可以感受到应用"旋转"创造数学美．

二、使用说明

打开文件"6. 旋转. zjz"，可以看到如图3-28所示，一个经由直角三角形旋转而成的图案．分别拖动点B、点C和点D，它将变化成由其他图形旋转而成的美丽图案，如图3-29就是部分截图的集合．

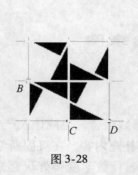

图 3-28

图 3-29

在"对象"窗口左键双击"简单的风车"文件夹，呈现如图3-30所示，两个风车分别由2个组合在一起的三角形、1个长方形旋转而成．单击"简单的风车1"、"简单的风车2"按钮主键，可以观察到两个图案绕中心顺时针旋转，单击副键可停止旋转．若要加快旋转速度，可右键点击动画按钮，弹出"对象的属性"对话框（图3-31），把"动画运动的频率"改小即可，但不能为"1"．

如图3-32所示，在"对象"窗口打开"复杂的风车"文件夹，分别单击"叶子转"、"五角星转"按钮主键，就能观察到相应的旋转过程．单击按钮副键，动画立即停止，图形恢复到初始状态．若全选两个动画按钮主键，叶子和五角星会同时旋转．

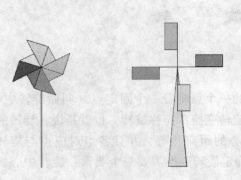

图 3-30

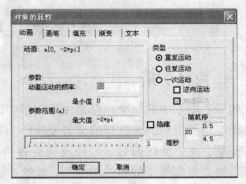

图 3-31

图 3-32

第七节　平移旋转趣味图

一、内容分析

平移、旋转，除了能给人带来美的享受，如若将之巧妙组合，也能让人产生错觉。在小学阶段，这一内容可以作为"平移与旋转"之后的补充内容，在巩固所学知识的同时，让学生欣赏一些奇妙的数学图形，增长学生见闻，让数学变得好玩起来、有趣起来。

二、使用说明

打开文件"7. 平移和旋转.zjz"，如图 3-33 所示。这些线都是直线吗？它们之间的关系又是怎样的？教师可以引导学生带着这些疑问进行二次观察。可以观察到，这个图形中有 9 条平行线，每 2 条相邻平行线之间有 5 个相等间隔的正方形，且每横行之间的正方形相互错开一些（整体平移可得）。正是因为每横行之间正方形的错开放置，使人在平面上看到了立体的交叉横条，从而导致第一眼错误判断为直线相交。

图 3-34 的图形看起来很平常，若细心观察认真思考，会发现一个问题：正方形一个接一个的铺上去，到底哪一个在最上面呢？陷入了一个循环！

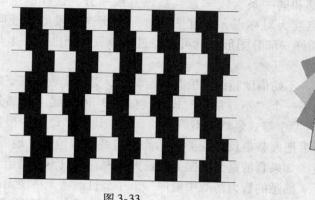

图 3-33

图 3-34

在"对象"窗口打开其余的文件夹，分别可以得到图 3-35 所示的悖论图和错觉图，引导学生观察、欣赏．相互交流：发现了什么"奇妙"的现象．

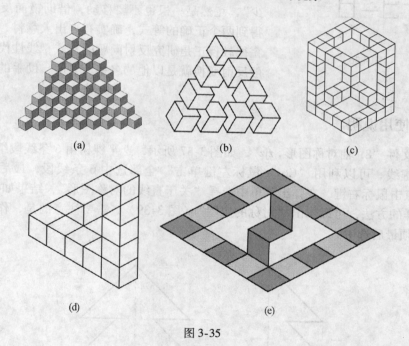

(a)　　　　(b)　　　　(c)

(d)　　　　(e)

图 3-35

第八节　轴对称图形

一、内容分析

小学里学的对称图形，一般指的是轴对称图形．一般教材上对轴对称图形作出直观的描述：将一个图形对折，如果折痕两边的图形完全重合，这个图形就叫做轴对称图形，折痕（所在直线）叫做对称轴．更为严谨地描述如下：如果连接新图形与原图形中每一组对应点的线段都和同一条直线垂直且被该直线平分，这样的全等变换称为轴对称变换，每组对应点互为对称点，垂直平分对称点所连线段的直线叫做对称轴．在超级画板中，如果画好一部分图形，就可以通过菜单设置画出另一半与之对称的图形．

关于对称有很多有趣的故事，不妨借助超级画板介绍给学生．美国代数学家豪斯霍德有一天在桌面上用火柴棍摆出了一个"不寻常"的式子（如图 3-36 横线上面部分），然后对身旁的助手："小伙子，这两个等式显然是不成立的．现在请你移动最少根数的火柴棍，使这个式子成立．"助手把火柴棍反复摆弄，始终不得要领．他直觉地看到，教授出这个题目，其中必有深意．如果真的是为了摆弄几根火柴棍，那只不过是给大家熟悉的智力游戏中增加一个小节目而已．平淡无奇的解法，老生常谈的套路，肯定不会是教授的要求．助手回到家中，看到妻子手中镜子，突然灵机一动，爆发了一个念头．原来，教授要求的"移动根数最少"，竟然是一根也不要移动，借助镜面反射就可以得到两个正确的等式，确实有点出人意料．这位豪斯霍德教授正是研究反射问题的权威，线性代数中的一般反射变换就是以他的名字命名的，助手的解法完全符合他的原意．

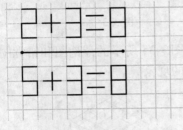

图 3-36

二、使用说明

打开文件"8.轴对称图形.zjz"，如图 3-37 所示，这半棵树由 6 条线段组成，对称轴为红色虚线．可以利用"Ctrl + 鼠标左键单击"全部选中 6 条线段，最后选中对称轴．随后点击鼠标右键，在弹出菜单中选择"关于直线的对称图形"，结果如图 3-38 所示．用同样的方法，可以作出"对称的房屋"（图 3-39）．需要注意的是，作为对称轴的直线必须最后选中．

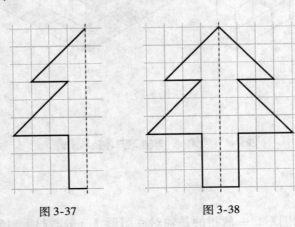

图 3-37   图 3-38

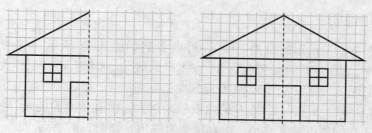

图 3-39

"2 + 3 = 8"，最少移动几根火柴棒，等式能够成立．解决这一问题，需要用到对称．如图 3-36 所示，通过探索，我们也可以发现很多算式经过对称处理后，不成立的等式成立了（图 3-40）．

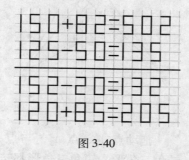

图 3-40

第九节 三角形的分类

一、内容分析

分类是认识事物的一般方法，培养学生的归纳思维，分类有着重要的作用．在分类的活动中，首先要确定标准，标准不同会导致分类的结果也不同，所制定的标准除了没有逻辑错误之外，还得要有实际意义，能够得到大家的认可．三角形的分类，小学阶段一般按照两个维度来分，一个是按边的情况来分，一个是按角的情况来分．按角的情况来分一般分为锐角三角形、直角三角形、钝角三角形，小学的教材里一般这样描述：三个角都是锐角的三角形是锐角三角形，有一个角是直角的三角形叫直角三角形，有一个角是钝角的三角形叫钝角三角形．实际这是按照三角形中三个角度的最大值是小于、等于、大于 90° 来分类．如果按照边的情况来分，按照相等边的条数来分类，可分为等边三角形、等腰三角形、非等腰三角形．由于三角形的边和角是紧密联系的，这一分类方式也可以被认为是相等角的个数来分类．

按边的情况分类有从属关系，按角的情况分类相互是独立的，情况不重复．在超级画板中，我们可以把不同类别之间的临界直观显现出来，让学生感受到每一种不同类的三角形之间的关系．

二、使用说明

打开文件"9. 三角形的分类 .zjz"，可以看到如图 3-41 所示，三个三角形同底，$\angle BA_2C$ 是直角，$\triangle A_3BC$ 的底角包含于 $\triangle BA_2C$ 的底角，因此，$\angle BA_3C$ 大于 $\angle BA_2C$ 是钝角。同理可得，$\angle BA_1C$ 小于 $\angle BA_2C$ 是锐角。

拖动点 A_2，向下平移，$\angle BA_3C$ 的角度越来越大，由直角变为钝角；拖动点 A_2，向上平移，$\angle BA_1C$ 的角度越来越小，由直角变为锐角，如图 3-42 所示。

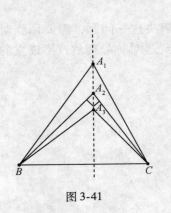

图 3-41

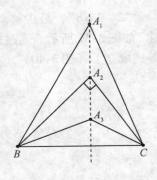

图 3-42

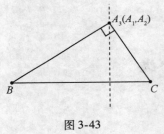

图 3-43

拖动点 A_1、点 A_3，与点 A_2 重合，见图 3-43. 此时，钝角三角形、锐角三角形都转化为直角三角形。反之，拖动重合处，便可演示直角三角形转变为锐角、钝角。

也可以概括地说，确定了 $\angle BA_2C$ 为直角，只要沿着直线在 A_2 点以下移动产生的三角形一定都是钝角三角形，沿着直线在 A_2 点以上移动产生的三角形一定都是锐角三角形。

第十节 三角形的高

一、内容分析

作三角形的高，并不只是为了求得三角形的面积，其实在作三角形高的同时，三角形的高线将锐角三角形和钝角三角形转化为两个直角三角形。直角三角形的面积可由矩形面积公式推导得出，从某种角度来说，知道了直角三角形的面积，就能推导得出其他两种不同类型的三角形的面积。而这些转化实现的基础就是"三角形的高"，可见其重要性。

从教学现实分析，非锐角三角形的高是一个教学难点，直角三角形的高与直角边重合，钝角三角形的高在三角形底边的延长线上。这些问题都可以通过积件的演示让学生"眼见为实"，从直观展示的维度丰富学生的认识。

本积件可以通过移动顶点的位置，变化出不同的三角形，展示不同的底边上高的不同情况．教学时，在使用本积件时，也可以不断改变三角形的外形，不能让三角形的底边始终处于水平位置，这样使学生对三角形高的认识会更完全，这也是教学中的非标准变式，从某种角度可以克服学生的定式心理．

另外，尽管三角形形状发生变化，但三角形的高与所对应的底始终保持一种对应性．这种任意拖动，能够让学生看到各种变式，感受到内在的对应．

二、使用说明

打开文件"10. 三角形的高 . zjz"，可以看到如图 3-44 所示．钝角三角形 ABC 底边 BC 的高在底边的延长线上．

拖动点 A，向左平移至 $\angle ACB$ 从钝角变化为直角，底边 BC 上的高 AD 与直角边 AC 重合，如图 3-45 所示．接着拖动点 A，继续向左平移，$\triangle ABC$ 变为锐角三角形，底 BC 上的高 AD 在三角形内，如图 3-46 所示．

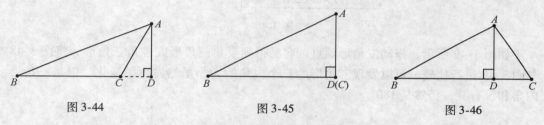

图 3-44　　　　　　　　图 3-45　　　　　　　　图 3-46

再拖动点 A，向左平移，$\triangle ABC$ 又变化为钝角三角形，底边 BC 上的高 AD 在三角形外．如图 3-47 所示．

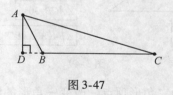

图 3-47

第十一节　三角形内角和

一、内容分析

传统教学中，教师常组织学生通过将一个三角形剪一剪、拼一拼、量一量等方法，得到锐角、直角以及钝角三角形的内角和都是 $180°$，从而得出任意三角形的内角和均为 $180°$，在剪、拼、量的过程中，由于操作带来的误差，常会有学生得到的结论并非 $180°$．对于这种不那么严密的归纳和验证，也只能以"儿童"的名义认可这种"混而不错"的教学．但是，有了技术的辅助，我们可以做得更好，让不完全归纳更完全，用一个动态的三角形代表任意的三角形，而不是仅从锐角、直角、钝角三角形中各取一个出来作代表. 这样使得探究的样本更具一般性, 而计算机的测量功能也远比手工测量来得精确, 本积件能提供更为任意的三角形, 并且能够即时测量出每一个角的大小, 度数可精确到小数点后面很多位, 一般保留两位小数也感到很精确, 从而让学生更为坚定的认为三角形的内角和为180°.

二、使用说明

打开文件"11. 三角形内角和. zjz", 可以看到如图3-48所示, 一个三角形 ABC、它的三个内角的值以及三个内角和的值(可根据需求调整精确度).

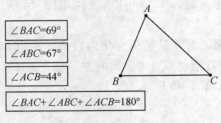

图 3-48

如图3-49所示, 拖动三角形顶点, 容易得到直角三角形或钝角三角形. 将图3-48与图3-49进行比较, 可以发现三角形的三个内角的大小虽然发生了变化, 但是三角形内角和没有变, 仍然是180°.

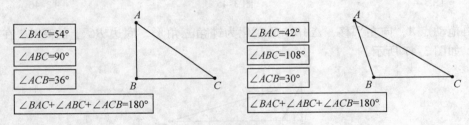

图 3-49

可以发现, 不论如何拖动三角形顶点、改变三角形的形状, 三角形内角和的测量值总是180°. 在更大程度上引发学生得出推测: 三角形内角和的测量值就是180°.

第十二节　三角形的三边关系

一、内容分析

"三角形的任意两边之和大于第三边."这样的性质, 小学阶段只要求进行验证、运用, 不作证明, 主要是希望学生发现它, 以此培养学生的探究能力.

本积件直观展示了在三角形的任意变化中, 即时测量出每一条边的长度, 并能够计算任意两条边的和, 并与第三条边进行比较, 任意两边之和始终大于第三边. 稍作修改, 也可以验证三角形三边关系的另一性质: "三角形任意两边之差小于第三边". 值得一提的是：这两个性质是等价的．只不过是不等式两边的一个简单移项而已．鉴于小学不学习不等式的运算，所以将这两条性质同时列出．

二、使用说明

打开文件"12-1.三角形的三边关系.zjz"，可以观察到一个锐角三角形及其三边的数据，如图 3-50 所示，可得任意两边之和大于第三边．

如图 3-51 所示，任意拖动三角形三个顶点，可转化为直角三角形或钝角三角形，对比对应数据，虽然两边之和的值发生了变化，但它始终大于第三边．

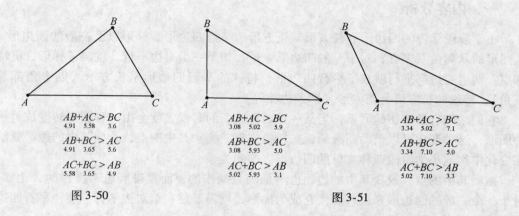

图 3-50　　　　　　　　　　　　　　　　　　　图 3-51

通过上述的实验，我们发现任意两边之和都大于第三边．用同样的方法，只要进行简单的修改，就可以验证"任意三角形两边之差小于第三边"这一定理．修改过程如下：

在"对象"窗口，鼠标右键第 14 项，弹出"对象的属性"对话框，如图 3-52 所示．把文本"AB + AC"改为"AB − AC"，将光标先后移到"AB − AC"两侧，分别在符号选择窗口选中竖线，按"插入符号"键，如图 3-53 所示，为其加上绝对值符号．接着，把"m004 + m005"改为"abs（m004 − m005）"，达到取"AB − AC"绝对值的目的．

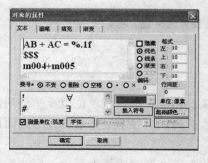

图 3-52

图 3-53

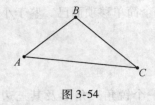

图 3-54

用同样的方法，我们可以将"AB + BC"，"AC + BC"进行相应修改．最后，左键双击"＞"，在文本框中修改为"＜"．结果如图 3-54 所示．"三角形任意两边之差小于第三边"的验证过程与"三角形的任意两边之和大于第三边"的相同．

第十三节　四边形之间的关系

一、内容分析

小学阶段学习的四边形有长方形、正方形、平行四边形、梯形以及一般的四边形．从图形的从属关系来看，对于一般四边形来说，如果一组对边平行，就成了梯形，更特殊点：两组对边都平行就成了平行四边形，特殊的平行四边形是长方形（四个角都是直角），特殊的长方形是正方形（四条边相等）．

它们之间有着密切的联系，当某一种属性改变的时候，就会由一种图形转变成另一种图形，这种变化可以借助超级画板来轻松实现，拖动其中的点，改变其中的边，就能在变化中沟通小学阶段四种常见的四边形之间的关系．

拖动其中的点，改变其中的边，也不是随意操作的，而是带着思考操作的，比如：对于一个一般的四边形来说，要使它成为梯形，就需要使一组对边平行；要使平行四边形变成长方形，就必须有 4 个直角．

不同的四边形之间有着密切的联系，四边形与三角形之间也有着密切的联系，当梯形的上底变成 0 的时候，四边形就变成了三角形．沟通各个图形外形上的关系，也便于理解各种图形面积计算方法内在的联系．例如，梯形面积：$S = (a + b)h \div 2$．当 $b = 0$ 时，即为三角形，面积公式 $S = ah \div 2$．当 $a = b$ 时，即为平行四边形，面积公式 $S = ah$．

二、使用说明

打开文件"13. 四边形之间的关系 .zjz"，本积件可以通过拖动点 A、B、C、D 中的任意点，在网格线的辅助下，实现四边形各种特殊情况之间的变换，如图 3-55 所示．

第十四节　长方形面积

一、内容分析

长方形面积的计算是在学生知道面积的含义，初步认识面积单位以及学会用面积单位直接量面积的基础上进行教学的．这部分内容主要是引导学生探索长方形的面积计算公式，并学会运用公式进行面积计算．

小学阶段，学生通过把若干个 1 平方厘米的小正方形摆成长方形，根据所拼长方形的长、宽以及面积的数值，从中归纳、概括出长方形的面积公式．超级画板的网格线形

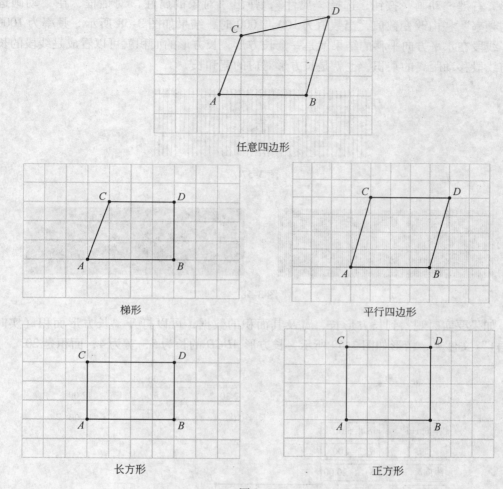

图 3-55

成很多个边长相同的小正方形，在网格上作长方形，方便学生进行实时观察．除此之外，本积件还呈现极限思想下长方形面积计算公式的推导，动态呈现"线动成面"的过程，有助于学生解决各种面积的计算问题，如洒水车的面积等．

二、使用说明

打开文件"14. 长方形面积. zjz"，可以看到如图 3-56 所示，在网格线上有一个长方形．已知每个小正方形的面积为 1 平方厘米，引导学生观察长方形的面积与长、宽的关系．拖动点 A、点 C，最后调整点 B，可形成不同的长方形．

在"对象"窗口打开"长方形面积（动态）"文件夹，呈现一条线段．左击"动画"按钮主键，线段向右平移，跟踪其轨迹，得到如图 3-57 所示

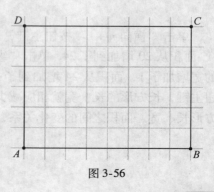

图 3-56

情形．右键"动画"按钮，选择"属性"，弹出"对象的属性"对话框，在"动画运动的频率"栏内改变数值，当数值为 100，1000 时，结果如图 3-58 所示．频率为 1000时，线段在水平方向平移的结果就是一个长方形，长方形的面积就可以看成是线段的长度与线段移动距离的乘积，也就是长方形对应的宽和长．

图 3-57

图 3-58

如果要实时观察到长方形长、宽及其面积的数据，可以打开"长方形面积（实时数据）"文件夹，情形如图 3-59 所示，长方形 $ABCD$ 的长为 5、宽为 4，面积是 20．

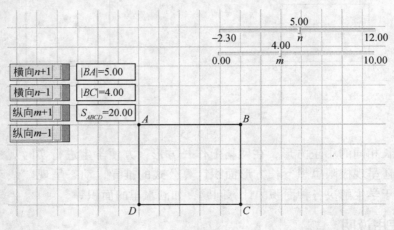

图 3-59

单击"横向 $n+1$"按钮主键，可以观察到如图 3-60 所示情形，长方形的长增加了1，面积从 20 增加到了 24．单击"纵向 $m+1$"按钮主键，结果如图 3-61 所示，长方形的宽增加了 1，面积从 24 增加到了 30．反之，单击"横向 $n-1$"或"纵向 $m-1$"按钮主键，长方形的长、宽就相应减少 1，面积也随之减少．在操作的过程中，感受到长方形长、宽、面积之间的变化关系，渗透函数思想．

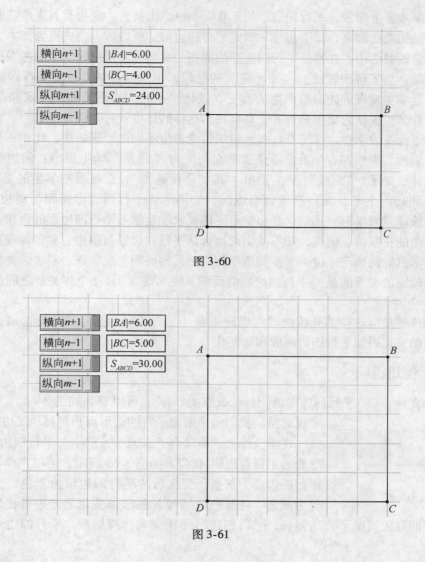

图 3-60

图 3-61

第十五节 平行四边形面积与什么有关

一、内容分析

在小学阶段，对平行四边形而言，推导它的面积常常是将之转化成长方形．长方形的面积公式：长×宽，常常是作为基本性质出现的．所以，我们通常也将平行四边形面积用"底×高"来计算．这一计算公式并不是唯一的．它在一定程度上存在缺陷，有时需要另外的计算公式来作补充．譬如条件所限，测量平行四边形的高在操作上有困难，那我们可以利用平行四边形的斜边和夹角来计算高．从而得到平行四边形面积公式的另一等价形式：平行四边形的面积＝底边×斜边×夹角的正弦值．

从数学本质上来说，平行四边形的形状大小可以由斜边，底边及其夹角三要素唯一确定．而已知底边和高，却不能唯一确定平行四边形．所以后一公式更为基本．

在日常的教学中，在推导平行四边形的面积公式时，总是引导学生思考平行四边形与什么有关，为了得到教材上"底×高"的结果，也总是习惯地改变平行四边形的底和高从而让学生发现因此面积产生的改变．强化"平行四边形的面积与底和高有关"，但是不能让学生误认为面积只和底、高有关，这样的思维就过于僵化了．

也有老师在教学中，试图开放式地组织讨论学生不同的合理想法，比如：平行四边形面积与斜边、夹角都有关系，但是通常会马上再"启发"学生思考：斜边变了，其实也就是什么变了？"启发"学生说出"其实是变高了"，总是要把学生的思维"拉"回到"底和高"上来．或许有老师会追问，如果承认平行四边形面积与斜边有关系，那怎么继续课堂教学啊？是的，在小学里不能要求学生学习平行四边形的面积＝底边×斜边×夹角的正弦值，但是，却不能因此而否认平行四边形与斜边、夹角客观存在的关系．从教学目标的确定来说，学生知道平行四边形的面积与底、高、斜边、夹角都有关系，而能确定的关系的是"平行四边形的面积＝底×高"，另几个相关量之间的关系有待后续学习．

本积件就是以这样的开放的教学思路来设计，直观展示平行四边形的底、高、斜边、夹角的变化引起平行四边形面积的变化．

二、使用说明

打开文件"15. 平行四边形面积与什么有关 . zjz"，可以看到如图 3-62 所示．按照常规思路，我们先来研究平行四边形面积与高、底边的关系．

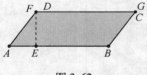

图 3-62

在垂直线上，拖动点 F 或点 G，产生与平行四边形 ABCD 等底的平行四边形 ABGF. 如图 3-63 所示，可以观察到，初始平行四边形为灰色，变化后的平行四边形为蓝色，重叠区域仍为灰色．将蓝色区域与灰色区域变化之差进行比较，就能得出：在同底的情况下，高伸长，平行四边形面积变大；高缩短，平行四边形面积就变小．

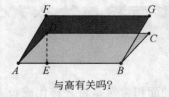
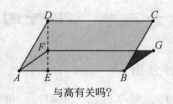

与高有关吗？　　　　与高有关吗？

图 3-63

在"对象"窗口（图 3-64）左键双击"平行四边形面积与底边有关"文件夹（或翻至下一页），文件夹展开，得到图 3-65. 同时，操作窗口变成图 3-66.

图 3-64   图 3-65

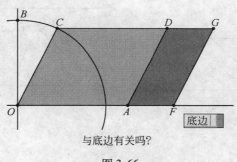

与底边有关吗?

图 3-66

单击 底边 主键,随着底边 OF 的延长,平行四边形 $OCGF$ 的面积增加,如图 3-67 所示.为了让平行四边形面积的变化更加明显,可以拖动点 F 向左平移,直到与点 A 重合,再点击 底边 主键,随着线段 OA 的延长,平行四边形的面积逐渐增加,粉红色 部分就是面积增加的区域.

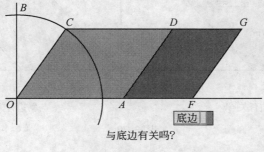

与底边有关吗?

图 3-67

在"对象"窗口左键双击"平行四边形面积与夹角有关"文件夹，操作窗口变成如图 3-68 所示情形．单击 角度▢ 主键（或拖动点 C），随着底角 $\angle AOC$ 的增大，平行四边形变化情况如图 3-69 所示．此外，左键拖动点 C，也可以达到同样的效果．

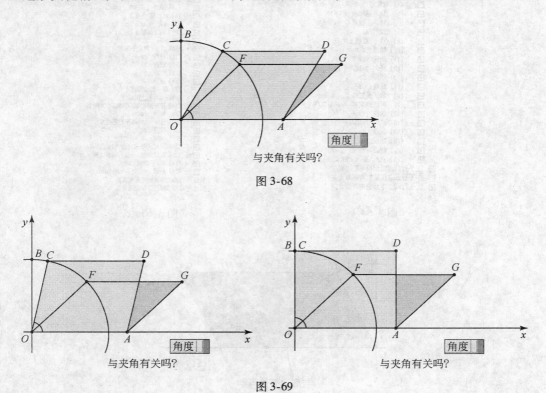

图 3-68

图 3-69

在"对象"窗口左键双击"平行四边形面积与夹角有关"文件夹，单击 动画▢ 主键，平行四边形的斜边伸长，变化情况如图 3-70 所示．拖动点 I，可以达到同样的效果．

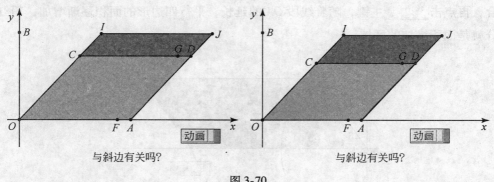

图 3-70

第十六节 平行四边形面积推导

一、内容分析

在平行四边形的面积推导中，一些教材与课堂上呈现的平行四边形，往往都是"四平八稳、比较方正"的平行四边形，沿着平行四边形的高容易剪拼成长方形，进而推导出面积公式．这种情况的出现，可能是为了降低教学难度，使得学生容易接受，也有可能是受思维定式的影响．就好像叫每一位学生画一个角，大多数学生会集中在 $30° \sim 40°$，画平行四边形也一样．

然而，当有学生提出：那些斜而长的平行四边形，高不是落在底边上，而是落在底边的延长线上，这种平行四边形该如何剪拼成长方形呢？教学实践表明，学生难以自己想明白．

现在，小学生学习了"平移"，借助超级画板，可以呈现这一特殊情况的平行四边形面积公式推导过程，使得平行四边形面积公式更具严谨，更加科学（详细情况请参见本书中第四章第六节《平行四边形面积》教学案例）．

二、使用说明

打开文件"16. 平行四边形面积推导 . zjz"，可以看到如图 3-71 所示，一个平行四边形以高为分界线，被分成两块全等的直角三角形．

左键单击"动画"按钮主键，橙色三角形向右平移，绿色三角形不变，结果如图 3-72 所示．单击该按钮副键，长方形恢复到初始的平行四边形．观察可得，等底等高的平行四边形面积与长方形相等，平行四边形的面积公式即长方形的面积公式．

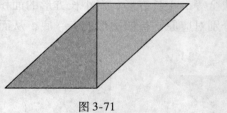

图 3-71   图 3-72

以上的推导是在高平分平行四边形的情形下可行，对于一般情况，我们可以打开"斜而长的平行四边形面积推导"文件夹，如图 3-73 所示，平行四边形底边的高部分在外．

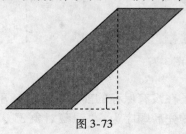

图 3-73

左键单击"平移1"按钮主键，平行四边形副本向右平移，直至与原平行四边形连接，形成面积增加1倍的新平行四边形，见图3-74.

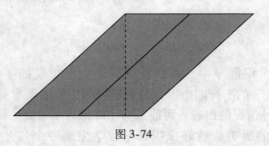

图3-74

可以观察到，新平行四边形被高分割成了一个直角三角形与直角梯形，左键单击"平移2"按钮主键，直角三角形副本向右平移，直到与新平行四边形边缘重合，见图3-75. 左键单击"显示对象1"，原直角三角形被白色色块覆盖，结果见图3-76.

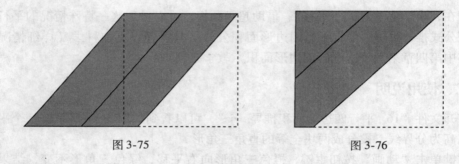

图3-75   图3-76

继续单击"显示对象2"，"显示对象3"按钮，分别可得如图3-77、图3-78所示情形. 经过切割、平移，新长方形面积与2倍的原平行四边形面积相同. 从长的中点处作底边垂线，新长方形又被分成两块全等的小长方形，而小长方形的面积就等于原平行四边形的面积. 小长方形的长、宽分别对应原平行四边形的高、底，从而得出平行四边形的面积公式等于底乘高.

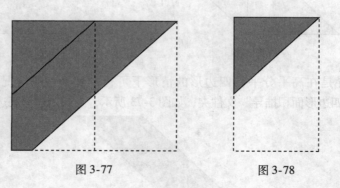

图3-77   图3-78

若要重演推导过程，除了在没有保存的前提下再次打开本积件，还可以进行以下操作恢复初始状态. 左键单击的先后顺序为："隐藏对象3"、"隐藏对象2"、"隐藏对象

1" 按钮，"平移2"、"平移1"按钮副键．

第十七节 三角形面积推导

一、内容分析

推导三角形的面积公式，最常见的方法是用两个完全相同的三角形拼出一个大的平行四边形，然后，推导出三角形的面积是与其同底等高的平行四边形面积的一半．

除了这种推导的方法以外，还有其他的推导的方法，或许下面介绍的方法在一个班级里不一定出现，但即便这样，也可以把下面几种推导的方式介绍给学生，让他们感受到三角形面积公式的变形以及相应的不同推导方式．三种面积拼补对应着三种公式变形：$S_\triangle = a \times (1/2h)$、$S_\triangle = (1/2a) \times h$ 和 $S_\triangle = 1/2(a \times h)$，看似只是应用了乘法交换律、乘法结合律，但对应着直观的变化图，"数形结合"着看，学生的印象就深刻了．

二、使用说明

打开文件"17. 三角形面积推导．zjz"，可以看到如图 3-79 所示，$\triangle ABC$ 被其中位线和三角形的高分成了 5 个部分．

单击 动画1 主键，三角形转化为长方形；按 动画1 副键，长方形恢复成原来的三角形，如图 3-80 所示．

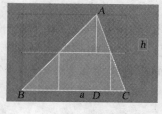
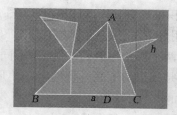

图 3-79　　　　　　　　　　　　　　　图 3-80

单击 动画2 主键，三角形转化为长方形；按 动画2 副键，长方形恢复成原来的三角形，如图 3-81 所示．

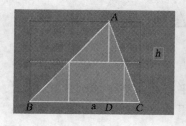
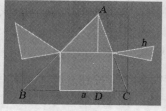

图 3-81

单击 动画3 主键，三角形副本绕着中位线一端点旋转，直到与原件拼合成平行四边形．按 动画3 副键，平行四边形恢复成原来的三角形，如图 3-82 所示．

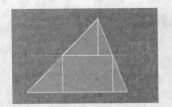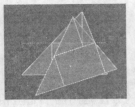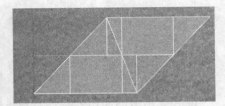

图 3-82

第十八节　梯形面积公式推导

一、内容分析

梯形面积公式的教学是在学生掌握平行四边形以及三角形面积公式的基础上进行的．学生根据以往推导面积公式的经验，很容易想到用剪拼法、分割法、旋转法等进行推导．在教学中，有的方法演示起来较为困难．利用超级画板进行操作，各种几何变换就可以看得更直观、更清楚．

二、使用说明

打开文件"18. 梯形面积推导 . zjz"，可以看到如图 3-83 所示，设梯形的上底、下底、高分别为 a、b、h. 利用分割法，左键单击"分割"按钮，连接对角线，梯形被分成两个大小不同的三角形．两个三角形的高均为 h. 不同的是，一个三角形的底是梯形的上底，另一个三角形的底是梯形的下底．将两个三角形的面积公式相加（$1/2ah + 1/2bh$），图 3-84 就是梯形的面积公式．

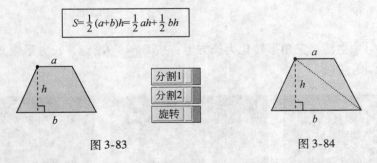

$$S= \frac{1}{2}(a+b)h = \frac{1}{2}ah + \frac{1}{2}bh$$

图 3-83　　　　　　　　　图 3-84

还有一种分割法，单击"分割 2"按钮，作一腰的平行线，结果如图 3-85 所示，梯形被分割成 1 个平行四边形和 1 个三角形，那么其面积就是：$ah + (1/2)(b-a)h$，合并同类项也可以得到 $(1/2)(a+b)h$.

除了分割法，也可以通过旋转梯形来实现其面积公式的推导．左键单击"旋转"按钮主键，梯形副本绕着其中位线右端点逆时针旋转，直至与原梯形连接成平行四边

形,如图 3-86 所示.根据平行四边形的面积公式,就自然能推导出梯形面积公式为
$(1/2)(a+b)h.$

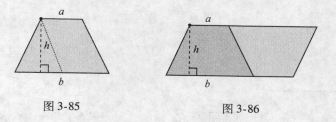

图 3-85   图 3-86

综合分割法与旋转法,也可以推导出梯形面积公式.在"对象"窗口,打开"梯形面积公式推导(分割旋转法)"文件夹,可以观察到如图 3-87 所示,梯形被分割成一个三角形和一个四边形,而分割线是由上底左端点和右腰中点连接而成.单击"旋转"按钮主键,三角形绕着右腰中点逆时针旋转 180°,如图 3-88 所示,形成了一个新三角形.三角形的面积 $(1/2)(a+b)h$ 即梯形的面积公式.

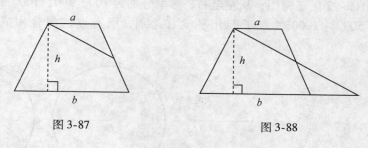

图 3-87   图 3-88

第十九节 圆的认识

一、内容分析

圆是小学阶段唯一的曲封闭图形,它是学习曲线图形的起始."圆的认识"是在学生直观认识圆和已经较系统地认识同一平面直线图形的基础上进行教学的.它与"圆的周长和面积"、"轴对称图形"的学习关系密切.

在传统的教学中,借助圆的画法来描述圆的特点,引导学生利用折叠的方法找出圆心,通过测量,发现圆的特征;沟通圆的半径和直径的概念;借助直观理解在同一个圆里半径与直径的关系.

在这一过程中,学生对于圆的本质属性:圆是平面上到定点等于定长的点的集合,是不明确的.本积件利用线段绕其一端端点旋转,向学生动态呈现圆的本质属性,让学生的理解更接近圆的本质.

二、使用说明

打开文件"19.圆的认识.zjz",如图 3-89 所示,可以观察到线段 OA.拖动点 A,

线段 *OA* 绕点 *O* 逆时针旋转，跟踪点 *A* 轨迹，得到如图 3-90 所示情形．拖动的速度慢一点，点经过轨迹就组成完整的圆弧．

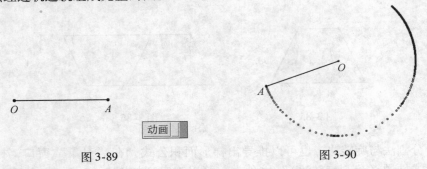

图 3-89   图 3-90

除了手动画圆，还可以点击"动画"按钮作圆，结果如图 3-91 所示．可以观察到，50 个点描绘成一个圆，通过设置频率数值来改变圆上的点子数．右键"动画"按钮，就看到"对象的属性"，在"动画运动的频率"里修改数值，数越大频率越大，圆上的点数越多．如图 3-92 的三幅图，从左至右，频率分别为 100，500，1000 的点子圆．可以观察到频率 500 与 1000 的点子圆几乎没有差别，所有点的集合构成了一个完整的圆．

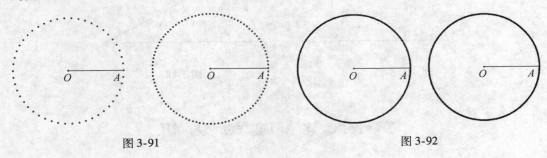

图 3-91   图 3-92

第二十节　圆与正 *n* 边形

一、内容分析

如果问小学生，在小学里学的平面图形中，哪一个比较特殊？孩子们一定会说"圆"，为什么？"圆是曲线围成的图形""圆没有角的"……这样说来，圆与其他的三角形、四边形等有明显的区别，那么它们之间有怎样的联系呢？为了比较圆与正多边形之间的关系，就要画出很多正多边形．使用传统教学手段，不要说作正二十边形，哪怕就是作个正五边形，画准确了也得花点功夫．通过本积件的演示，能够让学生感受到正多边形当边数不断增加时与圆的关系．

二、使用说明

打开文件"20. 圆是无限正多边形．zjz"，可以观察到正三角形有一个外接圆．左

键单击 增加边 主键，随着单击次数的增加，圆不变，其内接图形从正三角形变化为正四边形、正五边形、正六边形，一直到正十边形、正二十边形，等等（图3-93）．在这一过程中，可以引导学生观察圆内空白部分的变化情况，感受到正多边形随着边数的增加，不断向其外接圆逼近，从极限思想上看，就逼近成一个圆．左键一直单击 减少边 主键，可以观察到圆演变成正三角形的过程．

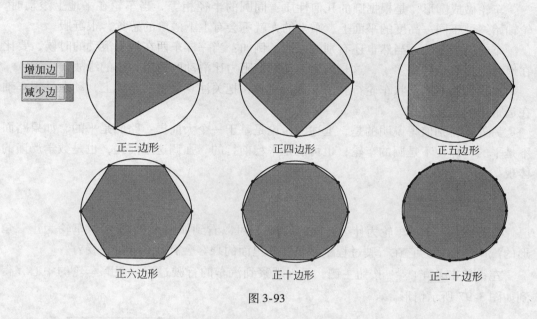

图 3-93

在"对象"窗口双击"圆与正多边形（面积和周长）"文件夹，除了相同的演示过程，还可以观察到如图3-94所示情形，通过具体数据体现正多边形与圆的接近程度．

向右拖动变量尺，正多边形边数逐渐增加，可以观察到正多边形的周长、面积大小正不断接近其外接圆．如图3-95所示．

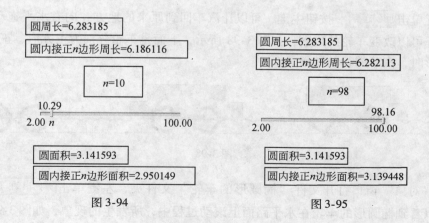

图 3-94 　　　　　　图 3-95

第二十一节　为什么车轮是圆的

一、内容分析

车轮做成圆形，是根据圆的几何性质：同圆的半径相等．当车轮在平地上滚动时，轮轴始终处于同一高度的平面上，乘坐的人就不会有上下颠簸的感觉，很舒服．

车轮做成圆的，当然也还有别的原因，例如：当一样东西在地上滚动的时候，要比在地面上拖着走省劲多了，这是因为滚动摩擦阻力比滑动摩擦阻力小的缘故．

本积件将不同形状车轮行驶情况进行比较，把关注点集中在车轴上，动态呈现车轴在运行中的变化过程．

另外还特别值得说明的是，上述的讨论是基于一个大前提：路面是平的，如果路面不是平的，即便不是圆的车轮，也可能是平稳前行的．强调这个前提，也是数学严谨的体现．

二、使用说明

打开文件"21. 车轮为什么是圆的 .zjz"，可以看到如图 3-96 所示，车轮为正三角形的汽车．你认为它在行驶过程中，坐在车里面的乘客会有什么样的感受？

左键单击 开始行驶 按钮主键，可以观察到汽车的行驶过程，跟踪车轮的中心，得到如图 3-97 所示情形．

图 3-96　　　　　　　　　　　　　　图 3-97

左键单击 回到起点 按钮主键，可以让汽车回到原来的地方．向右水平拖动下方的红点 ●，可以改变车轮的边数，如图 3-98 所示，下面是车轮分别为正方形、正五边形、正六边形时，汽车的行驶过程．

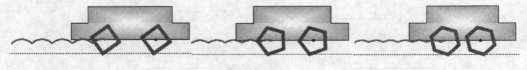

图 3-98

在"对象"窗口打开文件"椭圆形的车轮"文件夹，左键单击 开始滚动 按钮主键，可以看到椭圆形的车轮在水平路面上滚动过程中，所发生的现象，如图 3-99 所示．

当我们的自行车轮胎充气不足时，若仍坚持行驶容易被压扁，变形成为椭圆形．这时，继续行驶的过程中就会发生这种情形．你是否有过这样的经历呢？

图 3-99

现在，你明白车轮做成圆形的原因了吗？

把车轮做成圆形，将车轴安装在圆心上，车轴距离地面的高度总是等于车轮的半径那么长．这样当车子在地面上行驶时，就可以平稳地前进，如图 3-100 所示．

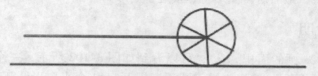

图 3-100

当然，前面的讨论，都是基于一个前提，那就是路面是平的，如果路面不是平的，多边形车轮滚动时也不颠簸．打开文件"21. 车轮为什么是圆的 - 2. zjz"，你不妨试试，如图 3-101，车轮是正方形的确能平稳前进．所以，如果再有人问你：为什么车轮是圆的，除了关注车轴到车轮的距离相等以外，千万别忘记强调一下：因为路面是平的．

图 3-101

第二十二节　圆　的　面　积

一、内容分析

一说到圆的面积公式，学生大都能脱口而出"πr^2"．在日常教学中，一般教师也大都是这样组织推导的，首先把圆平均分成 8 份或者 16 份，然后展开拼合成一个近似的平行四边形，进而启发学生：如果再细分下去呢？直到"启发"学生说出再分下去就逼近一个完整的平行四边形，事实上，有很多孩子眼睛里明明看到底边不是直线，但是在教师暗示性的问答下，就"顺从"地认为"再分下去就成直线"了．有了超级画板，平均分成更多的份数就没有问题了，32 份、48 份、64 份都轻而易举，当细分成更多份的时候，再展开就拼合成一个近似的平行四边形（或者是近似长方形了），圆的面积公式的推导就变成水到渠成的事了．基于超级画板的动态展示来展现这一公式的推导过程，那么学生的记忆就会建立在理解的基础上，短时记忆也会更多地转化为长时记忆．

　　下次如果学生忘记了圆的面积公式，学生可能马上会想起通过等分，将圆分成可近似为三角形的多个扇形，后又将这些扇形拼合成长方形．长方形的长对应的是圆的周长的一半，宽对应的是圆的半径．利用长方形的面积公式来记忆较冷僻的圆面积公式，显然要比死记硬背好得多．

　　应用此积件，还能更好地帮助学生分析圆面积公式与周长公式之间的关系．我们可以从上述的动态变化过程中，直观地观察到圆转化成矩形（近似）的过程，很容易就能得到圆的面积 $S = \dfrac{C}{2} \cdot r = \pi r \cdot r = \pi r^2$．同时，我们可以得出结论：等分份数越多，圆弧就越接近于直线，最后所得图形就越接近于矩形．

二、使用说明

　　打开文件"22. 圆的面积 . zjz"，可以看到如图 3-102 所示，一个圆被平均分成了40 份．左键单击"开合"按钮主键，圆逐渐展开，40 个小扇形圆弧处（近似为直线）相互连接，每 20 个为一行排列，如图 3-103 所示．

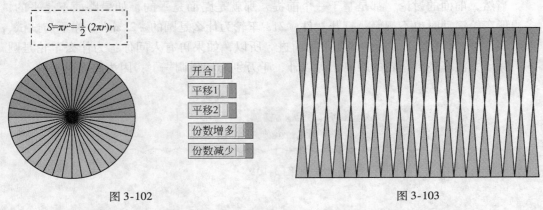

图 3-102　　　　　　　　　　　　　　　　　　图 3-103

　　先后单击"平移 1"和"平移 2"按钮主键，第一行图形先向右平移，再向下平移，与第二行图形连接，组成如图 3-104 所示的图形．

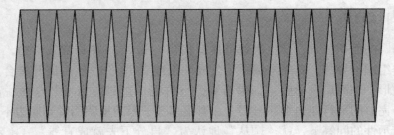

图 3-104

　　如要增加或减少划分圆的份数，可以单击"份数增多"或"份数减少"．如需重演这一过程，必须按照以下步骤才能恢复到初始状态：先单击"平移 2"副键，再单击"平移 1"副键，最后才是"开合"副键．只有这样才能再次演示份数增加或减少后圆面积的推导．

第二十三节　组合图形的阴影部分面积

一、内容分析

组合图形面积的计算，特别是其中阴影部分面积的计算，往往在日常教学会有多种方法的讨论，有的方法应用了"等底等高的图形等积"来实现转换，成为解决问题的"妙招"．本积件所呈现的是求组合图形中阴影部分面积的经典题，已知大正方形边长和小正方形边长，求阴影部分面积．

在积件 G 点运动中，学生观察得出，不变的是线段 AC，B 点虽然在运动，但其在线段 AC 上高的长度没有发生变化，因为 AC 与 BF 是相互平行的线段，它们之间的高不变．当 B 点运动到与 F 点重合时，学生能很清楚地观察到，不变的阴影部分面积大小就是大正方形 $AFCE$ 的一半．也就是说，如果此题的已知条件中只告诉大正方形的边长，也能求得正确的答案．

本积件的动态演示，学生更容易发现变化中不变的规律：小正方形的大小在变，但是阴影部分三角形的底和高却没有变，更有助于学生找到最优化的方法．

二、使用说明

打开文件"23. 组合图形面积.zjz"，可以观察如图 3-105．已知正方形 $AECF$ 的面积，求阴影部分 $\triangle ABC$ 的面积．如观察后未得出进一步结论，尝试添加一条辅助线．在工具栏左键单击"作图"按钮，拖动点 B，与线段 AC 相交，直至出现"垂足"二字，松开鼠标．单击线段 BH，鼠标右键弹出菜单，选择"属性"．在"属性的对象"对话框中，选择"画笔"，接着，在"线型"栏中选中"虚线"．线段 BH 就是三角形 ACF 底边 AC 的高．结果如图 3-106 所示．

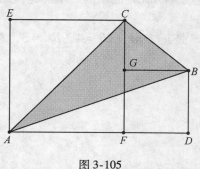

图 3-105

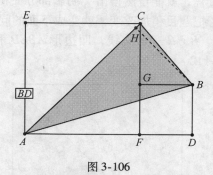

图 3-106

向相反方向拖动点 B，发现当高 BH 在 $\triangle ABC$ 外时，如图 3-107 所示，底边 AC 没有进行相应延长．在工具栏左键单击"作图"按钮，拖动点 H 至点 A，然后再将实现变成虚线，方法同上．

引导观察图 3-108 与图 3-109 的异同，可以发现线段 BH 的长度不变，线段 AC 同为 $\triangle ABC$ 与 $\triangle ACF$ 的底边．进一步引导猜想两者是否等高，可以通过拖动点 B，与点 F 重合，添加第二条辅助线 BF 来验证，见图 3-110.

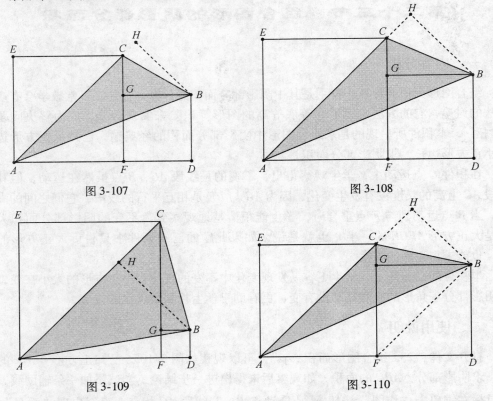

图 3-107   图 3-108

图 3-109   图 3-110

为了让两者之间的关系更加明显，可以继续拖动点 B，直至与点 F 重合（图 3-111）．不难发现，在这一过程中，$\triangle ABC$ 与 $\triangle ACF$ 底边 AC 的高都没有发生任何变化．当点 B 与点 F 重合时，它们的高也发生了重合．通过观察这一同底等高动态重合的演示过程，就能自然得出"阴影部分面积是大正方形 $AECF$ 面积的一半"这一结论.

若把题目稍加改变，就变成下面的问题了：

A，B，C 三点共线，四边形 $ABED$ 和 $BCGF$ 是正方形，$AB = 4$，$BC = 3$，求 $S_{\triangle BGD}$（图 3-112）.

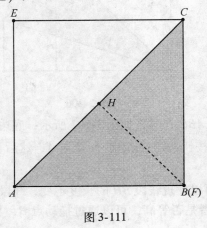

图 3-111

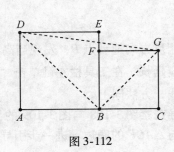

图 3-112

解法：过点 G 作 DB 的平行线，交 AC 延长线于点 N，则

$$S_{BGD} = S_{BND} = \frac{1}{2} \times (2 \times 3) \times 4 = 12.$$

除了常规的解题方法，以上解法利用了面积与平行线的关系，尤为巧妙.

第二十四节　完　全　图

一、内容分析

有一类特殊的自然数，特殊在于其所有的真因子（即除了自身以外的约数）的和，恰好等于它本身. 这样的数叫完全数，又称完美数或完备数. 除了完全数，还有完全图：一个正多边形与其对角线组成的图形. 观察正二十八边形的完全图，是一种美的享受. 欣赏之余，还引导学生发现：这样美的图案是怎么画出来的？揭示数学图形的构成.

本积件可以控制完全图的边数，为了研究的方便，边数可以"化繁为简"，从边数 28 可以减少到 27，26，……甚至是 3，在实际教学可能也会有学生说减少到 1，实际上组成一个平面图形最少 3 个顶点. 从较少边数的图形中发现规律，推导边数较多的完全图的规律，切实渗透化繁为简的解决问题策略（更详细的过程参考第四章第八节"探索完全图"数学案例）.

二、使用说明

这样美丽的完全图是怎么变化而来的？打开文件"24. 完全图 . zjz"，可以看到如图3-113所示. 向左拖动变量尺上的滑动条，直至 2.00 为止，二十八边形完全图变化为 2 个端点（顶点）的一条线段，如图 3-114 所示.

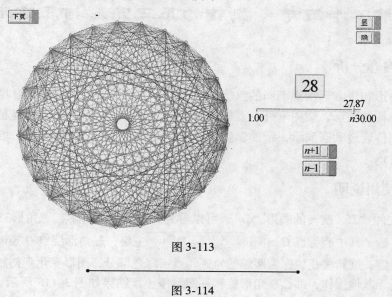

下页　显　隐

28

27.87

1.00　　　n30.00

$n+1$
$n-1$

图 3-113

图 3-114

为了让端点数变化以整数为单位，用单击 `n+1` 主键来实现．单击一次该按钮，线段变化为三角形，如图 3-115 所示，继续单击 `n+1` 主键，三角形变化为正四边形、正五边形、正六边形、正七边形、正八边形，与此同时，对角线随之形成．随着图形顶点数的增加，边数的增多，对角线逐渐增多，直至变化为正二十八边形完全图．如图 3-116所示．

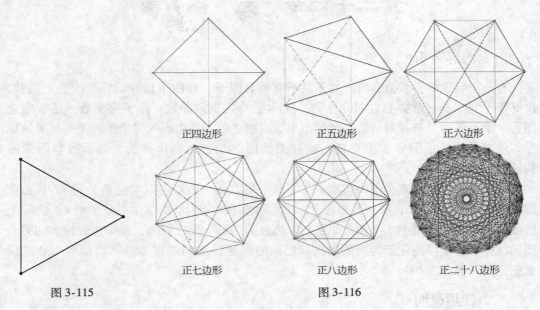

正四边形　　　　　正五边形　　　　　正六边形

正七边形　　　　　正八边形　　　　　正二十八边形

图 3-115　　　　　　　　　　　图 3-116

如要减少图形边数，可以按 `n-1` 键，每按 `n-1` 主键一次，多边形将减少一条边，直到变回一条线段为止．

第二十五节　旋转的正三角形与正方形

一、内容分析

正三角形和正方形围绕不同的点旋转会形成不同的图形，如果绕着自身的中心点旋转会形成怎样的图形，绕图形外一点旋转又会形成怎样的图形？学生绘制起来困难自然较大．本积件通过动态演示，帮助学生看清某些较复杂图案的形成过程，培养学生的空间想象能力．

二、使用说明

打开文件"25.旋转的图形.zjz"，可以看到如图 3-117 所示，三角形三边颜色分别是红、黄、蓝，其中心为点 O．单击 `旋转的正三角形` 主键，三角形绕点 O 逆时针旋转．点击该按钮副键，旋转停止，保留跟踪的轨迹；点击绿色部分，图形变化到初始状态．一次点击后，若无其他操作，那么三角形旋转一圈后停止，结果如图 3-118 所示．

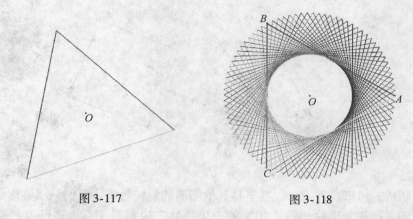

图 3-117　　　　　　　　　　　　图 3-118

在"对象"窗口双击"旋转的正方形"文件夹，点击 旋转的正方形 主键，可以观察到正方形的变化过程，如图 3-119 所示.

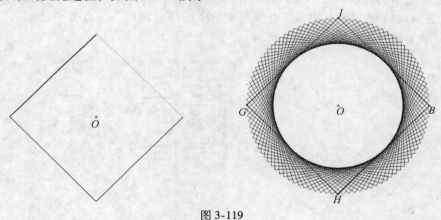

图 3-119

有时候，学生会遇到这样的问题：图 3-120 中上面的三幅图案分别是由下面哪个图形旋转而成？连一连.为了让每个学生都有所体会，我们可以打开本积件"正三角形旋转画图"和"正方形旋转画图"文件夹，如图 3-121 所示.单击动画按钮，就能得到上述需要连接的图案.

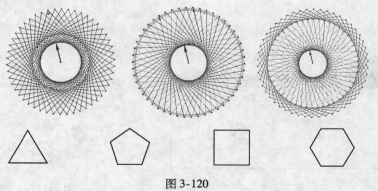

图 3-120

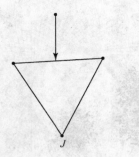
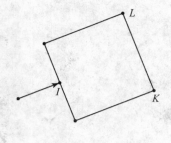

图 3-121

如果想知道五边形、六边形，甚至是其他图形的旋转效果，我们只需要作如下改动就能够欣赏到：把正方形除与箭头相交的一边外的三边都删除，包括点 L 和点 K（图 3-122）．然后，选中线段，在"作图"菜单，选择"常见多边形"下的"正多边形"，并在"正多边形的边数"文本框内输入"5"（或其他的数字）后，按"确定"键（图 3-123、图 3-124）．右键五边形，在弹出菜单中选择"跟踪"．点击"动画"，就能得到旋转后的美丽图案，如图 3-125 所示．

图 3-122

图 3-123

图 3-124

图 3-125

第二十六节 长 方 体

一、内容分析

一般情况下，长方体都是借助直观的实物来认识，然后认识其组成部分是几个顶点几条棱几个面．对于"长方体到底是怎么形成的？"这样的本源性问题，对于小学生来说，不仅难以理解，更难以解释．本积件通过长方形异面垂直平移，并将平移轨迹保留，形成长方体，沟通了长方形与长方体之间的关系．这种动态的教学，有助于学生其后理解长方体体积公式，为柱体体积（底面积×高）的学习作好铺垫，同时也为更好理解长方体的表面积是两个底面加侧面面积，而侧面面积的计算方法是：底面周长×高积累经验．

二、使用说明

打开文件"26.面动成体（长方体）.zjz"，可以看到如图3-126所示，长方形四边分别由不同的颜色表示．手动拖动长方形任意部分，长方形将按斜45度方向运动，跟踪长方形轨迹，得到如图3-127所示．长方形轨迹密集，表明拖动得慢；轨迹稀疏，表明拖动得快．轨迹间隔越大，拖动速度越快．

图 3-126

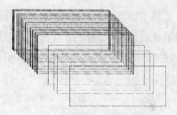

图 3-127

单击"动画"按钮主键，长方形以频率"10"的速度向左下方45度平移，如图3-128所示．单击副键，从相反方向重新演示．单击绿色部分，积件恢复到初始状态．

右键"动画"按钮，左键单击菜单内"属性"栏，在"对象的属性"下，找到"动画运动的频率"文本框，把数值先后修改为100，1000，演示结果如图3-129所示．前

图 3-128

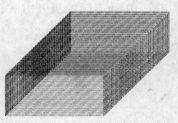 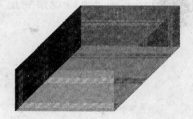

图 3-129

后三幅动画进行比较，可以发现频率越高，长方形的运动轨迹所形成的图形越接近完整的长方体．

第二十七节　正方体的展开图

一、内容分析

正方体的展开图是把立体图形转化成平面图形的过程，实现三维空间与二维空间的转化，是培养学生空间观念的一种有利形式．在教学中，有时难以把展开的环节清晰地展现在学生的面前，有了智能教育平台立体几何平台的支撑，可以全方位地直观地展示立方体每一个面展开的全过程．这样，便于学生把展开的面与原来立方体的某一个面建立起对应的联系．

本积件通过五步，向学生呈现正方体 11 种不同的展开方式．学生也可以从不同的角度观察正方体的展开图．

（特别说明：本积件需要用立体几何软件打开，必须安装超级画板才会出现立体几何软件．免安装版本只有超级画板，没有配套立体几何软件．）

二、使用说明

打开文件"27. 正方体的展开 1. sg"，可以看到如图 3-130 所示．

左键单击　重新　按钮，正方体展开一面，继续单击，正方体将展开成如图 3-131 所示．除此之外，也可以通过按"PgDn"键，一一展开正方体．

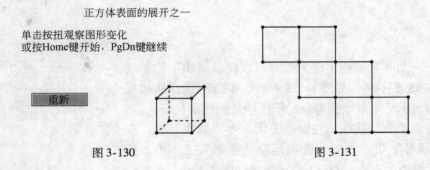

正方体表面的展开之一

单击按扭观察图形变化
或按Home键开始，PgDn键继续

重新

图 3-130　　　　　　　　　　　　图 3-131

通过同样的操作方法，可以观察到正方体其余 10 种不同的展开方式，如图 3-132 所示．

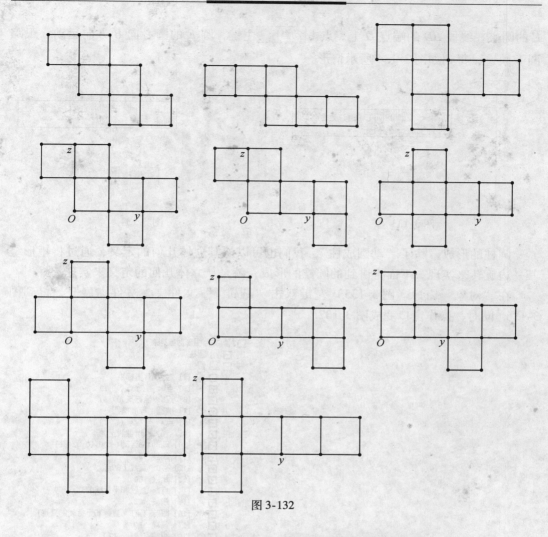

图 3-132

第二十八节 圆柱和圆锥

一、内容分析

点动可成线，面动可成体．一个长方形异面垂直平移可生成一个长方体；如果将一个长方形旋转呢？

对于学生而言，理解旋转肯定比平移要困难，何况还是在三维空间内运动．

其实，除了圆柱可以看成是长方形旋转得到之外，圆台和圆锥都可以看成是由平面图形旋转得到．

本积件的动态演示，就能让你清楚看到二维空间与三维空间之间的转换．

二、使用说明

打开文件"28．圆柱和圆锥．zjz"，可以看到如图 3-133 所示，空间中有一圆 E，圆

E 的圆心在线段 BD 的端点 D 上. 点击 动画1 主键，圆 E 的圆心向 B 方向运动，跟踪圆 E 轨迹，得到如图 3-134 所示情形.

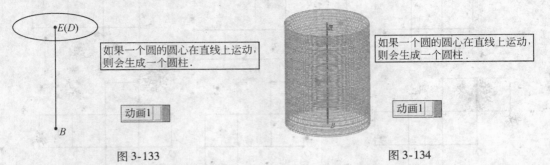

图 3-133   图 3-134

圆柱的形成，除了"动圆成柱"，我们也可以从其立体几何的定义，通过将矩形绕其一边旋转来实现. 下面将讲到的圆锥的形成，就是从立体几何的定义来实现的.

在"对象"窗口（图 3-135）左键双击"圆锥 1"文件夹，文件夹展开，得到图 3-136. 同时，操作窗口变成图 3-137.

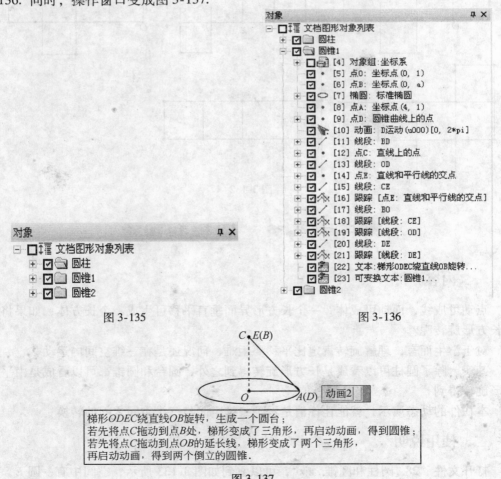

图 3-135   图 3-136

图 3-137

单击 动画2 主键，△AOB 绕着直角边 OC 所在直线旋转，跟踪 △AOB 轨迹，得到圆锥，如图 3-138 所示.

拖动点 C，把点 C 拖动到线段 OC 上，△AOB 相应转化成梯形 OCED. 单击 动画2 主键，梯形 OCED 绕着直角边 OC 所在直线旋转，得到如图 3-139 所示情形.

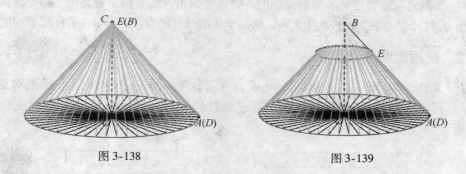

图 3-138　　　　　　　　　　　　　　　　图 3-139

除了从立体几何定义的常规思想来看，也可以从极限思想来观察圆锥的形成过程.

单击 动画3 主键，圆 O 的圆心在直线上从上而下运动，它的半径随之增大．跟踪圆 O 的轨迹，可得图 3-140 所示情形.

我们知道，当圆台的上底面变成一个点时，圆台就转化成了圆锥．从极限思想来看，圆锥也可以看成是圆台的一种特殊情况．点击 动画4 主键，就可以观察到，随着点 O 在直线上的不断运动，其面积不断扩大，直到变成圆，再变成半径递增的圆．跟踪圆 O 的轨迹，情形如图 3-141 所示.

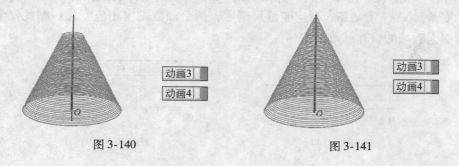

图 3-140　　　　　　　　　　　　　　　　图 3-141

第二十九节　20 以内进位加法

一、内容分析

"20 以内进位加法"一般在小学数学一年级上册，是继"10 以内数的加、减法"和"20 以内数的读法和写法"之后而学习的．其内容包括：9 加几，8、7、6 加几，5、4、3、2 加几．这些内容是以后学习"20 以内退位减法"乃至更复杂的进退位加减法的基础.

20 以内进位加法的学习，不仅是纯粹的计算技能的训练，在巩固计算技能的同时，在进行单个算式计算的基础上，还可以渗透函数的思想，发现加数与和之间对应的变化关系.

对于一组算式存在的规律，学生是在算式之间的相互比较后才能发现. 在动态演示中，学生能很轻易地发现哪些量是变化的，哪些量是不变的，哪个量是因为哪个量的变化而变化. 在这个动态的变化过程中，可以提高学生的观察能力，培养学生有序思考的能力.

二、使用说明

打开文件"29.20 以内进位加法 . zjz"，可以看到如图 3-142 所示. 左键拖动变量尺滑动条，可改变第二个加数的数值. 随着加数的变化，和也发生相应的改变，如图 3-143 所示.

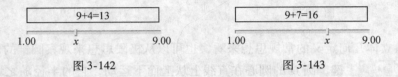

图 3-142   图 3-143

在"对象"窗口左键双击"第 2 页"文件夹，可以观察到如图 3-144 所示. 加法中的一个加数变成了未知数"x". 拖动变量尺滑动条，只有和发生变化. 此时，可引导学生口算未知数"x"的值.

同理，我们可将加法中的两个加数转变成两个变量，将 20 以内进位加法拓展到 200 以内的加法. 在"对象"窗口左键双击"第 3 页"文件夹，得到图 3-145 所示. 分别拖动变量尺 x, y 滑动条，对应变量尺刻度，两个加数发生相应变化. 据此，学生便可进行更大数域的口算练习.

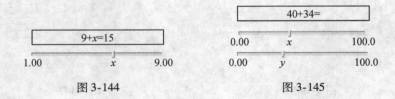

图 3-144   图 3-145

第三十节　商不变性质

一、内容分析

"商不变性质"是小学数学中的重要基础知识，它是进行除法简便运算的依据，也是今后学习小数乘除法，分数、比的基本性质等知识的基础. 商不变的性质，在小学阶段一般都是不完全归纳得出的，要验证这一性质的普遍性，当然是例证越多越好. 利用超级画板中的变量尺，可以让除数变得很任意.

在教学过程中，借助动态演示学生较容易发现除数会随着被除数的改变而改变，当然，也可以说被除数随着除数的改变而改变，学生能直观感受到变量及变量之间的关系，并可以发现商不变的规律．在学习的过程中，基于简单的计算，引导学生发现规律，并感受到函数的思想．

二、使用说明

打开文件"30．商不变性质．zjz"，可以看到如图 3-146 所示．拖动变量尺 y 滑动条，除法算式中的商不变，除数变成与变量尺对应的整数，被除数随之立即发生变化．不管如何拖动变量尺，除法算式仍然成立（注：如拖动变量尺较慢时，除数 y 虽然立刻发生了变化，但被除数 x 没来得及发生变化．建议拖动的幅度大一些）．

为了验证商不变性质，往左拖动变量尺滑动条，把 y 的值改变为 8．y 的值从 16 变成了 8，缩小了 1/2．从图 3-147 可以观察到，x 的值从 80 自动变成了 40，也缩小了 1/2．同理，可以观察得到，在商是 5 的情况下，除数扩大（缩小）几倍，被除数也会相应扩大（缩小）几倍．

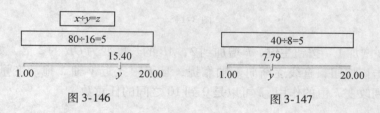

图 3-146　　　　　　　　　　　　　　　　图 3-147

第三十一节　正　比　例

一、内容分析

一般地，两个变量 x，y 之间的关系式可以表示成形如 $y = kx$（k 为常数，且 $k \neq 0$）的函数，那么 y 就叫做 x 的正比例函数．

正比例函数虽然是在六年级下学期才出现，但在小学数学的其他阶段已经渗透了这样的思想，例如汽车的速度一定，要求填写时间和相应的路程．花的时间越长，走的路程越长．

本积件向学生动态地展示正比例图像的绘制过程，引导学生用"描点法"画出表示正比例关系的图像，观察发现正比例函数的变化规律，进而掌握利用图像由一个量的数值估计另一个量数值的方法，解决实际问题．

与传统教学手段相比，当改变某些参数时，能迅速改变图像，让学生更深刻地感受到，数与形的紧密结合．

二、使用说明

打开文件"31．正比例函数．zjz"，如图 3-148 所示，可以观察到直线 $y = x$ 在第一象限内的情形. 此时 k 为 1，点 A 在直线上，$AB = OB$. 向右上方拖动点 A，AB、OB 的值逐渐增大，且始终保持相等. 拖动 u000 变量尺滑动条也能达到移动点 A 的目的.

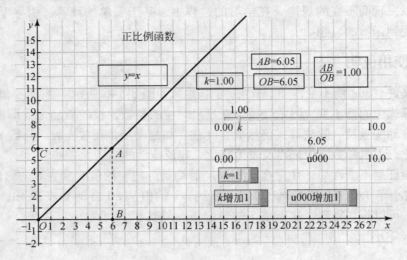

图 3-148

单击"k 增加 1"按钮主键，k 增加到 2，AB 的长度变为 OB 的 2 倍，如图 3-149 所示. 继续单击该按钮，直线逐渐向 y 轴靠拢，且无限接近 y 轴. 拖动变量尺 k 的滑动条，也能起到改变 k 值的作用. k 可以是 0 到 10 之间的任意数.

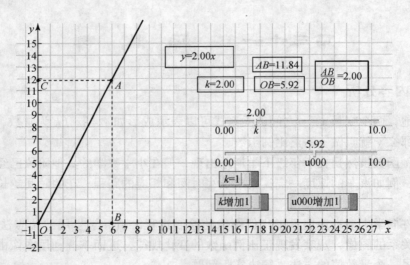

图 3-149

在改变 k 值之后，可以再次拖动点 A，引导学生继续观察 AB 与 OB 之间的关系. 单击"u000 增加 1"按钮主键，点 A 也能做到向右上方移动，且每按一次，横纵坐标数增加 1.

第三十二节 反 比 例

一、内容分析

一般地，如果两个变量 x、y 之间的关系可以表示成 $k = yx$（k 为常数，$k \neq 0$）的形式，那么就称 y 是 x 的反比例函数．习惯上，我们将 $k = yx$ 写成 $y = k/x$ 的形式．

"反比例"一课是六年级教学内容，它是在教学"正比例"的基础上的认识，结合实例总结反比例的意义和成反比例的条件：有两种相关联的量，其中一种量变化，另一种量也随着变化，并且这两种量中相对应的两个数的乘积是一定的．

一般在小学阶段，在学生理解反比例意义的基础上，只要让学生尝试判断给出的两种量是否成反比例就可以了．

基于超级画板，也可以让学生直观感受到反比例函数的图像的大致特点，从形的角度也能区分正比例和反比例的区别．

另外，小学阶段，动点变化，产生不变面积，以平行线性质最为常见，反比例函数算是一个特例，从这个角度可以丰富学生对面积的认识．

二、使用说明

打开文件"32. 反比例函数 . zjz"，如图 3-150 所示，可以观察到 10 个点，它们的横坐标每次增加 1，纵坐标是对应横坐标数值倒数的 12 倍（也就是说：纵坐标的数与横坐标的数的乘积为 12）．拖动点 P，点 P 经过其余 9 个点，跟踪移动轨迹，形成曲线．如图3-151所示，拖动速度快，点的间距越大；拖动速度慢，点形成曲线．单击"连线"按钮主键，可以观察到各点连接成完整曲线．

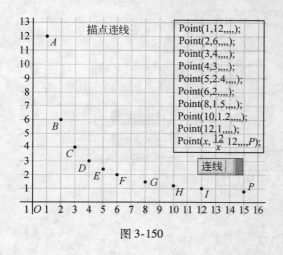

图 3-150

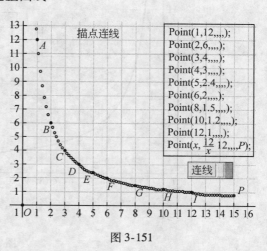

图 3-151

在"对象"窗口打开"反比例函数"文件夹，可以得到反比例函数 $y = 12/x$ 的第一象限图形，如图 3-152 所示．拖动点 A，可以观察到 OB、OC 的长度发生相应变化，

但 OB 与 OC 之积，即长方形 $OBAC$ 的面积没有发生变化.

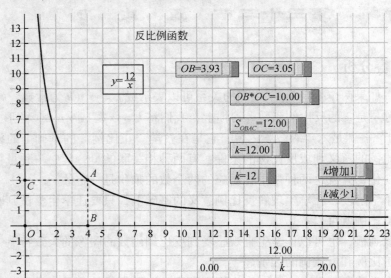

图 3-152

单击"k 增加 1"按钮主键，如图 3-153 所示，反比例函数曲线背离数轴运动. 同时，可以观察到 OB 不变，OC 从 3.05 变成了 3.31，相应地，OB 与 OC 之积从原来的 12 变成了 13，即 k 值. 拖动变量尺 k，也可以达到改变 k 值的目的，且 k 可以是 0~20 的任意数.

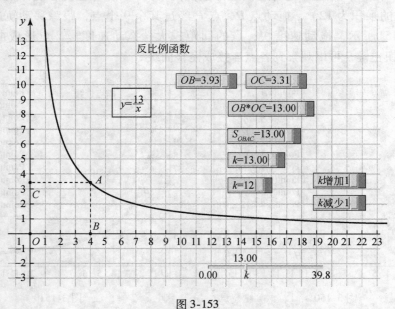

图 3-153

继续单击"k 增加 1"按钮主键，曲线无限背离数轴. 单击"k 减少 1"按钮主键，曲线则向数轴靠拢. 单击"$k = 12$"按钮主键，k 值恢复到初始值 12.

第三十三节　前 n 个自然数的和

一、内容分析

等差数列求和是小学数学中探索规律部分的挑战性内容，很多学生可能都知道"小高斯的故事"，也熟知求和的公式，但可能大部分学生都没有真正理解公式为何而来，只是把公式背熟，套用公式而已．学生如果能够从意义上理解公式从何而来，记忆、应用就更得心应手．

运用超级画板，用几何的方式呈现等差数列求和是一种比较好的方法．几何图形能直观地启迪思路，帮助理解，特别是对于小学生，他们对知识的理解还处于模糊阶段，借助几何直观有助于他们做到真正理解．在教学中，引导学生借助几何直观进行思考，揭示研究对象的性质和关系，从而渗透数形结合的数学思想．

计算 $S = 1 + 2 + \cdots + n$，常见的做法是先作出类似图 3-154 的图形，此处一个小方块代表数 1，然后再作一个完全的一样的图形"扣"在这个图形上面，就好像图 3-155 那样，则根据面积的计算公式可得 $2S = (1 + n) + (2 + n - 1) + \cdots + (n + 1) = n(1 + n)$，即 $S = \dfrac{n(1 + n)}{2}$．这一过程在数学上叫做倒序相加．在生活中也有类似的做法，譬如把 10 个苹果分给 5 个人，而苹果有大有小的，要想做到尽可能平均分配，那么分配时肯定要注意大小搭配，那个最大的苹果肯定要搭配那个最小的苹果．原因很简单，如果甲拿最大的但又不拿最小的，则必然有一个人拿最小的却拿不到最大的，相对甲而言，此人吃亏太多，肯定不愿意．

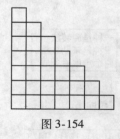
图 3-154

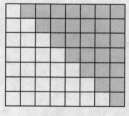
图 3-155

有人画好图 3-154 之后，嫌再画图 3-155 很麻烦，希望能够简化．其实这也是可以做到的．如图 3-156 所示，你只要在图 3-154 上加一条直线就是了．此时 $S = 1 + 2 + \cdots + n = \dfrac{n^2}{2} + \dfrac{n}{2} = \dfrac{1}{2} n(n + 1)$．

仔细比较这两种做法，我们发现图 3-155 和图 3-156 虽然差别很大，但若从计算公式分析，则仅仅是系数作了一些分配、结合的小动作而已．$S = \dfrac{n(n + 1)}{2}$ 既可以重组为 $\dfrac{1}{2}\left[n(n + 1)\right]$，也可以重

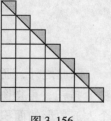
图 3-156

组为 $\dfrac{n^2}{2} + \dfrac{n}{2}$．这也许就是数学中的文字游戏吧！不过你可别小瞧它，用处大着呢．

二、使用说明

打开文件"33. 前 n 个自然数的和 . zjz",如图 3-157 所示,竖着看,可以观察到每列分别有 7,6,5,4,3,2,1 个正方形,它们分别代表数 7,6,5,4,3,2,1.

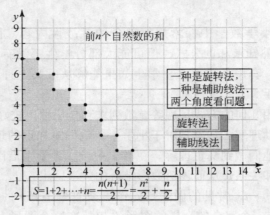

图 3-157

单击"旋转法"主键按钮,如图 3-158 所示,原组合图形绕着中心红点逆时针旋转 180°,副本与原组合图形拼合成一个长 8、宽 7 的长方形. 由此可得,长方形的面积为 56,原组合图形的面积为长方形的一半,也就是说前 7 个自然数的和为 28. 类推可得,n 是长方形的宽,$n+1$ 是长方形的长,前 n 个自然数的和就是 $n(n+1)/2$.

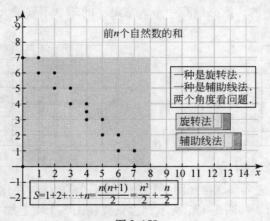

图 3-158

除此之外,通过添加辅助线,同样可以推导出等差数列求和公式. 单击"辅助线法"按钮,可得图 3-159 所示情形,组合图形被分割成 1 个大三角形和 7 个小三角形. 1 个大三角形的面积为 $7 \times 7 \div 2 = 24.5$,7 个小三角形的面积为 $0.5 \times 7 = 3.5$,组合图形的面积就是 28. 其中 7 对应的是 n,前 n 个自然数的和就是 $n^2/2 + n/2$.

$n(n+1)/2 = n^2/2 + n/2$. 教师可引导学生关注,公式虽然只是进行了简单的变形,但所对应的意义,推导过程截然不同.

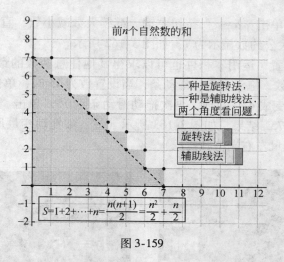

图 3-159

第三十四节 求两个数的最大公约数

一、内容分析

在小学阶段讨论整除的数一般指的是非 0 自然数. 如果有一个数 a 能被数 b 整除，则称 a 为 b 的倍数，b 为 a 的约数. 几个自然数公有的约数，叫做这几个自然数的公约数. 公约数中最大的一个公约数，称为这几个自然数的最大公约数.

例如，教学求"18 和 30"最大公约数的方法，教材中是先将两个数分别分解质因数，再把它们分别写成质因数相乘的形式，把它们的公约数找出来. 这样，学生能直观感知最大公约数必须包含两数的全部公有质因数.

下面将利用超级画板这个平台来介绍求两个数最大公约数的其他两种方法：更相减损术和辗转相除法，拓展数学知识的视野，感受到数学的美妙.

二、使用说明

打开文件"34. 求两个数的最大公约数. zjz"，如图 3-160 所示，可以观察到需求 98 与 63 的最大公约数，由于 63 不是偶数，大数减小数，辗转相减即可. 单击"$a-b$"按钮主键，b 不变，仍为 63. 由 $98-63$，a 变为 35，如图 3-161 所示.

图 3-160

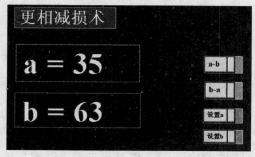

图 3-161

此时，$b > a$，故单击"$b - a$"按钮主键．继续大数减小数，直到 a、b 相等，都为 7 时，98 与 63 的最大公约数显示为 7，如图 3-162 所示．

只要进行简单设置，运用本积件也可以求得其他任意两数的最大公约数．如要求 45 和 75 的最大公约数．拖动变量尺滑动条，当设置数为 45 时，单击"设置 a"按钮主键，a 就从原来的 7 变成 45．同理，再次拖动滑动条到 75，单击"设置 b"按钮主键，b 便从原来的 7 变成 75．结果，如图 3-163 所示（注：如拖动变量尺滑动条很难达到欲设置数，可拖动变量尺左右端将其拉长）．

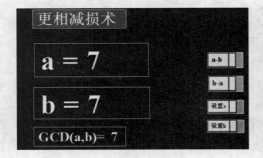

图 3-162

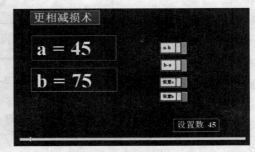

图 3-163

辗转相除法的操作方法与上述方法类似，在"对象"窗口双击"辗转相除法"文件夹，可以观察到如图 3-164 所示情形．$b > a$，单击"b/a，求余"按钮主键，80 能被 160 整除，故 $a = 80$ 不变，b 变为 0．如图 3-165 所示，80 和 160 的最大公约数显示为 80．可以设置成其他的数试一试．

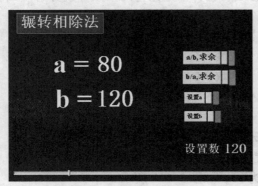

图 3-164

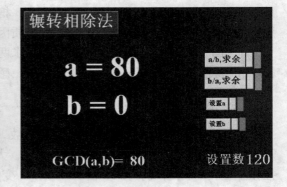

图 3-165

第三十五节　抛　硬　币

一、内容分析

自新课程实施以来，小学数学增加了概率的内容，本以为在孩子们的现实生活中随机现象随处可见，但是真正走进课堂在教学中也会遇到难题．如何让学生在课堂的教学中感受到随机性,理解频率与概率之间的关系以及体会到影响频率稳定的因素.

我们知道频率将会随着重复试验次数不断增加而趋于稳定,这个频率的稳定值就是事件的概率. 在实际中人们无法把一个试验无限次地重复下去,只能用重复试验次数 n 较大时的频率去近似表示概率. 在重复次数 n 较小时,波动剧烈,随着 n 的增大,波动的幅度在逐渐变小.

教学中几乎必用的例子便是抛硬币. 比较理想的教学,就应当拿一枚实物硬币抛掷实验,让每一位学生不断重复地实验操作,从而发现正面朝上的概率是多少?但在日常的教学中,一般很少有人舍得花很多时间,因为重复次数小,所以频率就很不稳定,而计算机演示却能帮助我们模拟实验,在很短的时间内完成大量的重复操作. 并真切地感受随机现象的"随机"性,感受到理论概率和实验概率之间的关系,并且能够感受到实验次数与频率波动大小之间的关系.

在超级画板模拟实验过程中,还特别值得一提的是,同样让计算机模拟投掷20次,结果可能是不一样的,这恰恰说明是随机投掷的;并不是说投掷的次数越多,就一定比投掷次数少的更接近1/2,说不定前面很少次数的时候就已经出现了1/2,只能说次数更多,频率的波动越小,接近1/2的可能性越大.

通过本积件的演示,能够进行大量的模拟实验,帮助学生更好地理解频率、概率的含义,感受到实验次数与概率之间的关系. 样本越大,规律的变异就越小(做点小提醒,可能学生不好相信电脑的模拟操作就是和自己亲手投掷的结果是同等的,这可能是一种逐渐需要成熟的科学意识,但对于孩子来说情有可原. 电脑就好像是个黑匣子,输入输出,但我们不知道中间过程是怎样的).

二、使用说明

打开文件"35. 抛硬币. zjz",如图3-166所示,可以观察到硬币为反面,下方的橙色部分表示正面出现了5次,蓝色部分表示反面出现了8次,正面出现的频率为0.3846.

单击"重新开始"按钮主键,模拟硬币随机出现"正面"或"反面",投币次数和正面出现的次数从0开始逐渐增多. 单击"重新开始"按钮副键,实验暂停. 单击"继续投掷"按钮主键,实验继续进行. 当投币次数增大到一定程度后,该频率将稳定地接近于0.5(图3-167).

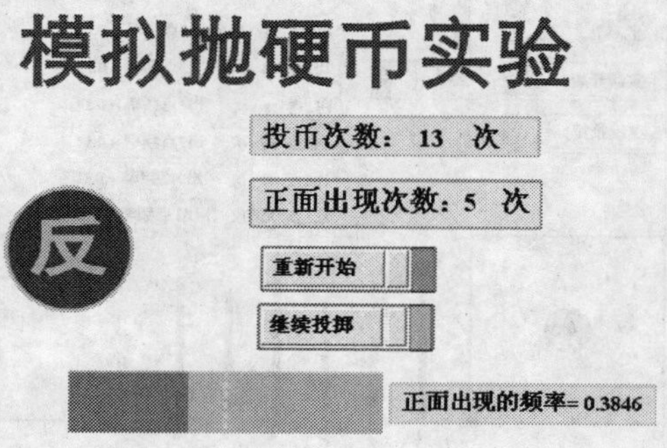

模拟抛硬币实验

投币次数: 13 次
正面出现次数: 5 次
重新开始
继续投掷
正面出现的频率=0.3846

图 3-166

模拟抛硬币实验

投币次数: 112 次
正面出现次数: 55 次
重新开始
继续投掷
正面出现的频率=0.4911

图 3-167

第三十六节　掷　骰　子

一、内容分析

本积件是用实验频率来估计一些复杂事件的概率．而实验频率稳定于理论概率是教学重点和难点，是用实验的方法估计随机事件发生的概率基础．但对于义务教育阶段的学生而言，给出一个理论的解释显然不合适，因而需要借助于大量的重复试验让学生去感悟．认真观察比较实验结果，不难发现，实验频率并不一定等于理论概率．虽然多次试验的频率逐渐稳定于理论概率，但也可能无论做多少次实验，实验频率仍是理论概率的一个近似值，而不能等同于理论概率．两者存在着一定的偏差，应该说偏差的存在是正常的，经常的．

掷骰子是经典的概率问题之一．若想知道在一次掷骰子的随机试验中获得 6 点的概率值，可以对其进行 3000 次独立的扔掷试验，在每一次试验后记录下出现 6 点的次数，然后通过计算相对频率值，可以得到趋向于某一个数的统计概率值．扔掷数 3000 后，可获得 6 点的绝对频率大约是 560，6 点的相对频率大约为 0.16867．上面提到的这个有关相对频率的经验值又被称为大数定律，是频率理论学家定义概率论的基础．没有人可以将骰子无限地扔下去，但只要你有时间，利用本积件就能做到不限制次数地持续扔掷试验，以尽可能多的试验次数结果来证明大数定律．

二、使用说明

打开文件"36. 掷骰子 . zjz"，如图 3-168 所示，可以观察到实验初始状态时，投掷次数为 0，各点数出现次数也为 0.

单击"重新开始"按钮主键，骰子的点数随机变化．右上方显示实时投掷次数和出现各种点数的次数和频率数．右下方的 6 条线段分别动态呈现 6 个点数出现频率的实时变化，水平虚线则是每个点数频率的平均值 $1 \div 6 \approx 0.167$.

单击"重新开始"按钮副键，实验暂停．单击"继续投掷"按钮主键，实验继续进行．随着投掷数的不断增加，可以观察到各个点数的出现频率在平均值处上下浮动，也就是说每个点数的出现概率相同，即 6 个点数出现频率的平均值为 0.167（图 3-169）．

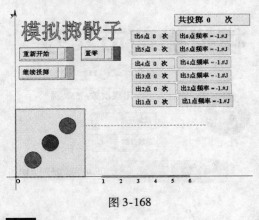

图 3-168

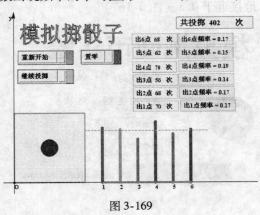

图 3-169

第四章　教学实例

第一节　平行与垂直

教学内容　义务教育实验教科书"浙教版"小学数学第 7 册．

教学目标

（1）经历操作、观察与分类等活动，认识两条直线之间的垂直与平行关系；

（2）经历直观演示和直观操作的过程，能在动态过程中理解垂直与平行之间的关系，能够在二维和三维之间进行转换，发展空间观念；

（3）在学习的过程中，注重分类思想方法的渗透；结合挑战和富有现实性的情境，感受数学在现实生活中的广泛应用．

教学过程

（一）以传统的游戏为情境，引出主题

1. 出示传统游戏"比眼力，挑小棒"的工具

师：有一种扔小棒的游戏，你们知道吗？

生：（观察出示的小棒）知道．

师：游戏的规则是把小棒一扔，落成一堆，看谁能不动别的小棒而取走其中的一根小棒，谁取的最多，谁就获胜（图 4-1）．

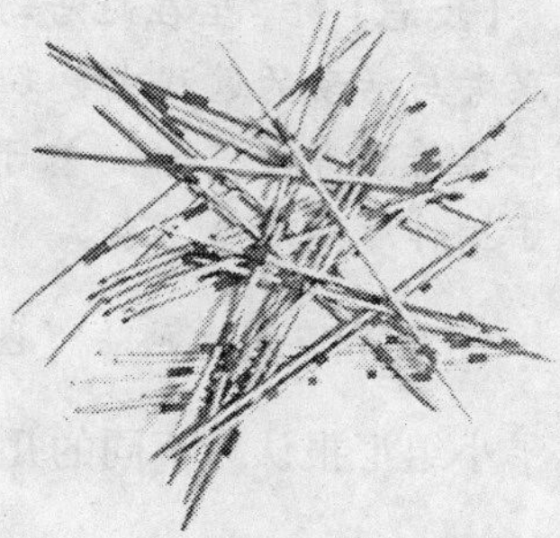

图 4-1

2. 引出学习的主题

师：今天我们在课上不玩这个游戏，这么一堆小棒一扔的时候，其实里面蕴涵着许多数学问题，这些小棒与小棒之间存在着一种怎样的位置关系呢？要解决这样复杂的问题，我们就还需要从简单的问题开始．

3. 引导复习相关知识，激发已有经验

师：请大家看这里，在屏幕上会出现一个点，当有很多个点的时候，它就会形成什么？

生：线．

师：回答得不错．这就是我们所学过的线段．这条线段叫什么名字？

生：线段 *AB*.

师：如果这个点向右不断延伸，他就形成了一条……？

生：射线．

师：很不错，这就是射线 *AB*．如果从 *A* 这边再延伸，它就变成了什么？

生：直线 *AB*．

【反思】 从学生熟悉的传统益智游戏中引出学习的内容，是创设情境的一种好策略，一方面是充满童趣，同时更是充满数学游戏的美妙，既感觉好玩，又直面数学本身，便于学生激活原有的一些游戏经验．点与线的复习与回顾是把学习放在一个大背景下进行的，借助技术能够直观展示它们之间的关系．从点到线，从一条线到两条线，以后再学习三条线、四条线……为学生的学习埋下一条数学的线索．

（二）动手操作，探索两条直线的位置关系

1. 由 1 条直线过渡到 2 条直线

师：接下来我们要来研究 2 条直线，它们之间有几种不同的位置关系？

2. 出示小组合作的学习要求

（1）可以直接在脑子里想一想；也可以用小棒表示直线，先摆一摆．
（2）把你们小组里认为不同的情况画下来．
（3）每一张纸上画一种情况．
（4）时间 3 分钟．

【反思】 学生在此活动可能遇到的困难是不能马上辨析出不同的几种情况，因此，在思考与活动的过程中更多的是尝试，甚至不排除有学生是盲目地尝试出一种就一种，然后接着思考下一种．基于这样的考虑，因此，为学生提供了"小棒"供选择使用，便于操作后然后画下来．

3. 展示不同的画法（图 4-2）

小组汇报认为不同的几种情况，说说不同在哪里？

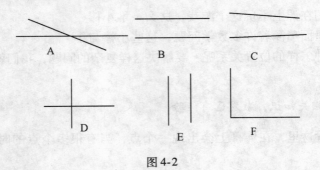

图 4-2

刚才这 6 种，你觉得你还有不一样的，画到黑板上来（同学上台画），他画的是这种，T 字形的，把它画到黑板上来，他认为跟上面都不一样的，你们同意吗？

生：同意．生：不同意．

师：有两种意见了．刚才我们在摆的时候就已经讲了，你们在摆的这根小棒，代表的是什么？

生：直线．

师：请你想象一下，如果是直线的话，这条线还能不能延长？

生：能 ..

师：那么这样跟哪一类一样？

生：D．

师：看来有的看上去形状不太一样，实质上是一样的，接下去，我们就从本质属性给这些直线分分类．

4. 分类

师：现在屏幕上有这么多种画法，谁能够把它们分类，两条直线到底有几种不同的关系．

生：F和D一组，F再无限延伸的话，就和D一样了，D和E分在一起，C和A分在一起．

师：这是她找到的一个标准，有没有道理的？

生：有．

师：她这样分，有一定的道理．还有不一样的吗？

生：B、C、E为一类，因为它们是2条直线没有交叉在一起，还有A、D、F为一类．

师：A、D、F她认为都是相交的，B、C、E是不相交的，你们同意吗？

生：错，C是会相交的．

师：大家对C的分类有不同意见，认为错的同学错在哪里？

生：因为直线可以无限延长，C无限延长以后，2条线就交在一起了．

师：你的意思是说，这个不相交是暂时的不相交，如果延长的话就会怎么样？

生：相交．

师：刚才同学用肉眼来判断的，有兴趣的同学还可以去量一量．比如说我这里选择对应的两点量一量，它的距离是58厘米，量着量着距离就越小，再画下去一定会越来越近．但是这个B不一样，我们量一量是15厘米，它就一直都是15厘米．看来它不是暂时不相交，哪怕再延长，还是不会相交．所以我们要把C归到相交的一类．

师小结：根据我们刚才的讨论，我们把两条直线的关系分为两种，一种是相交的，一种是不会相交的，并且不是暂时的看上去不相交，而是无论怎么延长也永不相交的．

【反思】 分类是一种重要的数学思想方法，在本课中，让学生经历这个过程本身就是教学目标所预设，在分类过程中，学生可能会受所画直线的外形影响有不同的分类方法，在教学中，只要加以引导逐渐从关注表面到关注数学的本质属性上去分类，就是一种很好的教学启示．在讨论分类结果的过程中，应该让学生充分表达分类的标准是什么？结果是怎样的？因为不同的标准会有不同的结果，学生有些分类不完全正确，但应当肯定其合理的部分．并适时指明理想的分类是不重不漏．另外，启发学生用测量相对应点的距离，试图从平行线间的距离处处相等这一本质属性来帮助学生积累有益的经验．

（三）在分类的基础上进一步认识平行、垂直

1. 认识平行

师：现在已经明确了两条直线的关系，对于永不相交的这一组直线还有一个特别的名称？

生：平行．

师：是的，叫做平行．对于平行你们还有什么问题吗？

生：没有．

师：老师有．你们在摆小棒的时候啊其实我也在摆，不过我发现一个很奇怪的现象，（拿出长方体盒子，见图4-3）这个盒子，你看我这个小棒放在这里（AD）的时候，我把另外的小棒放在这里（CG），请问它们会相交吗？

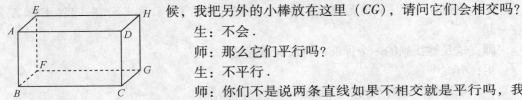

图4-3　长方体

生：不会．

师：那么它们平行吗？

生：不平行．

师：你们不是说两条直线如果不相交就是平行吗，我摆的和你们摆的有什么区别？

生：我们都是在某一个平面上摆的，而你是立体地摆，一个在上面一个在下面，那样当然相交不了，而我们所谈到的不会相交都是在同一个面上．

师：他的意思你们明白了吗？

生：明白了．

师：我们忘了确定一个重要的前提，就是刚才你们画也好、摆也好、平面上看到的也好都是在同一个平面上的，而我这样摆在不在同一个平面上？

生：不在．

师：所以我们要给刚才的结论加一个重要的前提，那就是"在同一个平面内"，这样两条直线如果永不相交我们就把它叫做平行．我们把完整的概念一起读一遍．

生：（齐读）在同一平面内，不相交的两条直线叫做平行线．

【反思】　概念的认识是一个逐步明晰、逐渐完善的过程，不必苛求所有学生在认识上都"一步到位"，而是在学习的过程中自我修正、自我完善，恰是学习普适的方法．"在同一个平面上"这个前提，就是在活动中逐渐引导学生感受到它的必要．

2. 画平行线

师：刚才我们理解了什么是平行线，凭着你的了解和你的直觉，试着画一画，不一定画的很规范．现在作业纸的第一题上面有一个方格还有一条线，旁边没有方格，你自己选择一幅图画一画，画出一条与 AB 平行的直线（图4-4）．

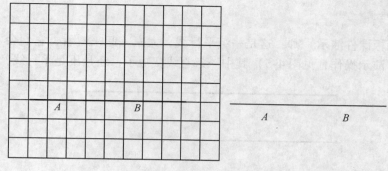

图 4-4

师：我发现四（4）班的同学都有一个共同的爱好，都愿意画在方格上，请大家看大屏幕，有同学这样画的，AB 在这里，就往上一格在这里画了一条，这样画的人请举手，距离是一格的．（生反馈）．也有发现是两格的，这样的同学请举手（生反馈）．如果有同学这里左边一格．后面画两格，接着变成三格了，这样的同学有没有？

生：没有．

师：如果有同学这样画，我们不看就知道它画出来的线平不平行？

生：不平行．

师：肯定要相交，凡是平行线它的格子之间都一样的，要不就是一格、要不就是两格．哪位同学会用没有方格的图画的，你是怎么画的？

生：我是用尺子在这条线的头上量出 1 厘米点一点，然后到末尾再量出 1 厘米再点一点，然后再连起来．

师：连起来，你们觉得他的方法好不好？

生：好．

师：这位同学尽管他自己去画，但是和我们在方格上画的却有异曲同工之妙．因为他这里确定 1 厘米那里也确定 1 厘米说明平行线之间的距离怎么样的？

生：一样的．

师：都要一样，很不错．现在我们把这两幅图画完了，把这条直线也标上两个字母 CD. 这就是两组相互平行的直线，它们之间的关系我们可以怎么表述呢？我们一起来填一填．

根据图示，引导学生表述：AB 与 CD 是相互平行的直线，我们可以说 AB 是 CD 的平行线；也可以说 CD 是 AB 的平行线．

师：用你画的图，同桌之间说一说．（生：同桌之间相互表述．）

【反思】 标准地画平行线不是本节课的教学目标，而借助方格，让学生试画，是借助平行线的特点，因此，"画"仍然是认识平行线的一种方式，在"画"的过程中，进一步理解平行线之间的距离相等，体会到平行线就是把一条直线平移而成，真正的"画法"不急于教学．就像认识数的过程中，有时有些简单的运算，运算本身不是目的，而恰好是加深认识数的一种方式．

3. 认识垂直

（超级画板课件演示）师：这是一组平行线，大家一起来看看，它们会发生怎样的动态变化？（演示操作，见图4-5）其中一条直线变短了，还是不是平行线？

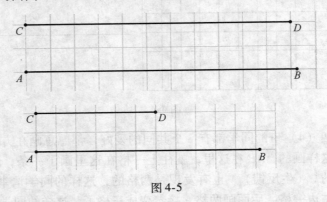

图4-5

生：是.

师：长短不重要，当然我们画的时候，一般情况下画的都差不多长，看起来美观，但是我们心里清楚，你哪怕画得短一点，也是表示直线，可以无限延长. 你们看看现在还是不是平行线（图4-6）？

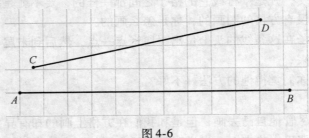

图4-6

生：不是.

师：是不是平行线了？

生：不是.

师：因为它们已经是相交了，但我转到这里的时候很特殊，有没有发现. 这两条直线相交出了一个什么角（图4-7）？

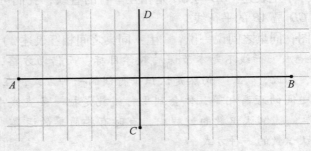

图4-7

生：直角．

师：这是相交中的一种特殊情况，它有一个特殊的名字，叫什么？

生：垂直．

师：相交成直角叫做垂直．刚才有很多人一直在说垂直，其实它是相交当中的一种特殊情况．

师：如果我再转一转，还垂直吗？

生：不垂直．

【反思】 在平面上的两条线，一条直线不动，另一条直线不断变化，感受到直线与直线之间关系的变化，不受两条直线外形的影响，从是否相交及相交的角度来判断，不相交则平行，相交成直角的特殊情况则是垂直．

师：现在我们知道了什么叫两条线相互垂直，一起来看一看这段话，一起读一读．

生：当两条直线相交成直角时，我们就说这两条直线相互垂直，其中一条是另一条的垂线，它的交点叫做垂足．

师：下面两组直线是相互垂直的（图4-8、图4-9），我们也能像学习"平行线"一样，说一说吗？

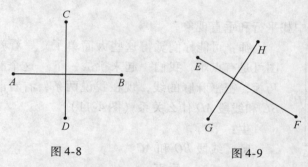

图4-8   图4-9

生：直线 AB 与 CD 是相互垂直的直线．AB 是 CD 的垂线．CD 是 AB 的垂线．

师：同桌之间，每人选择其中的一组相互说一说．

4. 呼应游戏中的数学问题

师：课前我们曾经说到"比眼力扔小棒"的游戏中有数学问题，现在大家回想一下，一堆小棒散开，两根小棒之间有几种不同的关系，现在你知道了吗？

生：有的平行，有的相交，有的相交成直角，那就是垂直．

【反思】 一个良好的学习情境应该是贯穿在学习的过程中，不是教学的敲门砖，而是一条学习的线索．

（四）多层次练习，发展学生空间观念

1. 找一找

（1）在基本图形中找平行和垂直现象．

师：几何世界中垂直和平行的现象很多，下面这些已经认识的图形中哪些线段是相

互平行的，哪些线段是相互垂直的（图4-10）.

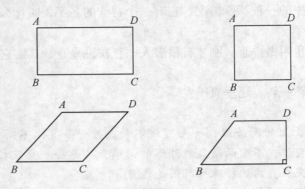

图 4-10

生：线段 *BC* 和线段 *AB* 是相互垂直的，线段 *AB* 是线段 *BC* 的垂线也可以说是线段 *BC* 是线段 *AB* 的垂线.

师：嗯，你现在只说其中的一句也可以. 这里一共有这么多图，同桌之间相互说一说，一人一次.

（2）在七巧板中找平行和垂直现象.

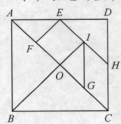

图 4-11

师：可能你们觉得这些太简单了，一看就知道. 下面两幅图可是有点难，我们一起来挑战一下. 这个有特色的图叫做七巧板，密密麻麻的线，现在我说两条，看看能不能找到. 线段 *BC* 和线段 *AD* 什么关系（图4-11）？

生：平行.

师：线段 *BO* 和 *AC*？

生：相交、垂直？

师：相交，当然是对的，如果相交成直角就是垂直，是直角吗？

生：是.

师：那就是垂直，眼力好的人就知道是垂直，看不出来的相交也算是对的. 再来一个难的. 线段 *AB* 和线段 *IG*？

生：平行.

师：其实这里面垂直、平行线很多很多.

（3）在立体图形中找平行和垂直现象.

师：我们来看立体图形（图4-12），眼睛看清楚哦，*AD* 和 *BC*？

生：平行.

师：不错，*HG* 和 *FG*？

生：相交、垂直.

师：眼力好的同学和眼力不好的同学就有区别. *HG* 和 *FG*？

生：垂直.

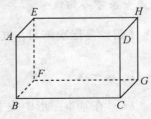

图 4-12 长方体

师：AE 和 CD？

生：垂直、平行．

师：这可不光是眼力的问题．AE 和 CD？

生：毫不相干．

师：它们平行吗？

生：不平行．

师：它们会相交吗？

生：不会．

师：它们在同一个平面上吗？

生：不在．

【反思】 判断两条直线是否平行和垂直，不是局限在一个平面上出现两条线直接判断，而是置身于平面图形中，这样的判断也是对平行与垂直的巩固，同时又为以后认识不同四边形的特点积累经验．置身在七巧板这样的复杂的图形以及在立体图形中来寻找平行和垂直的线段，既是训练从复杂的图形中寻找指定的图形，又是实现二维图形和三维图形之间的转换，这些都是发展学生空间观念的有效形式．

2. 动手摆一摆，动脑想一想

（1）基本动作表示平行和垂直．

师：现在我们要活动活动了，用一个动作来表示平行，你打算怎么表示．（学生自己动作演示）我觉得这位女同学表示得很好，你来站起来给大家看一下．你为什么这样表示啊？

生：因为我伸出的手始终与肩膀这么宽，所以就平行了．

师：请你用一个动作来表示垂直，举手习惯好的人就表示得好一点，他这样表示肯定很好的．（有的学生就是一个举手的动作，所以老师这样说学生都会意地笑了）

【反思】 动作可能不一定标准，但学生心里想表达的意思，恰好是平行与垂直的最基本的特点．

（2）复合操作思考平行和垂直．

师：最关键的操作现在开始，请同桌之间准备好三根小棒，第一步，请把第一根小棒摆在桌子上，摆第二根小棒与第一根小棒平行．

师：关键的第三根开始了，第三根小棒也与第一根小棒平行．

师：好，请同桌之间思考一下第三根小棒与第二根小棒之间什么关系？

生：平行．

师：我现在就把平行的两个字改成了垂直，题目变成这样了．摆第一根小棒，不摆了，脑子里摆，第二根小棒与第一根小棒垂直，第三根小棒也与第一根小棒垂直．按这样推理，第二根小棒与第三根小棒什么关系？

生：垂直（平行）．

师：我前面就把平行改成了垂直，它的结果改了没有？

生：没有．

师：我们来验证一下．摆一根垂直，摆一根垂直，这两根垂直吗？

生：不垂直．

生：平行．

师：（结合板书）我们不能因为前面一题"平行平行填平行"，后面一题就是"垂直垂直填垂直"，数学的推理可不是这样哦．

【反思】 从两条直线到三条直线之间的关系，平行和垂直相互结合，教学时，也可以让学生先在脑子里想一想，再动手操作验证，这对于发展学生的空间观念特别有利．在设计题组时，往往学生会受到前面一题的影响产生"负迁移"，这种对"思维定式"的突破，利于学生灵活思维品质的形成．

3. 判断对错

师：现在我们来判断对错，这可是要讲道理的．下面这样的两条线它们平行吗（图4-13）？

图 4-13

生：不平行（平行）．

师：在不在同一平面内？

生：在．

师：都画在屏幕上了，会不会相交？

生：不会．

师：平不平行？

生：平行、不平行．

师：好，在有争论的时候我们还是希望举手表决．认为这个判断是对的请举手，认为是错的请举手，请说明理由．

生：因为这两条线是弯的，不是直的，不是直线．

师：这样动一动变成两条直线了，它们平不平行啊（图4-14）？

图 4-14

生：平行．

师：道理明白了吧．

师：下一个判断"在一个平面内，两条直线不是相互平行就是相互垂直"？

生：不对．

师：谁来说明理由？

生：是错的，相交而且形成一个直角才是垂直，而万一形成一个锐角或钝角也叫相交，所以错的．

师：好，在同一平面内两条直线有相交和不相交两种．但是相交的情况当中除了垂直以外还有其他一般的情况呢，这样的直线垂不垂直（图4-15）？

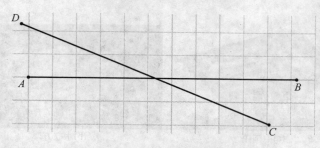

图 4-15

生：不垂直．

【反思】 曲率相同的曲线也不会相交，但并不平行；学习了平行和垂直以后，学生容易产生不"平行"就"垂直"的错觉，这些概念的思辨，都利于学生深刻认识"平行"和"垂直"的概念．

4. 动态变化挑战题

师：下面我们来个挑战题，动手画一画，看谁画的点多（图4-16）．

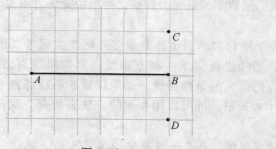

图 4-16

（1）先在方格纸上画上一条直线 *AB*.

（2）准备画出到直线 *AB* 的距离等于 2 厘米的点．

（3）时间只有 30 秒，先想好，听到开始口令再一起开始画．

（4）准备好了吗？

学生开始会找到一个个符合条件的点，但是当找到多个点以后，慢慢地会有更多学生意识到就是一条平行线．

【反思】 这种变式的练习，考量学生的灵活思维，能使不同的知识和技能实现转译，与直接画一组平行线相比，更有思维含量．同时，也渗透了平行线间的距离处处相等这个重要性质．

（五）欣赏生活中的平行和垂直现象，感受到数学美

师：在我们生活中也有很多的平行和垂直现象，我们一起来欣赏一下．

先后出示 "世博会中国馆、水立方、中银大厦、杭州湾大桥、五角大楼、金字塔" 等（图4-17）．

|(a)中国馆|(b)水立方|
|(c)美国五角大楼|(c)金字塔|

图 4-17

师：只要我们用数学的眼光去观察，生活中充满着垂直与平行的现象．因为生活处处都有数学．

师：当然关于平行和垂直也还有很多问题要去思考．比如说我们今天这样画好像随随便便画的、老师也提供了一些方格纸，那如果没有方格纸那怎么画呢，所以还得研究．今天我们研究的是两条线，如果以后 3 条线那是一种什么关系，如果 4 条线呢，那是一种什么关系，都可以用今天的方法去研究．就让我们带着这些问题继续去思考．

【反思】 欣赏数学，也是一种重要的学习活动．既让学生感受到数学在生活中的应用，又能让学生体会到数学的美．课堂结束的时候，不一定都解决了所有的问题，而是又能够基于新的学习成果提出新的问题，或许这是一种更好的承上启下的设计．

设计：唐彩斌
整理：杭州市天长小学　袁慧娟

第二节　三角形内角和

三角形内角和定理是学生在小学阶段图形与几何领域中学习的为数不多的定理之一，是演绎几何的重要内容．研究好此课的教学，对小学阶段此类内容教学的研究有触类旁通的作用．

研究一节课，自然要从学生的起点开始．对于三角形内角和是 180 度，大部分四年级下学期的学生在学习本课前已经从不同的途径或多或少知道一些．笔者曾在温州和杭州的两个开课班级中进行前测，同时参阅了杭州崇文实验学校徐卫国老师的调查数据，汇总如表 4-1 所示．

表 4-1 学生关于三角形内角和定理知晓程度的调查统计

问 题	你知道三角形三个角的度数和是多少吗?( )		
地区和班级	总人数	答对人数	正确率
温州市少年艺术学校四(2)班	32	24	75.0%
杭州长青小学四(3)班	33	32	97.0%
杭州崇文实验学校及时代小学*	129	120	93.0%

注:四所学校均为生源条件较好的学校;

＊为徐卫国老师关于三角形内角和一课的前测数据

从表中看出,学习本课之前,知道三角形内角和定理的学生人数已经大大超过 50%.这一高起点形成的原因可能很多,其中一个重要原因是学生四年级上学期学习 "角的度量"后,各种版本的教材及配套作业本的练习题中,均有要求测量三角形三个 内角,并要求学生回答"你发现了什么"之类的拓展性练习.在完成该项练习之后, 出于反馈和深化拓展的需要,大部分教师或家长都会将"三角形内角和是 180 度"这 一结论告诉学生.

在理解的基础上,适当地提前教学,当然是可以的.然而,众所周知的是,因为测 量误差的缘故,个别学生很可能计算出的内角和并非是 180 度.此时,面对亲自测量得 出的数据与师长给予结论的不一致,或者说,面对从教师、家长等权威那里直接获取的 未曾亲手实证的结论,学生是全盘接纳、深信不疑,还是曾经怀疑,甚至有过想要验证 的冲动呢?笔者的调查统计如表 4-2 所示.

表 4-2 学生学习前对三角形内角和定理信任程度的调查统计

问 题	当初听到这个知识的时候,你是马上相信了呢,还是有一点怀疑?( )		
地 区	总人数	无怀疑	有怀疑
杭州某校四年级班级	33	25(75.8%)	8(24.2%)

综上所述,三角形内角和定理已经成了学生学习本课前的一个众所周知、从不怀 疑,甚至无需验证的"公理".就像一部毫无悬念的影片一样,本课的教学也就陷入了 典型的学生已知结论,同时又明显缺乏学习动机的尴尬境地.

一、你确信吗? ——唤醒质疑精神

所幸的是,在调查中有 8 名学生对"三角形内角和是 180 度"曾经表示怀疑,笔 者将学生的怀疑整理如下:

第一类:对测量误差的困惑.

●不会这么巧吧? 1 位

●我怀疑是不是真正的 180 度? 2 位

这是测量存在误差的学生的真实想法,他们都已经知道三角形内角和是 180 度这一 知识,但知道与接受是两码事,他们内心仍然保留着曾经的困惑.

第二类:对不同的三角形内角和都相等表示怀疑.

● 难道全部的三角形（内角和）都是一样的？　　2 位

是啊，各种各样的三角形，有的大，有的小，形状千奇百怪，变式很多，它们的内角和怎么可能会都相等．这是一些学生在学习本课之后仍然困惑的一个问题．

第三类：对三角形内角和等于 180 度的原理性困惑．

● 为什么不是 360 度？　　1 位

● 180 度是怎么来的？　　1 位

● 我知道正方形内角和是 360 度，三角形少一个角应该是 270 度才对．　　1 位

学生知道"三角形内角和是 180 度"，但为什么三角形内角和是 180 度，三角形形状千变万化之中，蕴涵着内角和的不变，背后究竟是什么原理？验证只能说明定理成立，而无法满足学生对于原理层面的认知渴求．

以上这些合理的怀疑（或者说是困惑）尽管是少数几个学生提出来的，然而其他无怀疑的学生也不是铁板一块，不是毫无疑问．而是因为，长期的学习经历告诉他们，师长、权威的话一定是对的，因此未曾去思考过这些问题．

学生的从众心理是"天然"的，而质疑和批判的精神有时是需要培养和提醒的．于是，笔者设想，何不借学生的怀疑，向全体学生提出这些他们从未思考过的问题，引发他们的困惑，先破再立，最后在有意义的理解和强有力的验证中，重新认同．以下是课堂里的几个片断．

片段一

起——从学情出发，直接入题

（1）数学课上看到 180，你想到了什么？

生 1：三角形的内角和是 180 度．

师课件出示：三角形内角和 = 180 度．

生 3：我知道平角是 180 度．

设计意图：通过回忆引导学生理清与 180 度有关的知识，既能很快入题，同时又通过复习平角的知识，为后面应用平角知识验证三角形内角和埋下伏笔，一举两得．

（2）平角是 180 度大家应该都很清楚．三角形内角和是 180 度我们好像还没学过．不过前天朱老师的调查发现，你们好像都已经知道了，对吧！

破——激发疑问，梳理问题

（1）师：你们确信吗？

生（自信地点头）：确信．

师：所有的三角形内角和都是 180 度？

生：都是．

师有意停顿．个别学生开始似乎有些迟疑．

（2）师出示一些大小、形状变化较极端的三角形．如图 4-18 所示．

师依次出示，问：这个三角形是多少度？……这个呢？还是吗？现在还确信吗？

（面对一连串从来没有思考过的问题，大部分学生依然自信满满，深信不疑；个别学生开始发愣，但并没有表示不同意见．）

在上次的调查中，有 8 位同学，对"三角形内角和是 180 度"这个大家公认的知

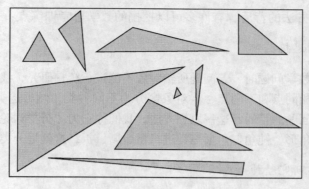

图 4-18

识提出了他们的怀疑. 想看看他们的怀疑吗?

师课件出示以上 8 个学生的怀疑（略），让学生默看.

设计意图：8 位学生的怀疑，逐渐点燃了学生内心的求知焦虑，他们突然发现曾经深信不疑的三角形内角和定理还有那么多的疑问和困惑值得讨论，想要据理力争，又一下子找不到证据，学生已然进入愤悱的状态.

师：我们把这些怀疑理得更清楚一些，给它归归类，大致有这样的三种问题. 课件出示：

- 所有的三角形内角和都正好是 180 度吗?
- 怎样证明三角形内角和是 180 度?
- 三角形内角和为什么会是 180 度呢?

师：来，让我们循着这三个问题，来好好研究三角内角和.

......

"不怀疑不见真理". 学习有时固然要被动的接受，但更需要主动的索取和建构，而引发质疑恰是主动索取的契机. 学生对三角形内角和定理无意义地去识记知识、学习方法，自然比不过通过质疑之后对知识本质引起更积极的学习需求和更深刻的认识.

二、有误差怎么办? ——改进直观操作

验证三角形内角和的方法有很多，小学四年级学生可能想到的方法主要是度量求和、撕拼、折叠等. 如前所述，度量求和的方法学生经历过，而后两种方法只要教师善加引导，学生也能发现，然后强调一些操作上的注意事项，学生也就一看便会.

然而，这些验证方法真的是教学的重点吗?

很明显，量、撕、折等方法都存在着不严密、有误差的缺点，只能算是验证，并不能算是严格的数学证明，到了初中学生还会学到"添加一边的平行线将三个内角移到一旁"等比较严密的数学证明方法. 因此，如果认为这节课就是教会学生用这几种方法去验证定理的话，其对学生数学能力的提高和对后续学习的价值不大.

笔者认为，本课不妨以验证"三角形内角和是否是 180 度"为范例，引导学生经历比较完整的验证思维全过程，初步培养学生逻辑思维的严密性，这才是本课的核心价值目标.

量、撕、折等方法的背后，有许多可以挖掘的数学思考训练点：

1. 分类讨论的思想

在研究和解决数学问题时，若问题所给对象不能进行统一研究，我们就需要根据数学对象的本质属性的相同点和不同点，将对象区分为不同种类，然后逐类进行研究和解决，从而达到解决整个问题的目的，这一思想方法，我们称它为"分类讨论的思想"．选择锐角三角形、直角三角形、钝角三角形三类进行量、撕、折，这就是分类讨论思想的应用．

2. 严谨的数学研究精神

三种方法是有层次的，撕、折的方法事实上是将量三个角改进为通过撕、折只用量一个角（即平角），误差的程度自然也就不同．引导学生不断地发现误差，直面误差，设法改进方法，减少误差，甚至能"消灭"误差，学生就能在这一过程中得到严谨的数学研究精神的洗礼，对今后学习和人格塑造都大有裨益．

3. 为中学证明方法渗透思想方法基础

撕、拼两种方法的精髓不在于操作，而在于其背后的思想方法，即设法将三个角转移到一起合并，而中学里利用平行线内错角相等将三个角移到一起的证明方法的原理也是如此，在教学中，有意识强调这一思想方法，对初中的学习有一定好处，对提升学生的数学思考更有益处．

基于以上思考，在教学"验证方法"这一环节，笔者设计了下面的教学流程．

片段二

立——验证三角形内角和

（1）师让学生交流前一天测量的三角形内角，分别汇报每个内角和内角和，然后引导学生发现测量结果都很接近 180 度或是 180 度．但因为存在误差，所以还不能验证三角形内角和都正好是 180 度．

（2）师：你觉得为什么会这么多的结果呢？

生1：可能是这些同学量的时候量错了吧！

生2：量角器量不好，我一会儿量的时候是 181，一会儿就 180 了．

……

师：不错，摆量角器的时候、读刻度的时候，难免都会出现一些误差，每个角都有误差，三个角加在一起，误差就更大了．想想看，量三次，误差就大，那么应该怎么样减少误差呢？

生3：想办法让量的次数少一点．

师：说得太对了，那么怎么样才能让量的次数减少呢？

生4：我觉得可以想办法把三个角放到一起来，量一次就可以了．

师：太棒了！那怎么样才能把三个内角放到一起来呢？

【设计意图】 量一量、撕一撕、折一折三种方法，并不在同一个层面上．从某种意义上说，撕、折是一种改进后的测量方法，也就是把三个内角设法集中到一起进行测量，这种思路实际上与中学中用平行线将三个角移动一旁的数学证明基本思路是相通的．因此，将测量放在课前完成，节省有限的教学时间，讨论测量误差，引导学生努力设法减少操作的误差，追求数学研究的精确与严密，很自然地引发了学生将三个内角拼到一起的想法．

（3）师：看来，我们得想想其他办法．这样，接下来，四人小组合作，思考用其他办法验证所有的三角形内角和都是180度．老师这里有很多三角形可以提供给你们，但是只有你们思考过下面几个问题之后，才可以到这里领取．

出示研究方案纸（图4-19）.

验证：所有的三角形的内角和都是180度.

小组讨论，想一想：

（1）选择怎样的材料去验证，才能说明所有三角形的内角和是180度.

需要的材料：_____个三角形，分别是_____

（2）你们觉得用什么好办法验证，才能做到让别人心服口服？

_____

（3）选择好研究的方法后，组长给自己的组员分好工，再开展研究.

图4-19

可供学生选择的材料有各种大小形状各异的锐角三角形、直角三角形、钝角三角形，教师放手让学生自由选择材料进行研究．课堂观察发现，学生主要有两种选择：①选择锐角三角形、直角三角形、钝角三角形各一个进行研究；②选择一大一小的三角形各一个进行研究．事实上，这两种选择材料的想法都是基于不完全归纳法，都是从每一种类型中选择几个特例进行验证的方法，无所谓优劣．前者目的是为了验证不同形状的三角形内角和是不是都是180度，而后者则是为了验证不同大小的三角形内角和是否是一样的，其验证角度可以互相弥补，都体现了很好的分类讨论的数学思想．在反馈环节，教师引导学生先交流选材，说说为什么要选择这几种材料，引导学生得出：

（1）当要研究的材料很多时，我们不可能全部去研究；

（2）对材料进行分类，再从每一类中选择一种去研究比较好．

（3）我们用一个锐角三角形代表所有的锐角三角形；用一个直角三角形代表所有的直角三角形……

在对学生分类讨论的做法予以充分肯定之后，接着一一展示了学生撕、折等方法，问：这两种方法虽然操作不同，但思路上有一点是一样的，你们发现了吗？引导学生发现都是把三个角集中到一起．

三、一个能代表所有的吗？——走向严密推理

至此，大部分的教学设计便会引导学生得出结论．然而，笔者认为，此时下结论还有以下两个问题：

（1）撕、折仍然存在误差，立即下结论就是无视个别误差存在的事实，不利于学生尊重事实、重视数据的理性精神的培养．

（2）就像"看到一个苹果是红的，不能以此推断所有的苹果是红的"一样，这种

仅从"有限个三角形内角和是 180 度"就推论"所有三角形内角和都是 180 度"的验证思路，从数学证明的角度看，是不可靠、不严密的．诚然，这是小学生思维特点所决定的，许多数学定义和命题只能用不完全归纳法进行阐述和验证．但是笔者认为，在学生学好用好不完全归纳法的同时，适当地让学生认识到这种不完全归纳法存在的缺陷，对提升他们的数学思维严密性，为初中的学习打下基础有一定的好处．

片段三
再破——介绍更严密的工具和方法

1. 改进工具

师：同学们开动脑筋想到了这么巧妙的方法（撕、折），真不错．对于这两种方法，你还有什么想说的，大胆地说出来？

生 1：我觉得还是不能证明，我刚才有一个拼起来好像还和 180 度差一点，有点斜着的．

师：你很有勇气！把自己的真实想法说出来了．量也好、撕折也好，好像都有这样的通病．怎么办呢？

生 2：我觉得只要是用人工的办法就有问题．

全班大笑．

师：人工不行，那你觉得该用什么办法？

生 2：我也不知道．

生 3（微弱的声音）：用电脑……

师：有人提出用电脑量，不错，我们可以用电脑来帮忙．

师演示用超级画板直接对三角形内角度量并求和的过程，同时拉动三角形任意一个顶点，依次变成锐角三角形、直角三角形、钝角三角形，超级画板即时地测出角的度数值，同时计算出内角和，如图 4-20 所示．

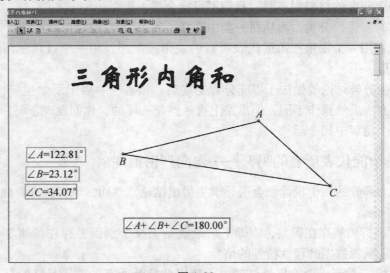

图 4-20

……

【设计意图】 量一量的方法存在误差，其实并不是方法的问题，而是工具的问题．因此，不能否定量的办法，相反，这是一种体现实证精神的好办法．（计算机技术在数学研究领域的应用，已经在逻辑推理证明之外，发展出了另一种证明方式——计算机实验证明．）快速精准的计算机测量非常直观、且令人叹服．至此，一直困挠本课验证过程的误差终于被减少到 0，再也不会有学生怀疑"是不是真正的 180 度"了．

2．介绍更严密的方法

师：到现在为止，误差已经不存在了．你还有什么想说的？

生 1：电脑真神奇啊！

生 2：我想知道电脑是怎么量的？

生 3：原来我只是觉得三角形内角和好像是 180 度，现在我相信这是真的了．

……

师：还有问题吗？

生（齐声答）：没有了．

师：老师这里还有一个问题，刚才我们验证的时候，分别选了一个锐角三角形、一个直角三角形、一个钝角三角形去量，对吗？

生：对．

师：而且同学们的意思是，这一个锐角三角形用来代表所有的锐角三角形，是吗？

生：是．

师：请同学们再仔细想想，锐角三角形的形状各种各样，凭什么这一个锐角三角形内角和是 180 度，所有的锐角三角形就都是 180 度呢？举个例子说，我们看到一个苹果是红的，我们就认为所有的苹果都是红的，这样想可以吗？

生（似有所悟）：不可以．

师：所以，刚才的思路还有漏洞．怎么办？

……

师停顿一会儿后，用课件向学生展示将长方形分割成两个完全一样的直角三角形，从而推导出直角三角形内角和、再由直角三角形推导出锐角三角形、钝角三角形内角和的验证方法，见图 4-21．

在推导的过程中，教师着重追问以下几个问题：

（1）是不是所有的长方形内角和都是 360 度？

（2）是不是所有的长方形都可以分成两个直角三角形？反过来，是不是随便一个直角三角形都可以从一个长方形分割得到．

（3）是不是所有的锐角三角形都可以分成两个直角三角形？

（4）是不是所有的钝角三角形都可以分成两个直角三角形？

【设计意图】 强调所有，是为了引导学生看到一个三角形，联想此种类型的所有三角形，从而体会到这种推理证明方法的严密性．从课堂反应来看，大部分学生能够跟上教师的节奏，理解这种推理思路，并且主动思考．

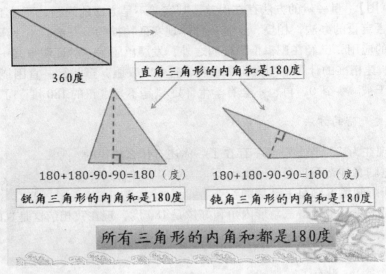

图 4-21

四、为什么内角和会一样？——深化理解

内角和是 180 度已经获得证明，但还会有个别的学生可能存在这样的困惑：三角形形状都不一样，内角大小也不一样，和为什么会一样？

笔者再次用超级画板软件动态演示，拖动一个顶点，改变三角形一个内角的大小，引导学生观察三角形三个内角的变化，学生发现一个内角在变大的同时，另外两个内角在变小，一个内角在变小的同时，另外两个内角也就会相应地变大，也就是说三个角的变化存在着某种对应关系，如此一来，它们的和永远固定在一个值上．这个值为什么就是 180 度呢？笔者再拖动顶点向对边移去，引导学生观察，发现顶角在不断变大，底角在不断变小，当顶点移动到对边上时，顶角就是 180 度，而两个底角就是 0 度，三角之和就是 180 度；再重新移出对边，则顶角由 180 度逐渐变小，两个底角随之变大．动画演示形状变化的同时，三个内角的数据同步显示，便于学生观察．

至此，课的主要环节已然结束．回顾整体思路，质疑、验证、修正方法，不断地缩小误差，不断地提升思维的严密性，最终以小学生所能理解的方法比较严谨科学地证明三角形内角和定理，学生不仅对三角形内角和定理有了更加全面的认识，知其然，更知其所以然，更体验了一把数学的理性精神的洗礼．

五、思考与启示

"独立思考，不迷信权威；尊重事实，不感情用事；思辨分析，不混淆是非；严谨推理，不违背逻辑．"这是作为数学文化之一的理性精神的重要内涵．"三角形内角和"一课，从对权威的毫不怀疑到出现质疑，而后讨论验证材料，不断地提出验证方法，教师又不断地进行追问，引导学生不断地发现原本以为很正常的问题，反思、修正、重构，在验证结果逐渐地逼近 180 度的同时，学生的验证思维也在不断地走向严密，走向数学思维的本质，体会到了数学独立思考、勇于批判的理性精神，受到数学学科文化的熏陶.

此外，由一节课推广到一类课，几何定理证明课、运算定律验证课都是培养学生理性精神的重要资源与途径. 笔者认为是否可以在培养小学生的思维严密性上，在初步培养学生的理性精神上，从以下三个方面开展一些思考和实践：

（1）有意识地在数学思考上，帮助学生逐步实现从基于直观操作的思维训练向抽象推理思维培养过渡. 因此，小学高段教学中要选择一些合适的课例，抓住学生直观操作中表现出的思维基点、联系点或是亮点，进行系统地提炼，并循序渐进地开展训练，逐步帮助学生摆脱对外在操作行为的单纯依赖，将数学思考转向内在的推理思维，引导学生认识到逻辑推理的思维价值，从而有效地过渡到严密、抽象的逻辑推理思维.

（2）小学数学教学中涉及的运算定律、几何定理的验证教学中，不仅要组织学生设法验证（或证明）结论，而且应当精心设计，从意义、原理等层面帮助学生理解这些结论. 如表 4-3 中几个典型知识点的教学便是如此.

表 4-3

教学内容	结论验证	意义或原理层面的理解
乘法分配律	通过计算验证 $(a+b) \times c = ac + bc$	从乘法的意义层面，理解 a 个 c 加上 b 个 c，一共就有 $a+b$ 个 c
角的大小和两边叉开的大小有关，和两边的长短无关	通过活动角的张开和合拢，观察角的大小，得出结论	通过渗透角的动态定义（一条射线绕着它的端点从一个位置旋转到另一个位置所形成的图形叫做角）理解角是旋转而成的，因此和两边长短无关
周长相等，圆的面积最大	通过计算周长相等的平面图形的面积，得出结论	从正多边形中心向所有顶点作线段，将其分割为多个全等三角形. 周长相等的情况下，该正多边形的面积为周长×三角形的高÷2，周长相等，正多边形的边数增加，三角形的高就会逐渐伸长，面积就会扩张，一直到圆. 因此，圆的面积最大

（3）应当把培养尊重事实、不迷信权威的理性精神，作为数学课程的一个核心价值目标. 教育是一个系统工程，不同课程根据学科本身的特点都要从不同角度为这一系统服务，各自做好各自该做的事. 相对于文科的感性特点，数学学科的核心文化就是理性精神. 在教学中，我们应当帮助学生排除盲从、浮躁的心态，引领他们追本溯源，亲手获取真实数据，脚踏实地实践验证，严密推理，培养严谨、科学、实证的治学态度，从中体验思维的乐趣，塑造儿童的理性精神，为培养学生完整的人格服务.

让可爱的孩子们在数学思想文化的滋养中，品味数学独特的魅力吧！

设计执教：温州市少年艺术学校 朱 力

第三节 三角形的面积

教学内容 义务教育实验教科书浙教版小学《数学》四年级下册.

教学目标

（1）经历操作、观察、比较、讨论、归纳等探索活动，深刻体验三角形面积计算公式的推导过程，并能应用公式解决简单的实际问题.

（2）进一步体会转化方法的价值，感知转化的数学思想和运用转化思想思考问题的方法，发展实践能力，丰富空间观念.

（3）培养合作研究、共同发展的学习品质.

教学过程

一、创设情景，渗透方法

师：这是什么图形（图4-22），你会计算它的面积吗？说一说怎样算.

生：是平行四边形，平行四边形面积＝底×高.

根据学生的回答，板书：平行四边形的面积＝底×高.

师：你能把这个平行四边形等分成两个 完全相同 的三角形吗？该怎样分呢？

预设：学生思考后，提出连接平行四边形的对角线的两种分法（图4-23、图4-24）.

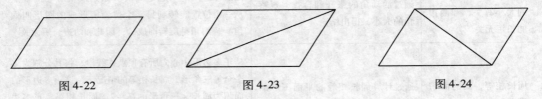

图4-22　　　　　　　　图4-23　　　　　　　　图4-24

师：课件演示两种操作方法.

师：假如这个平行四边形的面积是20平方厘米，那么其中一个三角形的面积是多少呢？

生：10平方厘米.

二、顺势导入，探究新知

1. 顺势导入

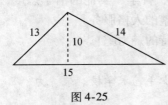

图4-25

师：刚才我们借助已知的平行四边形的面积，知道其中一个三角形的面积. 如果任意给出一个三角形（图4-25），我们用什么方法来知道它的面积呢？

预设一：

生：知道面积公式就可以了.

　　预设：学生会意识到唯一的办法是知道三角形的面积计算公式，激发学生主动探究的欲望．

　　师：老师也认为要想求出这个三角形的面积，就要知道三角形面积的计算公式．这节课我们就来共同研究三角形的面积计算公式．

　　（板书课题：三角形的面积）

　　师：思考一下，我们该怎么去研究三角形的面积公式呢？

　　生：像研究平行四边形的面积一样，转换成其他图形．

　　师：我想这位同学说的是一种非常好的方法，我们可以用几个三角形拼成其他图形来进行研究．我们来看看活动步骤！

　　预设二：

　　生：它的面积是 $15 \times 12 \div 2$，也就是底×高÷2.

　　师：你怎么知道的？

　　生：因为平行四边形可以分成两个一样的三角形，底×高是平行四边形的面积，那么再除以 2 就是一个三角行的面积啊！

　　师：好像很有道理嘛！那到底是不是这样的，三角形和平行四边形或其他图形到底有怎样的关系，我们得来证明一下，请看我们接下来的活动要求！

　　活动要求：

　　（1）我是拼成＿＿＿＿＿＿形的（长方形、平行四边形……）．

　　（2）我选择了＿＿＿＿＿个＿＿＿＿＿三角形（直角、锐角、钝角）．

　　（3）三角形的面积与拼成的图形有什么关系？请用算式表示出来．

　　（4）三角形的面积公式可以怎么表示？

　　2. 动手实验

　　师：老师已经给每组同学的学具袋中准备了三角形学具，请同桌各选择其中的一份三角形进行实验，推导三角形的面积计算公式，比比看，哪个小组想出的方法多，做得快．

　　3. 展示成果，推导公式

　　师：同学们经过猜想、验证，已经推导出了三角形面积的计算公式，你们是如何拼成的，又是如何推导三角形面积计算公式的？让我们一起分享你的成果．

　　【设计意图】　教师根据了解到的情况，让学生展示汇报时，遵循由易到难道原则，并指导学生用正确的方法操作，用规范的语言把分析推理过程表述给同桌听．

　　展示一：把两个完全一样的钝角三角形拼成平行四边形（图4-26）．

　　教师巡视观察学生的活动，让第一种拼法的学生上台展示，并把第一种拼法的过程展现在白板上．

　　生：我是拼成平行四边形的，我选择 2 个钝角三角形，我发现平行四边形的面积是钝角三角形的 2 倍，三角形面积 = 平行四边形面积 ÷2.

　　师：说得真好！你这句话的意思也就是三角形面积 = 平行四边形面积 ÷2（板书）

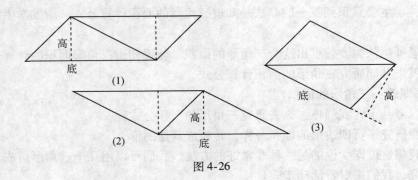

图 4-26

那这个三角形面积怎么用公式表示呢？

生：三角形的面积 = 底 × 高 ÷ 2.

师：底 × 高是指什么？

生：底 × 高是指平行四边形的面积.

师：那为什么三角形的面积可以用平行四边形的面积来表示呢？

生：因为图中说明了三角形面积是平行四边形面积的一半，并且三角形的底与高和图中平行四边形的底和高是一样的.

师：有谁听懂他说的意思了？（再请一位学生来说一说）

师：原来用两个完全相同的钝角三角形拼成的这样的平行四边形与这个三角形的底与高是一样的，所以我们可以用"底 × 高 ÷ 2"来求面积. 那两个完全相同的钝角三角形还有其他拼法吗？也是这样求面积吗？

生：预设（请其他学生来展示，教师用课件演示说明）.

钝角三角形的面积就是底 × 高 ÷ 2

根据学生的回答，教师板书如下：

三角形面积 = 平行四边形的面积 ÷ 2
= 底 × 高 ÷ 2

师：那锐角三角形呢？有谁用锐角三角形来证明的吗？

展示二：把两个完全一样的钝角三角形拼成平行四边形（图 4-27）.

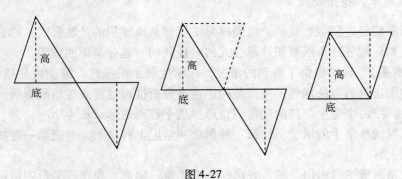

图 4-27

生：我是用两个完全一样的锐角三角形来拼成平行四边形，拼成后发现三角形的底与高和拼成的平行四边形的底与高一样,所以锐角三角形的面积也等于底×高÷2.

师:那直角三角形呢?

展示三:把两个完全一样的直角三角形拼成长方形或正方形,见图4-28.

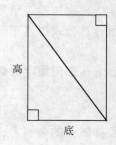 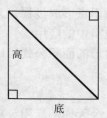

图 4-28

师:观察图形,我们把拼成的长方形和正方形与原来的三角形作比较,你能发现它们之间的关系吗?请你根据拼成的图形,再次推导三角形面积的计算公式.

根据学生的回答,教师板书如下:

$$三角形面积 = 长方形的面积 ÷ 2$$
$$= 长 × 宽 ÷ 2$$
$$= 底 × 高 ÷ 2$$

展示四:把一个三角形沿两边中点的连线剪开,拼成一个平行四边形(图4-29).

(展示四:这种情况出现的可能性极小,因为目前学生已有的知识不够.)

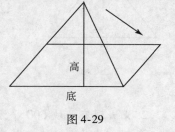

图 4-29

师:图中,剪拼成的平行四边形与原来的三角形比较,平行四边形的底和高与三角形的底和高有什么关系?根据拼成的平行四边形,怎样推导三角形面积的计算公式呢?

根据学生回答,教师板书如下:

$$三角形面积 = 平行四边形的面积$$
$$= 底 × (高 ÷ 2)$$
$$= 底 × 高 ÷ 2$$

所以,三角形的面积 = 底×高÷2.

课件呈现3种证明方案.

师:请同学们仔细观察上面的三种方案,从两个三角形变成平行四边形或是长方形,面积上发生什么变化了?

生:面积是一个三角形的2倍了.

师:是啊!因为由两个相同的三角形,那么以上几种拼法前后什么东西没有改变呢?

生:我发现两种图形的底与高都没有改变.

师:是啊!就因为这样的特点,我们才得出三角形的面积就是等底等高的平行四边形面积的一半.

【设计意图】 学生展示不同的操作方法,在老师的指导下用规范的语言叙述操作方法和过程.老师在白板上同步演示,一方面可以验证学生的操作过程,让学生体验正确操作方法的重要性,积累经验;另一方面,能使学生再次体验三角形与平行四边形面积的关系,关注知识点形成过程,为推导三角形面积计算公式提供正确的指向.同时体会平移、旋转在现实中的应用.

师:平行四边形的面积公式可以用字母来表示,那么如何用字母表示三角形的面积公式呢?

生:$S = a \times h \div 2$.

师:同学们,今天你们运用灵巧的双手,充分发挥敏锐的观察力,应用图形转化的方法,推导出了三角形面积的计算公式,这种转化的方法在今后的学习中会成为我们的好帮手.

三、实践应用,强化新知

1. ★看图 4-30 计算三角形的面积(图中数据单位:cm).

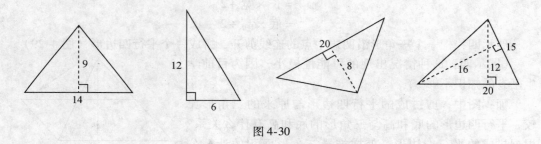

图 4-30

2. ★★现有一块 600 平方米的三角形的空地,世博会管委会想把这块地分成两个直角三角形,请你帮工人师傅测 AB 长边上的高(图 4-31).

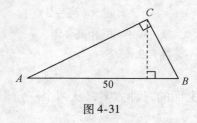

图 4-31

3. ★★★三角形 EFG 和三角形 IFG 同一组平行线内的两个三角形,已知三角形 EFG 的面积等于 6 平方厘米,那么三角形 IFG 的面积是多少平方厘米(图 4-32)?

(在超级画板中拖动 I 点或 E 点图形也随即发生变化,但面积不变.以上题目中★表示难易程度.)

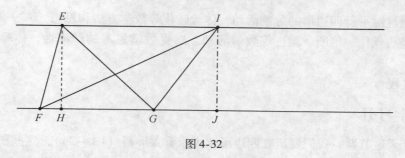

图 4-32

四、回顾总结（略）

看看动态变化图（图4-33），说说三角形的面积公式.

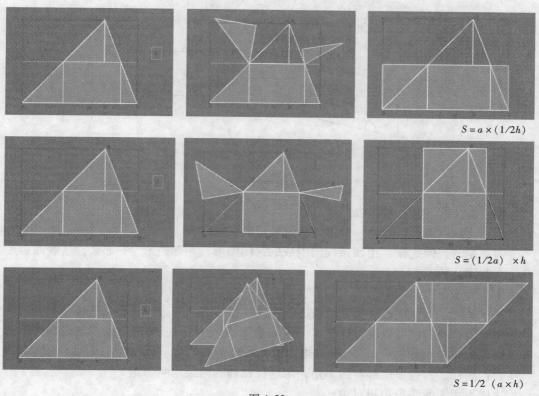

$$S = a \times (1/2 h)$$

$$S = (1/2 a) \times h$$

$$S = 1/2 \ (a \times h)$$

图 4-33

设计执教：杭州市胜利小学　俞小云

第四节　认识平行四边形和梯形

教学内容　义务教育实验教科书浙教版小学数学四年级下册.

教学目标

（1）经历分类、画图等活动，掌握平行四边形与梯形的特征，从而理解和掌握概念.

（2）通过对平行四边形的分割活动，体验转化等数学方法和思想．

（3）经历操作、推断、验证等数学活动，感受数学思考的严谨性，体验数学探究的乐趣．

教学过程

一、学习引入

师：今天这节课，我们要研究四边形，大家看大屏幕（图4-34），这些图中哪些是四边形？

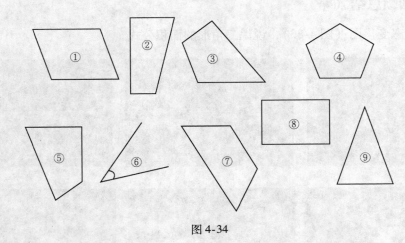

图 4-34

生：①②③⑤⑦⑧是四边形．

生：④是五边形，⑥是一个角，⑨则是一个三角形．

师：是的，像这样"由四条线段围成的封闭图形就叫四边形"．那么，这些四边形有什么共同的特点？

生：有四条边、四个角．

师：是呀．这些四边形都有四条边，像这样相邻的两条边叫邻边；这样不相邻的两条边叫对边；我们就可以说，这是"一组对边"，这是另一组对边，也就是说四边形都有"两组对边"（课件演示：一组对边加粗，见图4-35）．

师：同样，四边形也都有四个角，像这样相邻的两条角叫邻角．

这样不相邻的两条角叫对角．

师：你看，这个角的对角在哪里呢？

生：左下边的那个角是它的对角（课件演示：角的符号，见图4-36）．

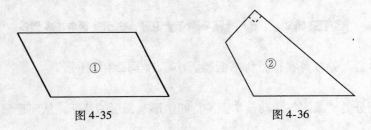

图 4-35　　　　　　　　图 4-36

【反思】 回顾四边形的概念和特点，主要是为了唤起学生关于四边形的基本经验，四边形有四条边和四个角，另外就是让学生对四边形的对边、对角的认识更加清晰，为以后续学习交流和"对边是否平行"的分类研究做基础.

二、新知探究

1. 分类标准

师：研究四边形通常用的方法就是分类. 大家看这些四边形，当然还有很多四边形没有画出来……如果要给这些四边形分类的话，你认为可以用什么作为标准？请同学们安静地想一想.

生：边是否相等.

生：四个角是否都是直角.

生：对边是否平行.

……

师：还有不同的标准吗？（等待）当然，只要我们去思考，不同的分类标准一定还会有. 下面，我们主要研究四边形的对边"是否平行"的这种分法.

师：我们大家可以想象一下，四边形的有一组对边，还有另一组对边，按照对边"是否平行"的分法，可以分成哪几类不同的四边形呢（图4-37）？

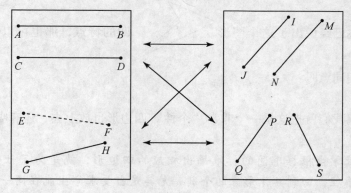

图4-37

生：一组对边平行，另一组也平行；一组对边不平行，另一组也不平行；一组对边平行，另一组对边不平行（板书，并标上①②③）.

【反思】 研究四边形的主要方法是分类，但同样是分类的方法可以是先将四边形进行分类再讨论、归纳，也可以是先讨论分类的标准，再依据标准进行演绎. 后者则更有利于学生获得平行四边形和梯形的主要特征.

2. 分类画图

师：刚才通过讨论，我们已经知道了四边形可以分成不同三类. 现在，同学们一边看板书一边想：你能画出这三类不同的四边形吗？在同一类四边形中，还能画出哪些不一样的吗？

生：能.

师：好，那我们就试一试，并把画出的四边形标出类别.

小组交流

（1）汇总：把同一种类别的四边形汇总在一起.

（2）整理：在汇总的每类四边形中，整理出不一样的.

师：哪个小组愿意向大家一类一类地汇报展示一下？

生：第一类我们有长方形、正方形和这个图形 ；第二类图形有

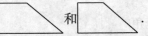；第三类我们画出了 和 .

师：在第三类四边形中，你们画的第二个四边形与第一个四边形有什么不一样的？

生：第二个图形还有一个角是直角的.

师：其他小组有补充吗，画的四边形还有不一样的吗？

生：我们在第三类图形中还画了一个有两条边相等的 .

生：在第二类四边形中，画了一个有凹进去的，不知道能不能算不同的.

师：既然你已经说出了这个图形 凹的特点，那也可以认为是不一样

的，同学们你们同意吗？

生：同意.

师：好，那我们就把这是一个非常"个性"四边形也放上去，还有吗？

……

【反思】 让学生根据不同的标准画出相应的四边形，就是为了让学生能从抽象的结论中进行推理，回到具体形象的个别.尤其是当要求学生能在同一类中画出不一样的四边形，学生就必须牢牢把握住两组对边的位置关系，然后进行邻边、角、长度等维度改造，这样既培养学生的发散性思维，又进一步领会和把握各类四边形的本质.

3. 揭示概念

师：像这类的四边形就叫平行四边形.而第三类四边形就叫梯形.那么请你想一想：什么叫平行四边形？什么叫梯形？（板书：平行四边形、梯形.）

师：我们一起来看一下书本上是怎么说的，齐读（课件演示：两组对边分别平行的四边形叫平行四边形）.你能明白这句话的意思吗？

生：就是说，一组对边平行、另一组对边也平行的四边形是平行四边形.

师：我们来看梯形，数学书又是怎么说的，齐读（课件演示：只有一组对边平行的四边形叫梯形）.

师："只有"是什么意思？

生："只有"的意思就是一组对边平行，另一组对边是不平行的.

【反思】 此刻，学生已经理解和掌握各类四边形的本质，无须再让学生进行平行四边形和梯形概念的建构，学生只要和教材上的定义进行沟通即可.

4. 韦恩图表示关系

师：通过刚才的学习，我们已经知道了四边形按照"对边是否平行"分可以分成三类？如果我把所有四边形用一个大圈表示的话？那么，这个平行四边形又可以怎么圈呢？（板书）

师：能不能把它圈到四边形的外面去，为什么？

生：不能，因为四边形包括平行四边形.

师：梯形又可以怎么圈呢？

生：不能圈到外面去，也不能和平行四边形这个圈碰在一起.

师：为什么不能和平行四边形这个圈碰到呢？

生：因为它们是两种不同的四边形，平行四边形两组对边都平行，梯形只有一组对边平行.

师：那么这个没有被平行四边形和梯形圈入的区域表示怎样的四边形呢？

生：两组对边都不平行的四边形.

……

超级画板演示：四边形之间的动态变化（图4-38）.

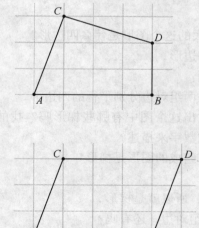
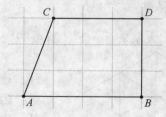
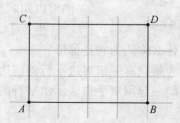

图4-38

【反思】　在这个环节，没有让学生自主用韦恩图表示四边形之间的关系主要有两点考量，一方面，通过演绎的方法学生已经比较明确平行四边形和梯形之间的关系，用韦恩图表示"水到渠成"．另一方面，学生主动建构可能会不用"对边是否平行"的标准，这样与学习要点背道而驰，从而产生负迁移．

三、巩固提高

1. 判别

师：如果，我们把刚开始找出的那些四边形都放到这些圈中，又应该怎么放呢？

生：①⑧是平行四边形，②⑦是梯形，其余的是两组对边都不平行的四边形．

师：⑧号图形是一个长方形，为什么不能放在梯形的圈里呢？

生：长方形是两组分别对边的四边形，应该属于平行四边形．

师：其实长方形我们以前是学过，除了两组对边分别平行之外，还有什么特点吗？

生：四个角都是直角．

师：是呀，我们就可以说，长方形是一个特殊的平行四边形，那正方形呢（板书：在平行四边形中画一个包含长方形的圈）？

生：正方形不仅四个角都是直角，而且四条边都相等．

师：所以，我们又说正方形既是特殊的平行四边形，也是特殊的长方形（板书：在长方形圈中再画一个包含正方形的圈）．

【反思】　让学生再次对课始找的四边形进行分类，是一次判别平行四边形和梯形基本练习，而且有"首尾呼应"的"美感"．同时，对长方形的思辨、讨论既运用概念，又完整和丰富了四边形之间的关系．

2. 拼找梯形

师：我们大家来看一下（图4-39），最大的这个图形是什么四边形？

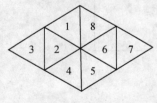

图4-39

生：平行四边形．

师：理由呢？

生：因为是两组对边分别平行的四边形．

师：你能找出这个图中有哪些梯形吗？找的时候，我们可以用阿拉伯数字来描述？

生：①②③组成的图形是梯形．

师：为什么你认为它是梯形？

生：因为是只有一组对边平行的四边形，所以就是梯形．

师：我们一起用双手来表示出平行的那组对边．还有吗？

……

【反思】　在这幅图中包含着很多平行四边形和梯形，拼找的方法和数量都不单一，但要紧紧围绕平行四边形、梯形的概念进行讨论和学习．

3. 分割梯形

师：刚才，我们通过拼的方法，找到了很多梯形。现在，我们要通过分割的分法，找一些梯形（出示要求：用一条直线把平行四边形分割成两个梯形（图4-40））。

生：从上下这组对边随便划一条直线，就可以把它分割成两个梯形。

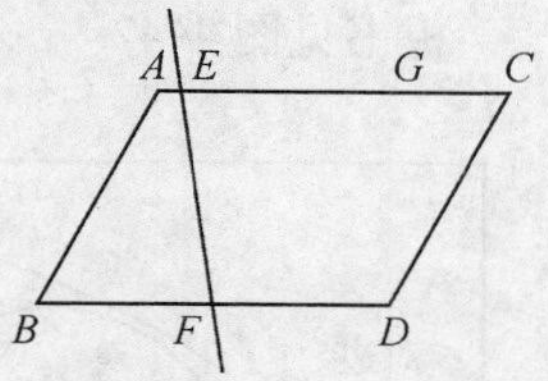

师：这样分割是梯形吗？为什么？

生：因为分割成的两个四边形都只有一组对边是平行的。

师：这两个梯形一样吗？为什么？

生：不一样的。因为 *AE* 这条边就比另一条边 *FD* 要长。

图4-40

师：同样，从这个 *E* 点位置开始分，怎样才能把它分成两个完全相同的梯形呢？

生：线段 *AE* 和 *FD* 的长度要相等。

师：那如果我要从另一个点 *G* 点开始分，又可以怎么分呢？（课件演示）

生：那么在 *CG* 的距离与 *B* 到分割点的距离也要相等（学生上台，指着平行四边形交流）。

师：下面，就请你们按照这样的方法试一试，把它分成两个完全相同的梯形。

（反馈：学生展示交流，教师依据学生反馈情况课件演示，在同一个平行四边形中画下不同的分割线。）

【反思】 把平行四边形分割成两个梯形是对梯形概念的具体应用，而把平行四边形分割成两个相同的梯形是对所学知识的拓展和提高，同时也为后续学习推导梯形的面积进行初步思想渗透。

4. 拓展提高

师：现在，我们已经把所有的分割线都画在一起，你有什么发现呢？

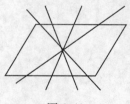

图4-41

生：所有的分割线都经过中心点。

师：是吗（课件演示，经过中心点旋转的直线），现在你又有什么发现呢？

生1：只要经过中心点的直线，都能把平行四边形分成两个完全相同的梯形。

生2：我有个补充，当这条直线是对角线的时候是分成了两个相同的三角形，当这条直线与平行四边形的边平行时，就分成了两个相同的平行四边形。

师：你说得太好了，只要经过这个中心点所分成的两个图形都是相同的，其中不仅有梯形，还有平行四边形、三角形。只要我们不断地去思考、探索，一定能找到、发现更多的知识。

【反思】"只要经过中心点，都能分割成两个相同的图形，也包括三角形和平行四边形。"这让学生感到无比的惊喜和兴奋，感受到数学美和体验到数学探究的乐趣。当然，这个题目中还蕴涵着很大的探究空间，比如对边相等、对角相等、对称图形等，大家可以根据需要去设计和实践.

四、学习小结

师：说一说，今天这堂课你有什么收获？

板书见图 4-42.

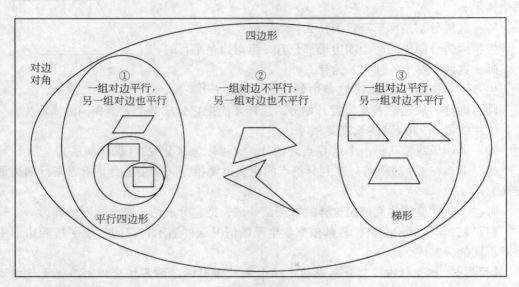

图 4-42

设计执教：杭州市胜利小学　胡晓敏

第五节　圆 的 认 识

教学内容　人教版六年级上"认识圆".

教学过程

一、引入

师：今天我们进一步来认识圆，你已经知道哪些关于圆的知识？

生：我知道圆周率是 3.1415926….

生：我知道圆有半径和直径.

生：可以用圆规画圆.

师：你们说的的确都和圆有密切的关系. 说到画圆的工具圆规，你知道圆规最早是在什么时候出现的吗？（屏幕：圆规的发明最早可追溯至中国夏朝；甲骨文中就有"规矩"两个字，当时所说的"规"即现在的圆规.）

二、展开新课

1. 用圆规画圆

师：昨天请大家准备了圆规，你能用圆规画圆吗？请你在草稿本上画两个不一样的圆．一边画一边思考画圆时要注意什么？

师：（展示学生画的圆）说说画圆的经验？

生：画圆时那个针尖也就是中心点不能变，角度也不能变．

师：这个角度你能说得更明确些吗？

生：是圆规两个脚之间角度不能变．

师：老师课前收集了用圆规画圆的注意事项（屏幕：1. 圆规两脚之间的高度要一样；2. 画圆的过程中，圆规要倾斜30度左右；3. 画圆的过程中，带有针的那一端不能移动；4. 画圆的过程中两脚的距离不能改变）．

师：这里所说的两脚之间的距离就是刚才这个女孩子说的"角度"．

师：请你仔细观察这个同学画的两个圆，有什么不一样的地方？

生：我发现这两个圆的大小不一样．

师：都是用圆规画的，为什么两次画的圆大小不一样呢？

生：我觉得是因为圆规两脚之间距离不一样造成的．

师：圆规两脚之间的距离不一样，所画圆的大小不一样（板书：大小——两脚的距离）．

师：你们还发现其他不同点吗？

生：第二个圆的中心点变了．

师：你的意思是中心点变了，所以一个圆在左边，一个圆在右边．你能告诉我圆规的什么决定所画圆的位置？

生：针尖决定圆的位置．

师：是的，圆规带针尖的一只脚确定圆的位置（板书：位置——一只脚）．

师：这就是圆规与所画圆的圆之间的联系．圆规的这一只脚在数学里称作圆心，两个脚之间的距离称作半径．（板书：圆心、半径）圆心、半径是圆的要素，圆还有一个要素，你知道吗？对，直径．那么，到底什么是圆心，什么是半径，什么是直径，你说得清楚吗？

2. 圆的三要素：圆心、半径、直径

师：我们一起来自学一下．（屏幕出示书本内容，生集体自学）建议找一找每一个概念的重点字词．

师：请在你刚才画的圆上标出圆心、半径、直径（学生练习）．

师：（课件出示3个圆）找一找圆内哪些线段是半径（图4-43）？

师：（展示学生作业）第一个圆的半径是 OC，说说它是半径的理由？

生：因为它是从圆心到圆的边上．

用彩色笔描出下面每个圆的半径和直径：

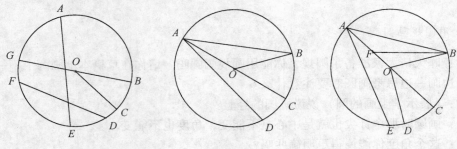

图 4-43

生：书上说连接圆心和圆上的点就是半径.

师：对，半径会经过两点，一点是圆心，另一点在圆上，这两点之间的线段就是半径，所以 OC 是半径.（屏幕：半径经过圆心和圆上两点）还有别的半径吗？

生：还有 OB、OG、OE.

师：说说第一个圆的直径.

生：GB 是直径.

师：为什么它是直径？

生：因为 OB 是圆的半径，OG 也是圆的半径，它们加起来就是直径.

师：按你的意思，OC 是半径 OB 也是半径，那么 OC 加 OB 也是直径，大家同意吗？

生：不同意，加起来不是直径.

生：直径是一条线，经过圆心、圆上左右两点.

师：说得对，直径经过三个点，两点在圆的两端，通过圆心，连接这两点的线段就是直径（屏幕：直径经过圆上、圆心、圆上三点）.

师：第二个圆的直径在哪里？

生：AC 是直径.

师：在第二个图里面还有两条比较长线段，一条是 AB，一条是 AD，它们是直径吗？为什么？

生：不是. 因为它们没有经过圆心.

师：凭你的感觉三条线段中，哪一条最长？

生：AC 最长.

师：你们眼力不错，这里还有一个重要的知识（屏幕：在圆内所有线段中直径最长）. 同桌互相说一说第三题的半径、直径及理由.

3. 圆的定义

师：我们对圆的三个要素清楚了，那么到底什么是圆呢？

生：我觉得圆是没有棱角的东西.

师：对，圆是由曲线围成的.

生：我觉得圆有无数条直径，而且直径的条数都一样……

师：到底什么是圆呢？（屏幕：两千多年前我国的墨子给圆下了一个定义："圆，一中同长也."《墨经》语文翻译：圆这种图形，有一个中心，从这个中心到圆上各点都一样长. 数学意义：圆有一个圆心，圆心到圆上各点的距离（即半径）都相等.）

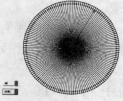

图 4-44

师：老师还特地做了一个动画，让我们再一次来感觉"圆，一中同长也".（屏幕：动画，见图4-44）

【环节说明】 在学习的初始阶段，教学以"学生关于圆的旧经验是否能被激活，是否可用于作为新知识学习的基础"作为突破点. 六年级的学生大多有了与圆相关的旧经验（包括生活的和知识的），对于将要学习的知识已经部分懂了，他们现有的经验可以通过一种恰当的机会来激活. 因此，展示学生已经知道了什么或者用已经知道的尝试解决用"圆规画圆"的简单问题，可以帮助学生用最快的速度聚焦于将要学习的关于圆的新内容，从而使教学的起点落到实处.

当然，激活学生头脑中的旧经验不只限于引导他们回忆、操作，还包括了引发需要进一步调整改造的心理模式以确保能够将新知识整合到旧知识中，应该向学生提供能用以构建理解圆知识所必需的框架结构，以此来确保促进学习.

当学生自学完书本上关于圆的相关知识后，学习就进入了展示知识技能的阶段. 呈现信息是教学最常见的方式. 学生通过自学后所呈现的圆知识信息不仅带有一些要复诵的问题，还要渗透了刻画表现水平的信息，即利用"圆规的各部分与所画圆的各要素之间的联系"来充分展示圆知识，这样学生更容易记忆及理解圆知识，使教学的展开达到预设的目标.

三、巩固与拓展

1. 没有圆规如何画圆

师：刚才我们借助圆规画圆学习了圆的相关知识. 如果没有圆规，你有办法可以画圆吗？

生：可以用一个水杯放在纸上，照杯底用笔画出来.

师：可以倒是可以，不过这个方法没有充分运用圆的数学原理，你能根据对圆的认识来画圆吗？

生：可以拿两支铅笔，把它们上面固定住，然后一支笔不动，另一支笔转动画圆.

师：（用两支笔示意）请问她用两支铅笔画圆，圆心、半径分别在哪里？

生：固定的那支笔就是圆心、半径就是两支笔之间的距离.

师：这就像是一个简易的圆规！

生：我觉得可以先确定一个中心，然后用尺子画出相应的半径，然后连接.

师：（边说边画）先确定一个点，假设这些是圆的半径，然后再连接起来，这样就画成一个圆. 同意吗？

生：我还有一个办法，比较麻烦．画很多条直径，然后很密地把它们连起来就是一个圆．

师：（边说边画）画很多条直径，当直径无数条时就可以用点连起来了．其实刚才两个男孩子说的是很好的补充，还真有那么一点道理！

生：我还有一个办法，就是用量角器，绕量角器画边，先画180度，然后再翻过来画另一个180度，这就是圆．

师：这个男孩子告诉我们圆的另一个重要知识，圆心角是360度，真不错！

生：我的办法是先画正方形，切掉四角．用虚线把它们连接起来．

师：我们刚才说的话题都是紧紧围绕圆，而她想到了正方形，（边画边说）切掉四角，然后用曲线把它们连接起来．一个非常特别的思路．

师：正如大家所说的不用圆规有很多种办法画圆，有一些办法非常非常有数学价值，有一些办法有重要的生活价值．

师：先来看一下老师给你们准备的一段录像：体育老师在没有圆规情况下是怎么画圆？（录像）你看明白了吗？

生：明白，老师的脚所在这点这就是圆心，脚与手之间的距离就是圆的半径．

师：没错！在《史记·夏本》记载大禹治水时有这样的描述："左準（zhun）绳，右规矩"．你能想象古人是怎么画圆的吗？

生：左手拿一个绳，右手拿一个笔，然后石头当圆心，用绳子绑着笔这样绕一圈画．

2. 圆出于方

师：很早很早以前，数学家提出"圆出于方，方出于矩"．这句话的意思是圆是由正方形不断切割出来，方出于矩，就是方是用直尺画出来的．

师：（边说边演示）一张正方形纸对折对折再对折，剪去这部分之后打开，你知道是什么图形吗？

生：像圆不是圆．

师：肯定不是圆，打开看一下，是正八边形．继续再折再剪，再打开是什么图形？

生：正十六边形．

师：再接下去，打开的是正三十二边形，越来越接近于圆……（课件演示：正八边形、正十六边形、正三十二边形、正六十四边形）无限切割下去，这就是"圆出于方"．
也可以用超级画板演示：圆与正多边形之间的关系（图4-45）．

圆是无限正多边形

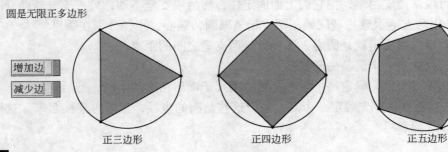

增加边　减少边

正三边形　　　　　正四边形　　　　　正五边形

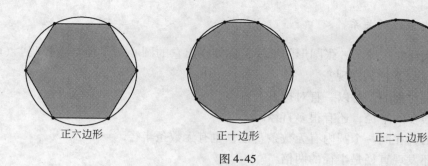

正六边形　　　　　正十边形　　　　　正二十边形

图 4-45

3. 生活中的圆

师：我们看一下生活中的圆：汽车的轮子是圆的，假设轮子是椭圆形的，你坐在上面会怎么样？

生：一颠一颠的.

师：轮子为什么做成圆形？轮子的车轴放在什么位置上？

生：车轴放在圆心的位置，车轴到轮子的距离也就是半径是相等的，所以坐在圆形轮子的车上很平稳（图 4-46）.

师：马戏团演出的场地是圆形的，为什么呢？

图 4-46

生：因为马戏团演出的地方就相当于圆心，圆心到圆上的距离是一样的，所以周围观众都能看到.

师：是的，人人平等！圆在生活中有很多的应用.

【环节说明】　如果说"用圆规如何画圆"的提出重在学生已经知道圆的相关知识的基础上突显这个知识的特征，把学生的注意集中在解决圆规画圆问题的相关信息上，那么，随着教学的步步深入，仅仅提供圆的比较单一的表征手段是不够的，提供学习指导的另一种方式是对圆知识采取多种表征手段和展示方式. 当学生会对生活中利用圆的特征解决问题的不同的方法进行比较时，就意味着要求他们调整自己已有的惯性思考模式，用更加宽阔的视野，即会用多种视角认识圆. "没有圆规如何画圆"的提出意在让学生以新学的知识为基础，尝试应用解决新问题. 针对问题本身而言，如果学习只是简单重复或重现圆的特征是不够的，必须为学生提供与圆相关的变式问题中运用新知识和技能的多种适当练习机会，因为它是与"理解圆的特征与生活的联系"这个教学目标相匹配的. 针对教师而言，这个环节中教师对学生学习的支持随着学习的不断进展而逐渐减少，最终放手让学生独立去学，教师关注的则是学生解决问题后的反馈，这是一种重要的学习指导方式，各种理论都倡导把反馈作为必要的学习条件.

4. 半径与直径的关系

师：昨天让大家剪了一张圆形的纸片，你能找出它的圆心、半径与直径吗？（学生纷纷动手折）你有什么发现？

生：圆是对称的，可以一直对折下去.

生：有很多的半径，还有很多直径.

师：是的，在同一个圆内有无数条直径，也有无数条半径.

生：我还发现直径是半径的两倍.

师：你们发现了吗？在同一个圆里，半径的长度是直径的二分之一，反过来，直径的长度就是半径的两倍.

师：接下去请你判断下面的题目.

判断：

1. 圆内所有的线段中，直径最长，半径最短.

2. 两个大小不同的圆，它们的半径一定不相等.

3. 直径一定是半径的 2 倍，即 $d = 2r$.

4. 要画一个直径是 5 厘米的圆，圆规两脚之间的距离应该是 5 厘米.

生：不同意第 3、4 题. 它只说直径是半径两倍，但没有说是在同一个圆内. 我觉得圆在两角之间的距离 2.5 厘米，因为这个两脚之间的距离就是半径，半径是二分之一直径，所以半径是 2.5 厘米.

5. 在圆与正方形的联系中解决问题

师：判断题过关. 你能找出下面图形中的圆心和半径吗（图 4-47）？

生：正方形的对角线连起来，相交的点就是圆心（课件演示，见图 4-48）.

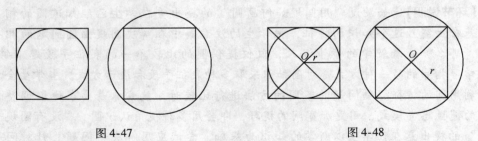

图 4-47   图 4-48

师：好办法，连接对角线就能找出圆心，半径就自然而然找到了. 假设正方形边长是 4 厘米. 圆的半径分别是多少？

生：第一个圆的半径是 2 厘米.

师：是的，正方形边长的一半就是半径. 后面一个圆的半径是多少呢？

生：比 2 大.

师：求这个半径要在初中里利用勾股定理才能得到，反正比 4 厘米要小，比 2 厘米要大，介于 2 与 4 厘米之间.

师：老师还带来一个硬币，你能找到这个硬币的直径吗？

生：先把硬币画在纸上把它剪下来，再用折的方法折出直径.

师：是一种办法，但是程序有些复杂，想一想你还有其他办法吗？

生：用尺子在中间量一下，看看是多少厘米？

师：请你说说这样做的理由？

生：直径是经过 3 个点连接出来的，并且是圆内最长的一条线.

师：量是一种办法，应用的原理是直径是圆中最长的线段. 还有其他办法吗？

生：给这个硬币外面加一个正方形，再把正方形的对角线连起来这样就能找到圆心和直径了.

师：真棒！你们能想象出来吗（课件演示，见图4-49）？

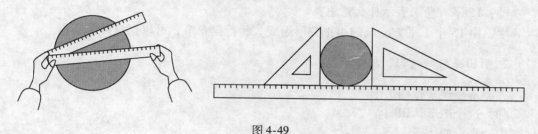

图 4-49

一种方法是测量，另一种是把硬币放在正方形里，正方形边长就相当于圆的直径. 真厉害！

【环节说明】 在这一环节中，强调了创造、修正、编校、综合以及重新聚焦等都是学习最后阶段的重要组成部分."找不同圆的半径与直径"的设计让学生体验到真正激发动机的因素是学习本身，如果学生能够在解决"圆片、所画圆、硬币"的圆心与半径的问题中不断辨析、修正、完善各自头脑中的圆知识结构，那就意味着他能够将学到知识及背后的数学思想融会贯通到生活中，使知识丰富而且深刻.

设计执教：杭州市长青小学　丁杭缨

第六节　平行四边形的面积

教学内容　浙教版新思维小学《数学》五年级上册.

教学目标

（1）在学习长方形面积的基础上，感知什么和平行四边形面积有关，并能从中找出面积与底和高的关系.

（2）经历归纳与推理的过程，理解平行四边形面积计算公式的推导，能运用公式正确地计算平行四边形面积.

（3）经历探究平行四边形面积计算公式等活动，渗透"转化"的思想方法，培养学生的空间观念. 感受富有挑战的思考激发学习兴趣.

教学过程

一、新旧联系，揭示课题

1. 复习长方形面积，唤起原有知识储备

大屏幕呈现长方形.

师：这是什么图形？

生：长方形（大屏幕呈现数据：长5厘米、宽3厘米）.

师：面积是多少？

生：$3 \times 5 = 15$（平方厘米）.

师：15平方厘米表示什么意思？

生：由15个1平方厘米的小正方形组成. 每行摆5个，可以摆这样的3行.

2. 引出平行四边形，揭示课题

大屏幕呈现平行四边形.

师：这个图形认识吗？

生：平行四边形.

大屏幕呈现课题：平行四边形面积.

师：今天我们就要来研究平行四边形的面积. 就像研究长方形面积一样，我们要讨论它和什么有关，有什么关系，为什么有关.

大屏幕依次呈现三个问题：和什么有关？有什么关系？为什么有关？

二、研究变量，探究公式

1. 思考一：面积和什么有关？

大屏幕中间呈现平行四边形，左上角呈现文字：和什么有关？

师：先请大家仔细观察并猜一猜，平行四边形面积的大小可能与什么有关？

生1：我觉得与底和高有关.

生2：还和角有关.

生3：和斜边有关.

师：为个让我们看得更清楚，我们把它们用字母和符号表示出来.

大屏幕在平行四边形的底、高、夹角、斜边上呈现对应的字母和符号：a，h，$\angle 1$，b.

师：刚才同学们都有自己的猜想，现在我们借助电脑来看看是否如此.

大屏幕呈现利用超级画板软件拉动底边，面积变化的情景.

师：底边变了面积变了吗？

生：变了.

大屏幕呈现拉动高，面积变化的情景.

师：高变了，面积呢？

生：（齐声）变了．

大屏幕呈现拉动斜边，面积变化的情景．

师：斜边变了面积呢？

生：（齐声）变了．

大屏幕呈现变化夹角度数，面积变化的情景．

师：现在呢？

生：也变了（课件演示和夹角有关）．

师：看来刚才同学们的猜想很有道理，底、高、斜边、夹角的确都和面积有关（图4-50）．

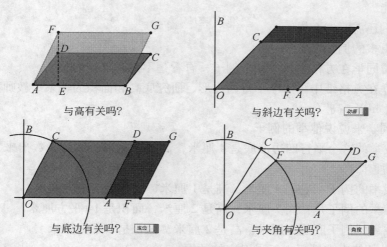

图 4-50

2. 思考二：有什么关系？

师：他们之间到底是怎样的关系，我们应该怎么来研究？

生：我们可以举几个平行四边形的例子来研究．

师：老师给大家提供了一些平行四边形．你可以选择一些进行研究．

学生取出研究材料，材料上有三个放在方格纸中的平行四边形，底、高、斜边和夹角的数据都有．下面是一张表格．

数一数面积，并把其他数据也填入下表：

序号	S （cm²）	a （cm）	b （cm）	h （cm）	$\angle_1$ （°）
①					
②					
③					

学生独立探究.

师：好，我们先请一位同学来汇报他的发现.

生：我发现平行四边形的面积是底乘以高，因为第一个平行四边形底是 3 厘米，高是 2 厘米，面积我数出来是 6 平方厘米. 第 2 个图形的面积是 16 平方厘米，底是 4 厘米，高是 4 厘米，4 乘 4 等于 16. 我再看第 3 个图形，第 3 个图形是 21 平方厘米，它的底边是 7 厘米，高是 3 厘米，7 乘 3 就等于 21.

师：我们填了那么多数据，看来底高和面积的关系是我们最容易发现的，我们今天就先来研究底和高与面积的关系. 刚才同学说了平行四边形的面积可能是底乘以高.

板书：底×高

师：但是我们只用了三个例子来说明，能不能确信？

生：不能.

师：我们还需要怎么样？

生：举更多的例子.

师：每位同学在方格中再举一个例子，看看是不是有这样的关系.

学生独立在方格纸中画一个平行四边形，研究底高和面积的关系. 教师板书：面积（cm²），底（cm），高（cm）.

师：请同学来说说他举的例子.

生 1：我举的这个平行四边形底是 4 厘米，高是 3 厘米，然后我数出来它的面积真的是 12 平方厘米.

生 2：我举的例子，底是 3 厘米，高是 1 厘米，面积是 3 平方厘米.

生 3：我举的例子是：底 7 厘米，高是 2 厘米，面积是 14 平方厘米.

生 4：我举的例子底是 3 厘米，高是 2 厘米，面积是 6 平方厘米.

学生说教师依次在黑板上板书对应的数据.

师：除了这些，我们还可以举更多的例子.

在数据下面板书……

师：通过我们的举例，发现了什么？

生：求平行四边形的面积是用底乘以高.

3. 思考三：为什么有关？

师：为什么呢？我们能不能用其他的方法来证明？

生：我在数的时候发现，我们可以把平行四边形左边的三角形割下来，然后把左边的三角形移到右边去，就正好形成了长方形.

师：大家把平行四边形转化成了长方形.

板书：转化.

师：我们为什么要把它转化成长方形？

生：因为我们学过长方形面积怎么算，把平行四边形转化成长方形我们就能看看这个公式对不对了.

师：也就是说我们要把它转化成一个我们会求面积的图形.

在转化两个字下面板书我们会求面积的图形.

师：接下来我们小组合作研究.

大屏幕呈现小组合作要求：1. 动手尝试；2. 思考原因；3. 准备汇报.

开始.

学生以四人小组为单位研究.

师：哪个组先来汇报一下你们研究的结果？

生：（在实物投影仪下操作）我们是这样想的，把高左边多出来的部分移到右边，它就成长方形了. 高就变成了宽，而底就变成了长，因为长乘宽等于长方形的面积，所以平行四边形面积就是底乘高.

师：老师有一个地方不明白，大家为什么都沿着高去剪？

生1：如果不沿着高剪，就没有直角，没有直角就不能拼成长方形了.

生2：他的意思就是说因为长方形有四个直角，只有沿着高剪才能出现直角. 而且平行四边形对边相等，拼的时候那两条边就能完全重合了，没有空隙.

大屏幕呈现一个一般的平行四边形.

师：除了像刚才汇报的组这样沿着高剪下一个三角形以外，还可以怎么剪？

生：只要沿高就可以了，中间也行.

大屏幕呈现剪成两个直角梯形，然后拼成长方形.

师：这个平行四边形你能把它转化成长方形吗？

大屏幕呈现图 4-51.

生：也只要沿着高剪，把剪下的图形平移一下就行.

师：这个呢？

大屏幕呈现图 4-52.

图 4-51　　　　　　　　　图 4-52

生：把这个平行四边形横过来，再沿着它的高去剪，然后就能拼成长方形.

大屏幕呈现这样的剪拼方法.

师：这个方法可以，如果不旋转呢？

生：延长底边.

师：怎么延长？

生：把平行四边形再移一个出来.

大屏幕呈现两个平行四边形拼合后剪拼成长方形（图 4-53）.

师：看来通过平移，这个特殊的平行四边形也能沿高剪拼成长方形. 当然还有别的方法，比如，横着切分成多个平行四边形，也可以使每个平行四边形的高落在相应的底上，而不是在它的延长线上.

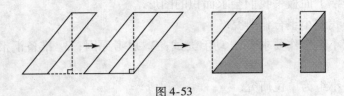

图 4-53

师：现在我们来比较一下，转化后的长方形和原来的平行四边形有什么关系？

生1：长方形面积和平行四边形面积相等，平行四边形的高就是长方形的宽.

生2：转化后长方形的长就是平行四边形的底，长方形的宽就是平行四边形的高，而且转化后的长方形和平行四边形面积一样.

大屏幕依次呈现关系（图4-54）：

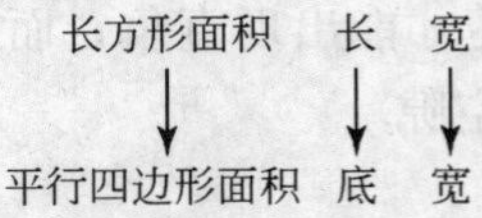

长方形面积　长　宽

平行四边形面积　底　宽

图 4-54

师：长方形面积怎么求？

生：长×宽.

师：所以平行四边形面积就是……

生：（齐说）底×高.

大屏幕呈现补充完整的公式.

师：我们通过一个新的方法——转化知道了为什么平行四边形的面积等于底乘高.

师：除了用文字表示这个公式外，我们还能怎么表示？

生：用字母表示.

板书：$S = ah$.

三、应用练习，巩固新知

1. 基本练习

师：根据平行四边形面积公式，这张表格你会填吗？

大屏幕呈现图4-55.

底（dm）	高（dm）	面积（dm^2）
8	10	
	15	120
10		150

图 4-55

学生独立做练习.

师：第一题面积怎么求？生：$8 \times 10 = 80$（平方分米）.

师：第二题. 生：第二题求底，$120 \div 15 = 8$（分米）.

师：第三题. 生：面积是150平方分米，底是10分米，高是$150 \div 10$，15分米.

师：仔细观察表格，你有什么发现？

生1：第一和第二题底一样，高变了，面积也变了．

生2：底相同，高增加了，面积也增加了；高相同，底增加了，面积也变大．

师：如果底不变，高变小了呢？

生：（齐说）面积变小了．

师：最后一行，同学们填了什么？

生：我填了底2分米，高3分米，面积是6平方分米．

师：他填了底和高求面积，还有不同的填法吗？

同桌互相交流．

师：看来我们知道了其中的两项就可以求另一项．

2. 提高练习

师：刚才最后一个问题是同学们自己提的，朱老师也提个问题．平行四边形的有一条底是5厘米，有一条高是4厘米，它的面积是多少？大屏幕呈现图4-56.

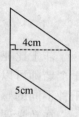

图4-56

生：$5 \times 4 = 20$（平方厘米）．

师：面积是20平方厘米吗？（等待数秒）你有什么想说的？

生1：我觉得好像高画错位置了．底和高必须是垂直的．

生2：底和高要对应的才行．

师：那这个平行四边形要求面积，需要知道什么条件？

生：还需要知道和4厘米的高垂直的底．

大屏幕呈现数据4厘米．

师：面积多少？

生：16平方厘米．

师：通过刚才我们的讨论，你有什么收获？

生：我知道了要求平行四边形的面积，底和高一定要是对应的．

大屏幕呈现另一条高．

师：这条高的长度你能求吗？

生：高就是$4 \times 4 \div 5 = 3.2$（厘米）．

四、小结全课，课堂延伸

1. 小结

师：今天我们学了什么？

生1：我们学了怎么求平行四边形的面积．

生2：我知道了平行四边形的面积 = 底×高．

师：是怎么研究的？

生：把平行四边形转化为长方形来研究的．

师：回忆一下这节课研究了几个问题？

生：有三个问题．和什么有关？有什么关系？为什么有关？

师：这三个问题我们不光研究平行四边形可以去思考，今后研究三角形、梯形等图形面积都可以这样去思考．

2. 课后延伸

师：还记得开始的时候我们说平行四边形的面积和四个量有关，今天我们只研究了底、高与面积的关系，那么面积与斜边和夹角又有什么关系呢？我们今后会继续研究．

设计执教：杭州市崇文实验学校　朱　蕾

【案例评析】

知识的冰山下蕴藏着什么
——探寻平面图形面积的教学价值

莎士比亚说"一千个观众眼中有一千个哈姆雷特"．因此可以类比：同一节课，一千个老师可以上出一千种风格，还可以继续类比：听同一节课，一千个老师可以听出一千种不同的感受．在此，乐意与大家分享我的感受与思考．

在数学课程改革的行进中，我们越来越感觉到宏观的指导思想大家都是认同的，中观的理念也是容易形成共识的，恰恰是微观的操作是难以落实的．平面图形面积的教学，也是一样．我们不妨一起来做一个追问：平面图形的面积教学，重点教学什么是面积还是教学怎样求面积？（教学怎样求面积）要让学生学会求面积，记住一个面积的公式需要几秒钟，推导一个面积公式需要一节课，这一节课值不值？（值，要重过程）．推导面积公式是告诉学生怎样推导，还是引导学生自己探究发现方法？（学生为主体，肯定让学生自己探究），而问题就在于学生探究不出来怎么办？怎样才能使学生能探究呢？在倡导"四基"的课程理念下，需要哪些已有的基础知识和基本技能，又需要积累哪些活动经验，又渗透了哪些基本思想？这些问题需要深思值得探讨．下面我们就以平行四边形面积教学为例来探讨在平行四边形面积公式推导背后的教学价值索求．

一、复习长方形面积为了什么？除了回顾知识，还有激活经验

现象：长方形面积与什么有关，是怎样的关系？是怎么研究得到的？长方形的面积与什么有关？（有关是什么意思）？有了之前的学习，预设学生知道当长不变的时候，宽变大，面积也变大；如果宽不变，长变大，面积也变大了．是怎样的关系呢？长方形面积就等于长乘宽的积．我们是怎么研究得到的？我们用一个单位面积的正方形去摆，一行摆几个，一共摆了几行，一共有多少个．单位正方形的个数就是图形面积的大小．这是对描述性概念的回顾，也是对面积公式推导的经验一种唤起．

思考：为什么我们要强调经验了．课标研制组孙晓天教授提出：知识除了显性知识，还有隐性知识．我们所关注的显性知识往往只是冰山一角，隐藏在下面才是教育的基石．而隐性知识往往是学生参与学习活动的经验．课标修订组史宁中教授认为：国家

要创新，需要知识，还要有智慧．"知识本质上是一种结果，可能是经验的结果，也可能是思考的结果．"单纯追求知识的教育是一种结果的教育．"智慧并不表现在经验的结果上，也不表现在思考的结果上，而是表现在经验的过程中，表现在思考的过程中．"在此不再转述，"基本活动经验"在新修订的课程标准中将与原来的双基并列，地位可见一斑．对于我们来说，值得研究和探讨的是学习这一知识需要哪些经验？这些经验是怎样的积累的？

（1）形成的时间；比如平行四边形面积推导中需要学生学会转化，但是对于学生来说他们是怎样想到转化的呢？这就需要经验．有的经验是长久积累的，有的经验是直接铺垫的．所谓长久积累的，就像之前学习认识各种平面图形的时候，就曾经组织过类似的活动，用一张长方形的纸，可以简拼成怎样的图形，这就孕伏着图形之间相互转化的经验（教材图片：一上，见图4-57）．

图4-57

所谓直接铺垫，就是呈现一些不规则的图形，怎么样知道它的面积呢？很显然地容易想到转化成规则的图形：长方形（图4-58）．在此基础上，如果出现平行四边形，学生就不难想象：能不能把它转化成长方形呢？有了这样一次成功的经验，仿佛触动了平面图形推导的多米洛骨牌，推开了图形面积的一扇窗．关于转化，还有一个值得探讨的问题是，单个图形转化成单个图形学生有这样的经验，那么，怎样才能使学生想到把两个完全相同的图形转化成一个图形呢？这就需要积累（教材图片：七巧板，见图4-59）．

图4-58 图4-59

（2）传递的方式；知识技能的获得和经验的积累是相互的．长方形面积的学习是平行四边形面积推导的基础，平行四边形的学习为学习三角形积累了经验，三角形的学习为梯形的学习积累经验，即便对于练习，好的练习设计既是本节课知识和技能的巩固，同时又是为后续学习早做孕伏，积累隐性的活动经验．

经验—知识和技能（经验）—新的知识和技能……

二、平行四边形面积与什么有关？除了底和高，还有斜边和夹角

现象：小学里，平行四边形面积的计算公式是底乘高，所以我们往往会引导并且只认为平行四边形与底和高有关．而事实上如果去除这种趋于得出公式的暗示，平行四边

形的面积的相关因素是多样的．除了底和高，还有斜边和夹角．如果你试图去寻找底和高是决定平行四边形面积的唯一组合因素是艰难的，因为，在我们后续学习中我们清楚 $S = \sin A \times ab$.

思考：与什么有关，是什么关系，为什么．是研究平面图形面积的一条线索，更是研究事物发展的一般规律．拓宽我们的视野，放手让学生探索，我们可以引用一句广告语："心有多大，舞台就有多大．"在纷繁复杂的信息中选择和辨析出底、高与面积之间的关系是有挑战性，也是对学生信息素养的一种提升．不是所提供的信息都是有用的，而需要选择．选择也是有不同的可能的．

这里面其实还蕴涵着一种人文情怀，就是包容的胸怀，意味着选择不是唯一的．

三、不完全归纳怎样更完全？除了一般图形，还有特殊图形

现象：在归纳平行四边形面积计算公式的过程中，为了研究平行四边形到底与谁有关，就需要罗列不同的平行四边形从而归纳出其共性特点．除了老师提供的平行四边形，还有学生自己画的平行四边形，除了一般图形，还有特殊的图形．（也就是垂线段的垂足在底边的延长线上，也就是斜而长的那种平行四边形．）

思考：归纳和演绎是小学数学教学的基本思想．作为"四基"之一提出来，重要性不用争辩．需要讨论是怎样落实？

虽然小学学习中更多的是不完全归纳，但是作为教学来说，总是尽可能追求最大限度．如果请每一个学生画一个任意的角，将会有绝大多数的人画的角的范围在 $50° \sim 70°$．同样的道理画一个平行四边形的时候，一般很多人画的也是有一个内角是 $50° \sim 70°$ 的图形，这样就给我们归纳平行四边形面积带来了隐藏着的问题．对于那些斜而长的平行四边形怎么推导？我们在总结推导过程的时候常常说为什么沿着高剪，是为了得到长方形．但是不是所有都可以沿高剪呢？所以需要提出特殊的情况（图 4-60）．

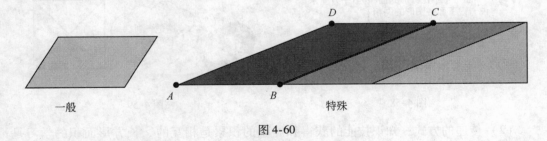

图 4-60

对于学生我们仍然可以不严谨地推导，坚守"混而不错"，但是从教师本体性知识的角度来说，我们需要提高认识（详见《傅种孙数学教育文选》）．

我们重视这些特殊材料的呈现，再多的白羊也不能证明所有的羊都是白的，而只要一只黑羊就能证明所有的羊都是白的这个理论是错误的．比如：可能性当中我们常常抛硬币、掷骰子，用来说明等可能性的事件，如果用啤酒瓶的盖来说明这不是等可能性的，却更能让学生体会等可能是怎么回事．

四、图形面积教学价值何在? 除了推导公式，还有空间观念、思想方法

现象：在教学过程中，除了关注图形面积公式的推导，还注重空间观念的培养，知道一个长方形的面积是 15 平方厘米，还需要进一步知道这 15 平方厘米的意思，就相当于是 15 个边长是 1 厘米的正方形拼在一起，因为是长方形，所以就是每行 5 个，有 3 行. 如果计算出一个平行四边形的面积是 15 平方厘米，学生也能想见有 15 个边长是 1 厘米的正方形拼在一起，但是不一定都是整个拼在一起的. 一个平行四边形计算面积可以选择不同的底和高，不同方法的背后其实是转化成不同的长方形，它们的长和宽分别是多少呢? 需要空间想象.

在研究平行四边形面积的时候，不急着给学生直观操作的学具，而是先让学生在脑力里想一想，准备用怎样的方法来研究，既是对学生自主学习的一种鼓励，也是学生进行空间想象的一次锻炼. 在教学过程中，抓住一切机会，培养学生的空间观念，总是倡导"先想后做". 如果底边延长，面积会怎样，先不急着直观演示多媒体课件? 你是怎样剪拼，能不能说给大家听听? 不是剪给大家看看? 这些都是在培养学生准确的数学表达，更是培养学生空间观念的良机.

在推导面积的公式过程中强化了一种转化的思想方法. 但有不能停留在转化的高位思想上，而是要指明转化的方向. 平行四边形为什么要转化成长方形? 不转化成三角形? 是因为转化它是有方向性和目的性的. 变未知为已知：对于平行四边形面积来说就是变新学图形为已学的图形. 还有化繁为简，化难为易.

思考：（1）课堂动起来的关键是脑，不是手. 课堂实施过程中就需要处理好直观操作与表象思维之间的关系. 显然，直观是小学生理解事物的重要方式. 但是，从思维发展的角度看来，课堂上并不是每一个活动都是需要学生动手剪，动手拼，动手粘的. 在脑中能够进行操作，能够用准确的语言表达，那是教学更理想更高层次更高效的追求. 那么什么时候操作呢? 根据笔者的课堂观察，很多操作如果用在学生有疑问时的验证显得更有必要.

（2）转化的思想是可以迁移的. 在小学数学中，转化的应用还是很广泛的，除了形与形的转化，还有数与数之间的转化，数与形的转化，还有问题与问题的转化.

案例 问题与问题的转化：

A 已知三角形底和高，求面积；B 已知三角形面积和底，求高. 做 B 题的时候，是否也可以转化成 A 题来做，只不过那是含有未知数的等式也就是方程.

A 科技书和故事书一共有 180 本，科技书和故事书的比是 3∶2，科技书和故事书各有多少本?

B 科技书和故事书的比是 3∶2，科技书和故事书相差 36 本，科技书和故事书各有多少本?

做 B 题的时候，一学生说先算出总数 $36 \div 1/5 = 180$. 学生开始哗然. 都已经知道一份是 36，何必还要再算出总数，再算出两种书各有多少本?

有这样一个经典案例：烧开水. 面前有燃气灶、水龙头、水壶，烧开水的一般过程是：在水壶里放水，点燃燃气灶，再把水壶放到燃气灶上. 如果有一天，在你面前放着

水壶，水壶里已经装了水，那么又应当怎么做呢？物理学家说：点燃燃气灶，再把水壶放到燃气灶上．可是数学家却不会这样想，他们常常说：倒出水壶里的水，并声称已经把后一问题转化成先前的问题了．看似有些夸张可笑，但其中蕴涵着转化的思想显露无遗，反观我们的课堂，在上课的时候我们是否曾经用欣赏的眼光来看待，如果没有，我们是否内疚用短浅的视线伤害了孩子的创造性．

在平面图形中，推导平行四边形的时候把它转化成已学的图形推导出面积公式成功了，同样也是平面图形三角形、梯形是否也可以呢？圆形是否也可以呢？这里面其实还蕴涵着另一种重要的思想方法那就是类比（图4-61）．

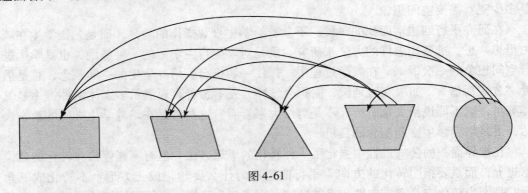

图4-61

如德国数学家开普勒说："我珍视类比胜于任何别的东西，它是我最可信赖的老师，它能揭开自然界的秘密，在几何学中它应该是最不容忽视的．"

五、练习设计怎样更多元？除了基本训练，还要变式练习

现象：练习题中有简单的应用公式的，也有选择对应数量的．有顺向思考的，也有逆向思考的．有的基础性的，有的是针对重难点的，有封闭的，也有开放的．

思考：练习除了在形式上有些变化，有的偏重技能，根据已知条件，运用公式求面积；从内容的角度，有两种拓展策略．一种是在变与不变的情境中感受函数变化，比如：求下面平行四边形的面积：

底是10厘米，高是8厘米；

底是10厘米，高是6厘米；

底是12厘米，高是6厘米；

引导学生发现其中的规律；

另一种是在感受数学模型．同时也是应用问题的正向和反向题的对照．

比如：已知三角形的底是10厘米，高是8厘米，求面积；

已知三角形的底是10厘米，面积是40平方厘米，求高；

$S = ah \div 2$．把相应的条件代入，求出未知数．

练习中也常常设计一些开放题，告诉多条底和高，要求学生选择相应的底和高求面积，渗透对应的思想．这也是练习的一种变式．当然还有的是简单的形状的变形，也算是一种简单的变式（图4-62）．

1. 选择条件，求下列图形的面积。

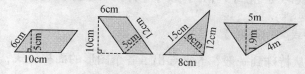

图 4-62

思考：作为"好"的练习不能仅仅停留在技能层面．应该指向问题解决．所谓基于问题解决的练习，就是努力使学生经历从现实情境中"抽取"数学模型的数学化过程，以及把数学模型放到现实中加以使用的过程．

案例　停车场的设计．为什么很多停车位都是平行四边形？
案例　图 4-63.
案例　图 4-64.

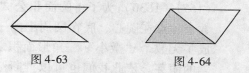

图 4-63　　　　　　　　图 4-64

注重变式练习，除了题型变式，公式也有变式．比如一个平行四边形用不同组对应的底和高都可以计算出图形的面积．三角形的面积计算公式变形就更容易看出变式的价值了．

作为公式也有变式．$S = (1/2)ah = (1/2)(ah) = ((1/2)a)h = ((1/2)h)a$．（链接超级画板演示）数形结合的体现．不同公式反映了不同的推导方法（图 4-65）.

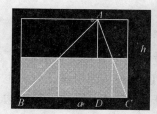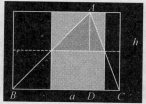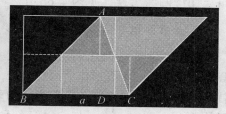

图 4-65

六、怎样应用信息技术？除了静态演示，还有动态几何

现象：平行四边形面积与什么有关？在动态的过程中发现变化的规律．这种即时生成的动态效果正是这个软件本身的特点．所谓动态几何，就是在操作的过程中几何的属性是不变，高就是高，延长了还是高．

思考：真正实现动态几何的教学需要依靠专门的软件，在倡导创新的时代，我们应该加入到自主创新的教学软件研发中．（链接：圆面积等推导）．圆平均分成 256 份，更多份呢？会怎样？一般的软件就比较麻烦了，但是对于超级画板来说：只是数的改变而已．大家一起来研究小学数学教育技术智能平台．

七、怎样拓展教学视野？除了数学教育，还有教育数学

1. 注重面积公式之间的联系

推导的时候，从特殊到一般，等推导出了各个图形的面积公式，又可以从一般到特殊来作系列整理，发现其中的联系与规律.

梯形：$S = (a + b)h \div 2$；

当上底为 0 时，就是三角形：$S = ah \div 2$；

当上底和下底相同时，就是平行四边形 $S = ah$；

当平行四边形的高就是四边形的一组边时，就是长方形：$S = ab$；

当长方形长和宽相等时，就是正方形：$S = a^2$；

圆的面积：$c \times r \div 2$（相当于三角形面积）.

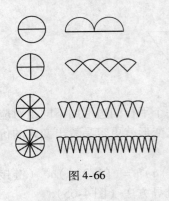

图 4-66

（注：著名的德国天文学家、数学家开普勒（1571—1630）为了得圆面积公式而进一步把圆看作无数个顶点在圆心、底在圆周上的三角形之和. 他把圆看成了无数个"微小"三角形面积之和，这已经有了积分学的萌芽. 依此我们也可以推断圆的面积. 根据三角形的面积等于底与高的乘积的一半的结论，可以发现：圆内接正多边形的面积等于周长与边心距的乘积的一半. 进而，我们可以联想：圆的面积很可能就等于其周长与半径乘积的一半，这一结论显然是正确的. 这种方法 12 世纪前印度人常用直观的方法去研究圆的面积，所以也叫"印度圆"方法，见图 4-66.）

2. 如果面积单位不是单位正方形

我们在学习面积的时候，总是把一个正方形作为面积单位，把正方形压扁成菱形，我们也可以把一个菱形作为面积单位，菱形的面积与压扁的角度有关从而引进正弦. 也就是说如果边长是 1 有一个角为 a 的菱形的面积叫做角 A 的正弦 $\sin A$，那么平行四边形的面积 $= \sin A \times a \times b$. 这样对任意 $\triangle ABC$，它的面积就 $1/2 bc \sin A = 1/2 ac \sin B = 1/2 ab \sin C$. 可以引导学生推导出其他平面图形的面积. 张奠宙先生有个形象的比喻把正弦比喻成压扁后菱形的面积所打的折扣. 的确在现实生活中测量相邻边的长度和夹角要实用的多. 从学生认知的角度看来，其实学生在开始学习平行四边形的面积的时候，很多学生开始的直觉都是相邻两边的乘积就是平行四边形的面积. 看来学生想法中的合理成分是值得发掘和应用的，我们可以顺着学生思路开展教学. 这就是教育数学研究的内容.（详见张景中院士《从数学教育到教育数学》）当然，这需要足够的数学功底来支撑，因为它改造了数学，我们习以为常的起点发生了改变，再往前退了一步，但这一退，却打开数学教育的更大天地. 这就印证了一句话：退一步，海阔天空.

点评人：杭州现代小学数学教育研究中心　唐彩斌

第七节　圆　的　周　长

一、教学设计背景

（一）单元背景

对于"圆的周长"一课的设计，首先是建立在"圆"的单元整体考虑基础上的，更开阔一点说应该是建立在学生空间观念的培养上的．小学阶段对圆的认识应该是整体的、直观的认识，初中阶段则是局部的、具体的认识，高中阶段是方程的、数形结合的认识．而其中的主线一是关于圆的最基本特征——广泛的对称性、各点均匀性以及普遍存在性；再者就是曲线的研究方法，即我们常说的化曲为直、以直代曲，用有限逼近无限、直线段逼近曲线．

小学阶段，对圆的认识是学生第一次真正开始认识曲线围成的图形，无论是研究方法还是研究角度都与以前有着质的不同．具体到圆的周长来说，其数学的核心思想有两个：一是变中找不变的直觉思维（或称为一种函数思想），再者就是曲线的研究方法．

从具体的教学设计角度来说，是建立在学生已有的认识基础上进行设计的．学生在第一学段"认识物体"中已经初步认识了球，"认识图形"一课中初步认识了圆，到第二学段十一册中的"圆"（包括圆的认识、圆的周长、圆的面积）．这是教材本身依照从整体到具体、从直观到抽象的认知规律来安排的．而实际上，正是由于圆的普遍存在性，学生对"圆"并不陌生，但从学习直线图形的知识到学习曲线的知识，不论是内容本身，还是研究问题的方法，都有所变化．教材通过对圆的研究，使学生初步认识到研究曲线图形的基本方法．同时，也渗透了曲线图形与直线图形的关系．这样不仅扩展了学生的知识面，而且从空间观念方面来说，进入了一个新的领域．

（二）学情分析

为了解学生情况，在学生已有的知识和经验基础上设计教学，我们采用问卷、访谈、小组观察等多种方式进行了前期的学生调研．结果表明：

（1）学生对以前学习的长、正方形周长认识深刻，对图形周长的认识也十分清晰．许多学生甚至知道圆的周长和面积的计算公式．

（2）孩子们对 π 的认识几乎只是知道它在 3.1415926 与 3.1415927 之间，一般取值为 3.14，但是对 π 的意义就几乎都不太清楚了．只有一个孩子读过这方面的书籍；普遍缺乏对圆周率的研究历史的了解，唯一提及的就是祖冲之．

（3）学生对于已经学过的图形的认识以及面积的理解只是停留在结果上了，而对探索的过程孩子们记忆不够深刻；在老师引导之后说出喜欢小组合作．说明以前教学中关注学生的主动探索以及孩子们总结反思还不够．

二、我的思考

（一）在教学环节设计方面的思考

部分学生已经知道圆的周长计算公式，但对于这个公式的形成过程缺乏了解，只是处于"知其然，而不知其所以然"的状态．如果将教学重点确定在公式掌握和应用上，并不能解决学生对圆周率的意义不清楚的问题．

同样由于部分学生知道圆的周长公式，因此这部分学生对实验测量兴趣不高，他们更热衷于测量半径，然后计算周长，在教学过程中，如果教师希望学生测量的数据越准确越好，越能说明周长与直径的比值是 3.14 越好，必然会导致出现学生"测量"数据的过于精准．因此教学设计必须引导学生正确、科学地认识实验操作的价值．

即使通过测量、通过介绍割圆术揭示出圆周率是个常数，学生的内心深处仍有可能不是真正的接受．对 π 的不认识，是因为学生对用一个字母表示一个具体的数还不能体会和接受，因为这与他们学过的字母表示数的意义是不同的；无理数 π 离孩子们的认识世界实在有些远．

（二）在确定情感、态度、价值观的教学目标方面的思考

如何真正让学生在经历数学的再创造过程中体验到科学的态度和探索创造的价值？如何让学生切身体会人类对圆的曲折而漫长的探索中的人文精神？我主要从以下三个方面进行了思考．

首先，测量活动的目的绝不仅仅在于实验的结果．

课前的学生情况调研表明，80% 以上的学生都对圆周率有所了解，学生会对实验测量并不真正感兴趣，而实验测量这一操作又是学生经历人类对圆周率探索过程所必需的．

在这种情况下，我想，测量活动的目的应该是多元的，包括探索周长与直径的关系（培养变中找不变的直觉思维）、科学严谨实事求是的态度、小组合作意识、对数据的反思意识等．

于是在操作活动环节，做了与以往教学不同的几点尝试：

（1）每个小组测量对象只选一个；

（2）每个测量对象进行 3 次测量（可以利用平均值来尽可能规避系统误差）；

（3）正确认识误差，由学生对测量数据进行客观分析．

其次，应让学生了解对圆周率的探索是人类共有的精神财富．

以往的教学对于圆周率的介绍过分单一强调祖冲之的贡献，容易给学生形成一种片面的认识．结合数学史，对圆周率的介绍应该更全面、更全面一些．实际上，在古代巴比伦、印度、埃及、中国，由于生产生活的需要，比如计算一块圆形田地的大小或制作圆形器皿，人们很早就认识到圆周率大约为 3．真正使圆周率计算建立在科学的基础上，首先应归功于阿基米德．他是科学地研究这一常数的第一个人，是他首先提出了一种能够借助数学过程而不是通过测量的、能够把 π 值精确到任意精度的方法．刘徽的割圆

术更进一步，虽然他提出割圆术的时间比阿基米德晚一些，但其方法确有比阿基米德方法更美妙之处，仅用内接正多边形就确定出了圆周率的上、下界，比阿基米德用内接同时又用外切正多边形简捷得多．而学生们熟悉的祖冲之则是站在前人的肩膀上才有的更辉煌的成就——第一次将 π 值精确到小数点后 7 位．当然，更有后来的许多中外数学家呕心沥血甚至付出一生的艰苦演算、证明，才使人类终于认识到圆周率是个常数，是无限不循环的小数．

另外，在教学过程中，教师对学生提出一般计算时通常取 π 的近似值 3.14，此时学生往往会心存疑问：既然 3.14 就够用了，为什么还要费那么大劲儿将 π 值计算得那么精确？

我认为这个教学环节可以通过倾听及阅读有关历史资料，体会人类探索圆周率的过程，发展民族自豪感，同时感受数学的文化价值．让学生真正体会到正向圆周率的小数点后的小数位数无穷无尽一样，人类对真理和完美的追求同样永无止境！

因此设计了观察正多边形等活动，并结合校园中大树的围栏照片、超级画板课件的正多边形逼近圆的演示，最后揭示割圆思想，介绍圆周率的研究历史．使学生亲身经历正多边形逼近圆的过程、感受研究曲线的方法的同时，从心灵深处受到触动，强烈的感受到数学的文化价值．

三、教学设计

教学内容 小学数学第 11 册．

教学目标

（1）认识圆的周长，理解圆周率的意义，推导圆周长的计算公式；

（2）经历实际测量的过程，体会圆的周长与直径之间的函数关系，渗透以直代曲的极限思想；

（3）在数据的收集和分析过程中，发展科学的研究态度和反思意识．培养民族自豪感，感受数学的文化价值．

教学重点 圆周率的意义．

教学难点 理解圆周率的意义．

教学过程

课前谈话：

师：猜纸板遮挡住的是正方形还是长方形（图 4-67）？

生：无法判断．

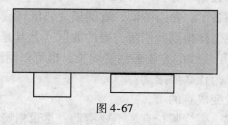

图 4-67

师：如果都是正方形，哪个周长更长一些？

生：当然是右边的了．

师：如果都是长方形，哪个周长更长一些？

生：无法判断！

（一）复习导入，明确方向

1. 周长概念

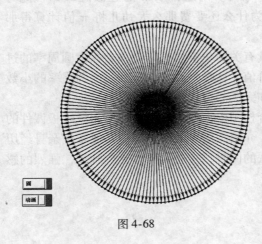

图 4-68

师：前几天，我们刚刚认识了一个新的平面图形，是什么？

生：圆．

师：今天我们继续认识圆、研究圆．（板书课题：圆的周长）

师：（举一个较大的圆纸片）请你来摸一摸，指一指，哪里是它的周长？

师：现在谁来说一说，什么是圆的周长？

演示超级画板课件（1）：围成圆的曲线的长度——圆的周长．通常用字母 C 表示（图 4-68）．

2. 提出问题

师：由课前猜图形的游戏，我们知道，正方形的周长与它的边长有关，长方形的周长与它的长宽之和有关．那么你认为圆的周长与什么有关呢？

生：圆的大小、直径、半径．

（二）实验测量，初步探索

1. 讨论方法，化曲为直

师：当然，我们已经知道圆的直径与半径有 2 倍关系，因此我们只需得到圆的周长和直径有什么关系就可以了，那么我们又该怎样研究周长与直径的关系呢？想一想，一般情况下，研究两件事物之间关系时，你们认为首先得需要什么？

生：①实物模型；②数据、分析．

师：实物给同学们准备了，每组不同，有圆纸片、纸杯或硬币．拿出来，就你们小组的实验材料，谁来说说怎样得到我们所需的数据（尤其是周长的数据）？

生：（讨论后）可以用绕线的方法来测量周长；也可以用滚动的方法．

师：为什么要绕线？为什么要滚动？

生：这样可以把曲线变成直的．

师：要注意合作完成、要绕紧拉直、不要滑动、尽量精确．（学生汇报测量周长和直径的方法，教师追问为什么这样做？适时提示指导测量方法及注意事项）

师：（PPT课件打出）每个小组都有这样一张实验记录单（图4-69），直径和半径都需要测量吗？注意单位，如果仍不满意，还可以估计读出一位小数.

实验记录单

第_____小组

实验次数	周长（mm）	直径（mm）
第1次		
第2次		
第3次		

图4-69

师：（指第一列）这是什么意思呢？为什么要测三次呢？

生：可以用同样的方法多测几次；可以用不同方法；还可以小组内交换分工.

生：可以求平均数.

师：特别强调的是，做实验就要有科学、严谨的态度！因此在追求实验数据尽量精确的同时更重要的是实事求是！测量的数据是多少就是多少！如实填写实验记录单.下面就用大家说的方法，亲自动手测量一下，得到真实的实验数据.

2. 分析数据、探索规律

学生汇报数据.教师直接填写在电子表格中（图4-70）.

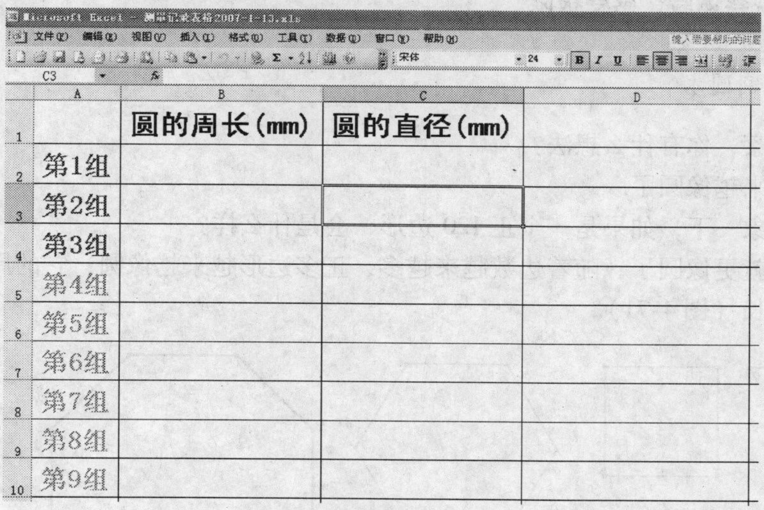

	圆的周长(mm)	圆的直径(mm)	
第1组			
第2组			
第3组			
第4组			
第5组			
第6组			
第7组			
第8组			
第9组			

图4-70

师：仔细观察数据，认真思考，你有什么发现？

生：（误差分析）

（1）测量方法、测量工具、测量对象都会导致产生误差；

（2）直径数据比较接近说明直线段更容易测量！但同样不可能绝对精确；

（3）平均数的方法可以减小误差，但同样不能完全避免误差；

（4）用测量的方法，无论是曲线还是直线，永远只能得到长度的近似值.

师：由此可见，采用实验的方法，误差是不可避免的. 这是正常现象！

师：请你再次观察数据，你发现圆的周长与直径可能有怎样的关系呢？

生：都是 3 倍多一些.

师用电子表格计算比值（板书：$\dfrac{C}{d} = 3. ?$）

师：用实验的方法得到的数据，受误差的影响不够精确，那怎么办？到底圆的周长与直径之间存在的这个 3 倍多一些的关系是变化的还是确定不变的？如果是确定不变的又该怎样得到呢？

3. 适时反思、引发困惑

师：这可真是个令人头疼的问题啊！实际上这个令人头疼的问题同样曾经困扰了人类数千年！在古代巴比伦、印度、埃及、中国，由于生产生活的需要，人们用实验测量的方法就已经知道，圆的周长与直径之比大约为 3.（PPT）公元前 2 世纪，中国的《周髀算经》里也出现有"周三径一"的记载. 东汉时期官方还明文规定计算圆大小的标准是取周长与直径比值 3，后人称之为"古率". 用这个古率估计圆田面积时，没有太大影响，但以此来制造精细的圆形器皿就不太合适了. 为求得圆的周长与直径更精确的比值，人类走过了一条漫长而曲折的道路！

（三）观察体验，感受极限

1. 介绍割圆术

师：观察，你有什么想法？

生：越来越像圆了.

师：想象一下，如果是一个正 120 边形，会是什么样？

生：那就更像圆了；随着边数越来越多，正多边形越来越像圆，它的周长也越来越接近圆的周长（图 4-71）.

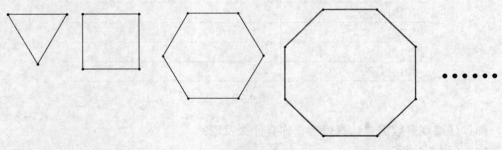

图 4-71

师：借助电脑来演示一下吧（图 4-72 ~ 图 4-74）！

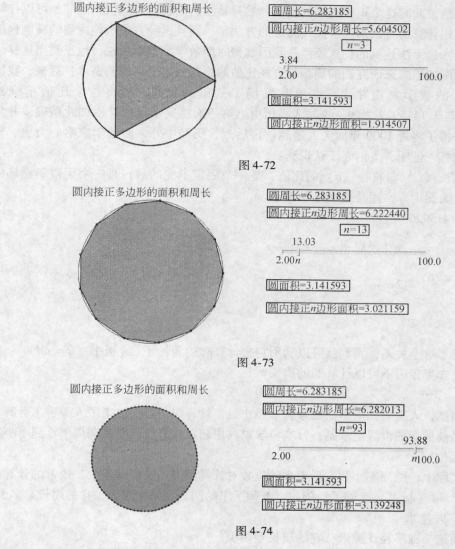

圆内接正多边形的面积和周长

圆周长=6.283185

圆内接正n边形周长=5.604502

$n=3$

3.84

2.00 ——————————— 100.0

圆面积=3.141593

圆内接正n边形面积=1.914507

图 4-72

圆内接正多边形的面积和周长

圆周长=6.283185

圆内接正n边形周长=6.222440

$n=13$

13.03

2.00n ——————————— 100.0

圆面积=3.141593

圆内接正n边形面积=3.021159

图 4-73

圆内接正多边形的面积和周长

圆周长=6.283185

圆内接正n边形周长=6.282013

$n=93$

93.88

2.00 ——————————— n100.0

圆面积=3.141593

圆内接正n边形面积=3.139248

图 4-74

师：让我们再来看这样一段话：

割之弥细，所失弥少，割之又割，以至于不可割，则与圆合体，而无所失矣（图 4-75）！

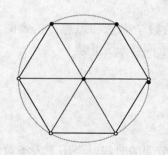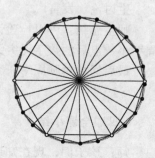

图 4-75

师：当然，此时这个正多边形的周长仍然只是圆的周长的近似值！但却是可以控制的了，可以用计算的方法来代替操作测量的方法了，而且这种方法所能达到的精确程度是操作测量永远无法达到的！这段话是我国魏晋时期数学家刘徽所说，他正是用这样一种全新的割圆的思想来研究圆的周长与直径比值的！这就是著名的割圆术！后来，我国另一位伟大的数学家祖冲之，继承并发扬了刘徽的思想，他将这个比值精确到 3.1415926 与 3.1415927 之间，这是人类历史上第一次将这个比值算得如此精确，并且这个记录保持了将近 1000 年而无人超越！再后来，历经中外许多数学家呕心力血、坚苦卓绝的演算、证明，人们终于认识到：

圆的周长（C）与直径（d）的比值，是一个固定不变的数，是一个无限不循环的小数．称之为圆周率，用希腊字母 π 来表示．

$\pi = 3.14159265\cdots$

师板书：$\dfrac{C}{d} = \pi$（圆周率）

$$\dfrac{C}{r} = 2\pi$$

2．公式及练习

师：有了这个关系，我们就可以利用它来计算圆的周长了．（板书：$C = \pi d$）

师：已知半径可不可以计算圆的周长？

生：$C = 2\pi r$.

师：当然，人类对圆周率的探索从未停止过，计算机的诞生结束了人类手工计算 π 的历史，目前最新的世界纪录是：日本科学家利用超级计算机已经将圆周率算到了小数点后上万亿位！

师：实际上，圆周率小数点后更多的位数对计算圆的周长影响不大！通常的计算中取 π 值为 3.14（板书）就够了！例如：老师手里的圆直径是 2 厘米，它的周长是多少？

生：6.28 厘米.

师：而这个圆半径 5 厘米，它的周长是多少？

生：31.4 厘米.

师：既然通常的计算取两位小数就够了，为什么还要不停的追求 π 小数点后更多的位数呢？

生讨论、发言.

师生总结：可以检验计算机 CPU 性能；引发了许多新的数学概念和思想；正像圆周率小数点后的数字无穷无尽一样，人类对完美和真理的追求同样永无止境！

最后播放对圆周率研究有过重要贡献的科学家.

……

（四）全课小结

师：孩子们，现在知道你们有多么了不起吗！你们用一节课的时间，经历了人类对圆几千年的研究历史，经历了人类曾经的探索中痛苦和发现时的喜悦！对圆的研究和发现，是全人类共有的财富，而今天，我们的这个研究历程，将成为你们的财富！

设计执教：北京大学附属小学　孙雪林

第八节　探索完全图
——数学原来可以那么美

一、写在前面

苏联教育家阿莫纳什维利著有儿童教育三部曲：《孩子们，你们好!》、《你们生活得怎样?》、《祝你们一路平安!》．这样的标题用作教师对即将毕业的孩子们的寄语是再贴切不过的了．此时，作为数学老师我们一定会问，孩子们六年了学了什么？学得怎样？在即将离开小学校园的时候，我们该怎样引导孩子来回顾小学数学的学习历程？除了"查漏补缺，拓展提高"这些泛化的表述以外，我们又该为孩子准备哪些"最后的营养"？面对习惯了的"精讲多练"的复习课，我们该如何考量理想的复习？

正是基于以上的思考，笔者创编了一个六年级综合实践活动：圆与正多边形再认识．结合学生的学情，制定了以下教学目标：

在认识平面图形的基础上，进一步拓宽知识面，更深刻地认识圆与多边形之间的关系，为后续学习作铺垫；

经历操作与猜测的过程，培养学生的空间观念和想象能力，经历探索规律的过程，渗透化繁为简的转化思想，在直与曲的变换中，渗透辨证的思想；

借助超级画板的动画技术，感受图形之间的变换，欣赏数学美，激发学生学习数学的兴趣．

二、课堂回放

（一）整理回顾，驱动研究

（1）师：在我们学习的数学中，除了数，还有形．对于空间图形来说，包括点、线、面、体．它们之间有着怎样的联系呢？今天我们就借助超级画板来看一看：很多点连在一起就成了线，很多线连在一起就成了面，很多面连在一起就成了体（动态演示）．今天我们主要研究平面图形．

（2）师：我们学过哪些平面图形呢？

生：三角形、长方形、正方形、平行四边形、梯形、五边形、圆形……

（3）引导比较．师：圆和这些图形有什么不同？

生：圆是由曲线围成的，其他图形是由线段围成的．

师：圆和其他的图形有着怎样的联系？今天我们将一起来研究．

【反思】　在传统教学环境中，"点动成线，线动成面，面动成体"这样的基本认识总是停留在语言的表述上，很难直观地呈现．有了超级画板的演示，对点、线、面的移动进行跟踪，就非常便捷地实现了把抽象的知识直观展示了．它们之间的联系在信息技术的环境中尤为明晰．

对于平面图形的认识，学生会很快认识到圆与其他平面图形之间的不同，而联系似乎容易忽视，而本节课的学习从某种程度强化它们之间的联系．当正多边形的边数足够多的时候，实际它就成了一个圆．圆就是一个正无限多边形．

基于以上两个方面的梳理，除了知识的回顾，更是强化了一种联系的思想．

（二）动态演示，探索规律，认识圆内接正多边形

（1）师：在圆周上找两个点，把圆周等分成 2 份，把这两个点连起来，是什么？

生：直径．

师：把圆周等分成 3 份，把点连接起来就成正三角形；以此类推，等分成 4 份，得到正四边形；等分成 5 份，得到正五边形……

（2）引导观察，交流发现．师：圆内出现这些图形有什么共同的特点与变化？相同之处：每条边都相等，顶点在圆上，图形都在圆内，因此这些图形都叫做圆内接正多边形．有什么不同之处：点数越多，边数越多，面积和周长越接近圆．

（3）动画验证发现．师：为了验证大家的发现，演示一个动画．（动态演示：多边形随着边数增加而增大，见图 4-76．）

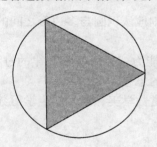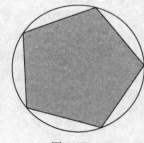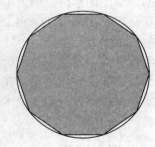

图 4-76

（4）数据验证发现．边演示动画，边出现数据，用数量精确刻画变化，当边数增多的时候，正多边形的面积和周长就接近圆了．当出现正 100 边形的时候，可以设问：看到的是正多边形，还是圆？肉眼看到的已经是一个圆，实际上是一个正 100 边形．引导想象：如果是正 3072 边形呢？学生惊呼：几乎就是圆了．

（5）数学史介绍．师：这个道理，在古代推导圆周率的时候，就有人发现了，这个伟大的数学家的名字叫刘徽．（注：学生总是异口同声地说"祖冲之"．）我们除了记住祖冲之还应该记住刘徽的"割圆术"："割之弥细，所失弥少，割之又割，以至于不可割，则与圆合体，而无所失矣"．（学生根据理解加以解读．）

史料 中国古代从先秦时期开始，一直是取"周三径一"的数值来进行有关圆的计算．东汉的张衡不满足于这个结果，他从研究圆与它的外切正方形的关系着手得到圆周率．魏晋时期，刘徽提出用"割圆术"来求圆周率，把圆内接正多边形的面积一直算到了正 3072 边形，并由此而求得了圆周率为 3.14 和 3.1416 这两个近似数值．这个结果是当时世界上圆周率计算最精确的数据．以后到了南北朝时期，祖冲之在刘徽的这一基础上继续努力，终于使圆周率精确到了小数点以后的第七位．比西方国家早一千一百多年．刘徽所创立的"割圆术"对中国古代数学发展的重大贡献，是永远不会忘记的．

【反思】 尽管都是通过演示，引导学生经历一个正多边形边数逐渐增多引发的变化过程，但认识的层次依次加深，从单个图形的观察，到多个图形的动画演示，再到用数据精确刻画变化过程，认识不断深入．而这一认识过程也恰恰是认识事物的一般过程，从个体的认识，到把多个事物联系起来看，再到用数学的眼光精确刻画．这也正是数学教育的目标之一．

从数学史的角度来说，诚然祖冲之对于圆周率的贡献是巨大的，但是刘徽的贡献也是不可磨灭的．我们不能把古代数学发展割裂成片段，而应该尽可能展现全貌．不仅介绍相关的人，而且还介绍相应的事，就如圆周率的史料，不仅介绍这些人，而且还介绍他们提出计算圆周率的方法，在当时的背景下提出这些方法的历史意义与贡献．

（三）解析美妙图案：完全图是怎么形成的？

（1）师：刚才我们认识了圆内接正多边形，现在我们来看这一个图（出示一个顶点数为28的完全图），引导学生观察，提问：这个图是怎么画出来的？

（2）学生猜测．逐渐减少顶点数，引导学生发现图的构成．

（3）基于讨论得出：这个图是由正多边形和它所有的对角线构成的．教师指出像这样的图形叫做完全图．

（4）回顾过程提升方法．师：刚才是怎样发现这个图的形成特点的？结合学生的回答概括：把繁化简，从简入手．（板书）

（5）补充回应．师：刚才有同学猜测是用多边形旋转而成，旋转画出的图是怎样的？我们来演示一下．（动态演示由正三边形、正四边形、正五边形、正六边形绕点旋转而成的图形，见图4-77）

图4-77

【反思】 "好看"、"漂亮"，这是描述事物的一般词汇．透过现象，探寻本质，怀着好奇的心理了解图的构成，这是一种数学的视角．基于简单的图形发现规律，再把规律推广到复杂的图形应用规律，其间渗透了化繁为简、由简入手的数学思想．借助超级画板，验证学生的猜测，图案美妙变幻，学生兴趣盎然．

（四）解析美妙图案：完全图是多少条线段组成的？

（1）教师：刚才我们知道了完全图是由正多边形和它所有的对角线组成的．知道了这些，你们是否又有了新的问题？引导学生提问：到底有多少条线段呢？（不包括线段与线段相交后形成的线段，只是包括对角线与多边形的边．）并启示学生思考准备怎么研究？（试图迁移化繁为简的转化思想．）

（2）操作活动：给学生圆内接正多边形的空图，可供学生动手操作，尝试探索规律．

（3）引导学生有序思考：从一个顶点出发可以画出多少条线段．

多边形的边数	线段条数
3	$2+1+0$
4	$3+2+1+0$
5	$4+3+2+1+0$
…	……
28	$27+26+\cdots+1+0$
n	$(n-1)+(n-2)+\cdots+1+0$

归纳规律：完全图中的线段条数与顶点的关系：$n\times(n-1)\div2$，n 为多边形的边数，也是多边形的顶点数．

（4）巩固试算．计算顶点数为 20 的图形中有多少条线段？

【反思】 知道了完全图的构成，进一步探究其中的线段数量．强化迁移"化繁为简，从简入手"数学思想，引导学生发现完全图中的线段条数与顶点的关系．在探索关系的过程中，引导学生有序地思考，从每一个顶点可以引发出多少条线段，有哪些线段是要重复的，直至概括出一般的数量关系．

（五）解析美妙图案：完全图是线段组成的，怎么会成曲线？

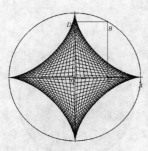

图 4-78

（1）引导学生继续提问．教师：刚才我们化繁为简，一步一步认识了完全图，刚开始我们只知道它很漂亮，后来知道它是怎么形成的（通过顶点画出所有的对角线），而且还知道它由多少条线段组成．看着这个图（图4-78），你还能提出其他问题吗？

（2）引导学生思考．画的是线段但怎么在图中却出现了曲线，出现了圆呢？

（3）组织学生操作．引导学生画一个简单的梯子滑倒图，感受线段运动形成曲线的过程．

（4）教师引导并作动态演示，感受画直为曲．（板书：画直为曲）

【反思】 面对完全图，学生经历了由浅入深的认识过程，先是了解它是怎么构成的，再是探索到底是由多少条线段组成，最后还思考画直为曲的道理．同一图示，认识逐渐深入，环环相扣，不断激发学生的好奇心，挖掘同一图示的教学功能．

（六）动态演示，数学欣赏

师：在课的最后，我们把梯子模型图与圆绕着圆旋转的图案结合起来演示，形成一个美妙的图案（图4-79）．

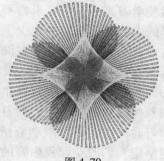

【反思】 随着新课程的改革，大家都赞同开设一些数学欣赏的内容，但鲜有合适的内容．用超级画板展示的这些动态的图案显然可以给我们留下很多启示，也留下值得探寻的空间．这些动态图案的展示激发了学生极大的学习热情，让学生感觉到"原来数学可以这么美妙"．

图 4-79

三、写在最后

1. 信息技术与学科整合有赖于有学科特性的技术平台

听过或看过这节课的设计后，大家都会追问一个问题：这是个什么软件啊？是啊，这的确是一个重要的前提性的问题．我们都知道信息技术与学科整合历来是国际数学教育研究的热点之一．开发一个适合小学数学教学的平台，一直是信息技术与数学学科整合的瓶颈．继演示型课件之后，如何开发即时生成的技术平台是一个新的问题．在研究与实践中，我们越来越能体会到普适性的技术往往顾及不到具体学科的要求，而一项好的教育技术必须符合学科教学的特点．除 Authorware、Flash、PowerPoint 之外，又有什么好的软件会能为教师提供更好的选择呢？

我国数学家、计算机科学家、中科院院士张景中教授研发的软件"超级画板"给我们提供了一个新的选择．从课的设计中，我们感受得到用了这个免费软件，"本来就要做的事，做得更快更容易了，效率提高了"．比如画一个正20边形，只要选定一条边，设置正多边形的边数是20，一个正20边形就画好了，以后不管怎么拖动，等边的几何属性是不会变的；"有些过去想到做不到的事，可以轻松实现了"．比如要从一个顶点数是28的完全图变为顶点数为4的完全图，只要拖动变量滑钮就可以实现了，这是传统教学手段不可能做到的；"过去想不到或者不敢想的资源可以创造了"，当学生猜想完全图是多边形旋转而成，超级画板就可以当场演示"三角形旋转一圈形成的图形"，还可以把梯子模型的图和圆旋转的图结合起来形成美妙的花，这在传统的教学环境中是不可能完成的任务．而这一切，超级画板都可以帮我们轻松实现．

2. 课程内容的改变是课程改革的重要组成部分

当听完或看完课的时候，大家不约而同会问的另一个问题是：这个内容小学现有的课程中有吗？"圆内接正多边形"这样的词汇应该是中学的内容，其实这些名称并不是衡量中学内容与小学内容的标准，关键是看学生是否能够接受，课程内容的更新恰恰是重要的．笔者曾经不断反问自己：技术可以改变什么？是手段？是方法？是目标？是内容？设想，因为有了技术，而使得原来的课程内容的学习提高了效率，在此基础上，基于技术增加一些有利于学生探索规律、发展思维、培养空间观念、激发学习兴趣的内容未尝不可．现实的情况是，不是这样的内容多了，恰恰相反，这样的内容我们研发的太少了．虽然有人认为"教什么比怎样教更重要"，但我们至少应承认"教什么与怎样教同样重要"，但是当我们的教学出现新内容的时候，原有的认知总是容易产生干扰．看着学生学完这节课，更加明晰了点线面体以及圆与正多边形的关系，掌握了探索规律解决问题的一般转化的方法"化繁为简，从简入手"，体悟到极限的数学思想，并且在学习中对古代数学的历史有了更为完整的认识，学生学习时产生的那种激动心情和高昂的兴趣，给了我们极大的鼓舞和无限的宽慰，也更坚定我们改变课程内容的决心．

3. 数学的美有不同层级的体验与感悟

在课堂教学中，我们常常听到学生啧啧赞叹"原来数学可以这么美"．联系课堂中的教学情境，我们可以发现：数学美，绝不仅仅是外观的美，而是蕴涵着不同层级的体验与感悟．当看到一些直观的动态图案时，可能直接感受的是一种色彩丰富的漂亮的图案；当发现学习内容之间的一些联系，感受到的是数学知识结构的美；当经历了一个认识事物的过程：从开始陌生，到熟悉，到清晰原理，学生感觉到的是学习数学的美妙情感．

学习只是阶段性的结束，愿孩子们带着对小学数学的欣喜与赞叹走进新的校园，我们想说的还是阿莫纳什维利的呼声"孩子们，祝你们一路平安！"

设计执教：唐彩斌

（原载《小学教学》2009 年 7、8 期）

点评

我以为智慧的数学课堂应该是简简单单的．它清白而不晦涩，简约而不繁杂．课堂中的学生能明明白白、有条不紊地从一节课的学习中走出来，走向知识、认识和经验的更高一级台阶，即便面对的是错综复杂的问题，大家一样能理出知识的或方法的或策略的丝丝缕缕，能够在对问题及其规律的认识、分析中积累经验，解决问题．

其次，智慧的数学课堂在清白简约的背后是蕴涵着深刻和厚度的．它于朴素中绽放思想，在细微中展现机智，似不经意中折射出文化，它以方法、策略、理性的力量推动学生去思考、去发现、去探究、去享受……学生的发展是智慧教学追求的目标．

"超级画板美妙图案"是一节关于空间与图形内容的课．新课程强调从多种角度来认识图形，认识空间．这是因为社会的发展使得人们越来越深刻认识到空间与人类的生存和居住的紧密关系，帮助学生了解和把握空间，才能使学生更好地生存、活动和成长．而且空间观念是创新精神所需的基本要素，因为许许多多的发明创造都是以事物的形态呈现的，设计者要先从自己的想象出发画出设计图，然后根据设计图做出实物模型，再根据模型修改设计，直至最终完善成型．而小学生因为年龄小、生活经验有限等原因，在空间观念和想象能力的建立上一直存在较大困难．怎样能够比较好地到解决这二者之间的矛盾？唐老师自编的这节课就是在展示他对这个问题的思考和大胆实践．

　　因此，从唐老师自编的两节课中我们读出他的第一个智慧：他能正确找出小学生数学学习中困难、薄弱的方面，选择合适的素材进行研究，来帮助小学生全面提高数学学习能力，它让我们看到了一名智慧型老师的教学敏锐．

　　选择合适的材料和主题展开研究是我从唐老师课堂中读出的另一个智慧．唐老师选择了超级画板工具使学生能依托直观培养空间观念和想象能力，培养学生运用变化、联系的观点分析问题，培养学生的空间观念和想象能力．

　　唐老师的课堂智慧不仅于此，如唐老师在学生认识了"圆"这个曲线图形之后，以"圆与正多边形之间的关系"为主题，带领学生领略认知、技能内容以外从直线图形到圆这个发展过程中蕴涵的数学思想方法．

　　并且，在唐老师"圆与正多边形之间的关系"的探索活动的背后，我们看到了这节课中闪现的一串"珍珠"，一串思想的珍珠：

　　（1）联系的思想．这里有关于点、线、面、体间联系的直观揭示，有曲线图形"圆"与正多边形的关系的探讨．

　　（2）运动变换的思想．在变换中认识圆内接正多边形，在变化中发现圆内接正多边形的边长和面积与圆的关系．在运动变化中去观察认识图形及其特征、规律．

　　（3）极限的思想．逐步逼近的极限思想是研究圆这一曲线图形与正多边形的关系的重要指导思想，唐老师运用超级画板让学生形象地认识到了圆内接正多边形的面积随着边数增加而增大，最后无限接近圆面积的现象，让学生直观地理解了"割圆术"："割之弥细，所失弥少，割之又割，以至于不可割，则与圆合体，而无所失矣"．借助数形结合，学生对极限有了初步的感受．

　　（4）化繁为简的转化思想．指导学生从复杂图形中辨别出基本图形，进而获得对"完全图"的认识；还有完全图中线段条数与顶点的关系的研究，也依据了从简单情况入手，借助推理，归纳总结出规律的教学逻辑．

　　此外，唐老师用"画的是线段但怎么在图中却出现了曲线、出现了圆"等问题，引导学生在生活和学习中养成透过现象分析本质的习惯和探究意识（生活中的问题意识、数学眼光等），引导学生智慧地生活、快乐地探究．

　　有教育智慧的人，会把复杂的东西教得简单；有教育智慧的人，会把简单的东西教得有厚度，会让人从一个概念、公式、算法中看到整个学科的魅力．当教师的心中有真正的数学，当课堂中有真正的儿童，数学教育就找到了那个撬动地球的支点！这样的数学课堂就是充满智慧的数学课堂！

点评人：湖北省教育厅教研室小学数学教研员　刘　莉

第九节 认识五角星

—— 怎么让数学既好玩又有数学味

这是一个传统教材没有的内容．作为六年级的综合与实践活动内容，"五角星"走进了数学课堂．根据学生对五角星的了解以及小学数学学习的相关目标，笔者在教学实验的过程中为"五角星"拟定了如下教学目标：

（1）通过观察五角星，提出相关的数学问题，并能利用已学的知识和技能解决问题；

（2）经历观察、操作、推理的过程，了解五角星形、边、角、顶点的特点，并尝试应用已学知识求一个角的度数和五角星的面积与周长，增强应用数学的能力；

（3）结合五角星的现实材料和数学作品，感受五角星的数学美，感悟五角星的文化价值．

创建一个适合小学生学习的新内容，总是要上下兼顾、左右权衡，创造总比演绎、模仿更有价值，但也更加艰难．笔者把原汁原味的教学实践流程与相关思考陈述如下，与大家分享，并求教大家．

教学案例

（一）引出五角星，提出数学问题

（1）师：这是我们国家的国旗和国徽（图4-80），在国旗和国徽上都有一个共同的图形，是什么图形？

图4-80

生：五角星．

师：你们认识五角星吗？

生：认识．

（2）师追问：那你们能不能说说什么样的图形是五角星？（学生虽说认识但表达比较难．）

师：有些事物很熟悉，但当有人突然问是什么的时候会觉得困难，那我们就改改：说说五角星是怎样的？（学生尝试回答．）

（3）师：尽管你们很难说出五角星的特点，但是你们一定能判断下面哪个是标准的五角星（图4-81）？（说明：3号五角星在超级画板中是可以变化的，在变化的过程中让学生判断是否为标准的五角星．判断的过程实际上就是在感知寻找标准五角星的共同特点．）

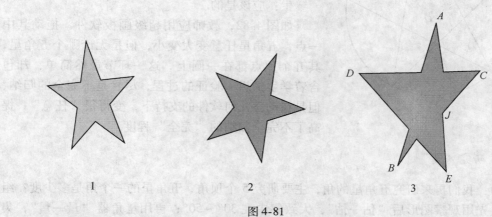

图 4-81

（4）师：那么五角星到底有哪些特点呢？今天我们就一起来研究它．

（5）师：请同学们观察标准五角星（强调标准是为了限定研究的范围），结合我们所学的知识和研究其他平面图形的方法，能不能提出一些数学问题？

（学生提出的问题有：五角星是不是对称图形？五角星的角是多少度？怎么计算五角星的周长和面积？图中有多少个顶点和交点？中心点在哪里？五角星的五个点是不是在同一个圆上？如果把五个顶点连起来是一个什么图形？）

（6）师：刚才大家提出了关于五角星的很多问题，我们选择其中的一些按照一定顺序来尝试解决．

（二）独立思考，合作解决

1. 研究五角星的"形"

（1）师：五角星是不是对称图形？有几条对称轴？（学生作出判断．）

（2）作业纸上有两个大小不同、角度不同的五角星，稍加变式，请学生画出五角星的对称轴．

【说明】 这样的问题对学生来说还是简单的，尽管略有变式，但绝大部分学生还是能够判断出五角星是轴对称，有5条对称轴．

2. 研究五角星的"点"

（1）师：五角星的点有什么特点？

生：对称轴的交点就是中心点．

生：五角星中每行4个点，一共有5行；一共有10个点，而不是20个点．

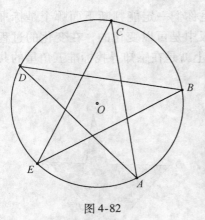

图 4-82

生：我刚才画了一个圆，发现五角星 5 个顶点都在一个圆上．

（2）师追问：是不是所有的五角星都是这样的呢？

生：应该是的．

如图 4-82，教师应用超级画板软件，拖动其中一点，五角星任意变大变小，但是无论哪个五角星，其五个顶点都在一圆上．这一环节虽然简单，却包含着学生猜想 - 验证的过程，尽管是不完全的归纳，但是在动态几何软件的支持下，变得很"任意"．提高了不完全归纳的"完全"程度．

3. 研究"角"

师：我们再来研究五角星的角，主要研究 5 个顶角．五角星的一个角是多少度？组织学生先用观察图形后"估一估"，大致集中在 30°～50°；再用量角器"量一量"，集中在 34°～38°．最后引导学生精确的推算．

教师启发学生做如下的推断推算：

方法 1：$\angle 2 + \angle 4 = \angle 6$，$\angle 3 + \angle 5 = \angle 7$，$\angle 1 + \angle 6 + \angle 7 = 180°$

那么 $\angle 1 + \angle 2 + \angle 3 + \angle 4 + \angle 5 = 180°$；

所以五角星一个角的度数是 $180° \div 5 = 36°$．

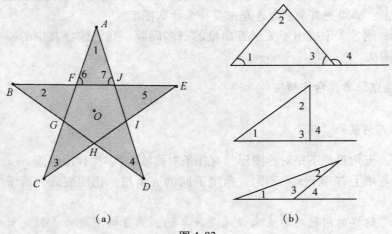

（a）   （b）

图 4-83

图 4-83（b）用来启发学生发现一个外角等于不相邻的两个内角和．学生所需要的推理基础是已学内容：三角形的内角和是 180°，平角的度数是 180°．

方法 2：如方法 1，根据三角形内角和 180°，推算出正五边形的内角和是 540°，正五边形有五个内角，所以一个内角是 108°．又因为角 1 加角 6 和角 7 等于 180°，角 6 加角 1 等于 108°，这样可以推算出 $\angle 6 = 72°$，$\angle 7 = 72°$，$\angle 1 = 180 - 72 \times 2 = 36°$（图 4-84）．

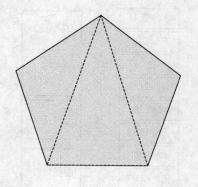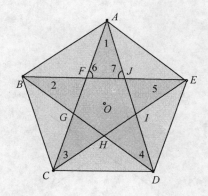

图 4-84

方法 3：五角星所在五边形的内角和为 $180 \times 3 = 540°$，$540 \div 5 \div 3 = 36°$.

（此方法有部分依赖学生的直觉，缺少严格的证明，但有学生这样作出判断，也值得肯定.）

4. 研究五角星的周长和面积

（1）师：要计算五角星的周长和面积，需要度量哪几条线段的长度？

生：只要量得一条边的长度，乘 10 便是五角星的周长.

（2）师：计算面积最少需要度量哪几条线段？为什么？

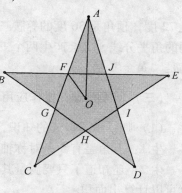

图 4-85

（学生尝试测量与计算. 教师组织学生之间交流，引导学生发现度量出 OA，以及 OA 边上的高，求得三角形 OAF 的面积，然后乘 10 就是五角星的面积，见图 4-85.）

（3）视学习情况补充一个具有挑战性的问题：五角星的面积与外圆中空白部分的面积哪个大？（提供一个样例：所在圆半径为 3 厘米.）

5. 研究五角星的"黄金比"

（1）师：五角星中有很多的线段，它们的长短看上去特别的舒服，这些线段之间有着怎样的关系呢？（试着先让学生说说自己的直觉）

（2）引导学生在五角星中找出具有几组具有黄金比的线段？学生按照提示找出对应的线段：IH:（ ）$= EI$:（ ）$= EH$:（ ）$= 0.618$.

（3）应用超级画板展示动态五角星（图 4-86），验证不同的五角星相应的线段都具有黄金比的性质. 拖动五角星，相应线段的长度立即显示变化后的长度，但对应线段的比不变，都是 0.618.

（4）视学习情况补充一个具有挑战性的问题：五角星中很多线段之间存在黄金比，其实五角星中的很多三角形也都有"黄金"的特点：五角星中的 5 个三角形均为底角

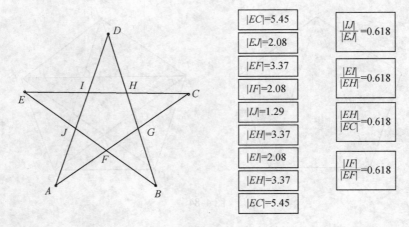

图 4-86

是 72 度, 顶角是 36 度的等腰三角形, 这样的三角形也叫"黄金三角形", 如果画出底角的角平分线, 又会产生两个三角形, 仍然是黄金三角形. 可以通俗地认为: 五角星中满是"黄金".

（三）回顾整理，操作应用

（1）师：学了今天的知识，你对五角星有了哪些进一步的了解？

生 1：五角星有 5 条对称轴，一个角的度数是 36 度.

生 2：还知道了只要测量其中一条线段就可以知道五角星周长，知道 2 条线段长度就可以计算出面积.

生 3：五角星里有很多的黄金比.

生 4：五角星的五个顶点在同一个圆上.

生 5：五角星太奇妙了；

生 6：没想到，五角星里有这么多数学知识.

（2）对于学习数学有哪些体会？

引导学生回忆研究五角星的过程以及是如何分门别类地逐项研究的. 感悟学习的基本方法.

（四）数学欣赏，课外延伸

（1）师：关于五角星的数学问题很有很多，如著名的"奇妙的五点共圆"：给出一个五角星，每一个小三角形的外面都可以画一个圆，每相邻的两个圆交于两个点，其中之一是所得五边形的顶点，另五点在同一圆上. 还有很多美妙多变的五角星：转动的五角星，美妙的五角星和五边形，还有奇妙的五角星风车（图 4-87）.

（2）师：五角星如此奇妙，以至除了中国，世界上有 50 多个国家的国旗中都有五角星，如美国、澳大利亚、新加坡等. 其实五角星的起源很早，现在发现最早的五角星图案是在幼发拉底河下游（现属伊拉克）发现的一块公元前 3200 年左右制成的泥板

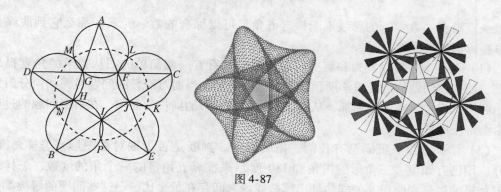

图 4-87

上．更有趣的是，古希腊的毕达哥拉斯学派用五角星形作为他们的徽章或标志，称之为"健康"．还有更多的关于五角星的美妙问题等待着我们去发现！

（3）实践作业：课后请同学们根据所学的知识制作一个五角星．在制作五角星的过程中，其实就是对五角星中数学知识的应用．

教学反思

在研发和执教《认识五角星》的前前后后，笔者曾数十次地问过专家，也不断地反问过自己："这样的内容可以进小学生的课堂吗?"专家没有否认，自然更加坚定笔者探索这个课例的信心，并把此课作为冰山一角，洞察冰山背后的一大研究领域——实践与综合应用．《义务教育数学课程标准（实验稿)》都把实践与综合应用作为小学数学的四大领域之一，并指出，这是一类以问题为载体、师生共同参与的学习活动，是帮助学生积累数学活动经验、培养学生应用意识与创新意识的重要途径．针对问题情境，学生综合所学的知识和生活经验，独立思考或与他人合作，经历发现和提出问题、分析和解决问题的全过程，感悟数学各部分内容之间、数学与生活实际之间、数学与其他学科之间的联系，加深对所学数学内容的理解．一般第一学段以实践活动为主，第二学段以综合应用为主．

（一）有数学味的材料才可作为数学综合实践的内容

作为课程的"综合实践活动"与数学学科中的四大领域之一"实践与综合应用"有着不同的教学定位．"实践与综合应用"更关注数学的学科性．从大量成功的实践研究案例看来，笔者已经渐渐明晰"好的实践与综合应用"应该是立足现实生活背景针对数学内容而开展的活动，应该把数学知识和技能的应用、数学活动经验的积累以及数学思想的渗透作为活动组织的价值取向．要让学生觉得"好玩"，又要觉得"有味"．"数学好玩"，是陈省身先生对数学学习的勉词，也是让学生在活动中热爱数学的直接感受；有味，则是需要以数学味来吸引孩子们，需要依靠数学内在的魅力来驱动学习．若活动仍然停留在浅浅综合泛泛实践，或许只是形式而已，就不是数学实践与综合应用的目标所在．

这节课是本人基于对综合与实践活动领域的思考进行探索的，可能并不是那种显而易见的理想的综合与实践活动素材．但是，当选择了"五角星"这个素材的时候，笔者就一直沿着"数学"的路线不断探寻五角星可以综合的数学元素．那么它到底综合了哪些方面的数学能力呢？

（1）关注学生提问能力和解决问题的策略．看着一幅简单的图从数学的角度提出问题，而这些问题恰恰是教学所预设要解决的问题，当面对纷繁的问题时，如何分门别类地解决？学生从整体到局部，从点，到线，到图形的周长和面积，在解决问题的过程中学会解决问题．

（2）借助五角星巩固已有技能，拓展思维．判断是否为轴对称图形，怎样画圆，怎样应用已有知识"三角形的内角和180度"来推算五角星的一个角的度数，怎样计算五角星的周长和面积，怎样估计出哪些线段之间存在黄金比……这些问题的解决都是数学基本知识和基本技能的应用，但在这节课上，这些知识和技能已经不再是孤立的存在，而是贯穿在一起．从另一个角度来说，这些技能也不是在原有水平上的重复，而是在综合应用中有了新的拓展，尤其是五角星的一个角的度数的推导，虽然有"估"和"量"的基础，但严谨的推导是对学生缜密的逻辑思维能力的重要挑战．

（3）引领学生进行数学欣赏．提升学生欣赏数学美的能力，能萌发学习数学的兴趣，更重要的是能够激发学生继续探索更广阔数学世界的欲望．另外，相关的文化史料也富有教育意义，从中国国旗到世界各国的国旗，从3200年前的一块石板到毕达哥拉斯学派的标志，还有名字"健康"，都充满着人文气息．

与我们所熟悉的那些类似于"超市购物"、"植物园或者动物园中的数学问题"相比，类似"五角星"这样的素材是更具有挑战性的，因为它不在停留在情节性变换下数学知识和技能的巩固，数学模型也不再是现成的，而是需要学生自己经历提出问题、解决问题的过程，积累根据实际情景自主建模的经验，而这种经验的积累和思想的渗透，是数学教学的本质追求．

（二）用数学的眼光来发掘教学资源

五角星，一个非常熟悉的图形，在现实生活中熟悉得有些普通．但当它出现在数学的课堂时，当我们以数学的眼光来看待它时，却发现，原来它可以不断激活学生已有的数学经验，并拓展他们的思维．

实事求是地说，开始笔者也觉得五角星是个比较简单的图形，随便看看说说画画，就可以上成一节课．后来在备课的过程中，不断找资料，却越来越发现原来五角星奇妙无比，深不可测．王方汉先生把五角星写成了专著，已故数学家和数学教育家傅种孙的教育文选中有一篇名文《从五角星谈起》，趣味无穷……

例如，关于五角星的点，除了植树的问题外还有古题：十人抬五杠，每杠用四人，一人抬俩，如何抬法？可以应用五角星点的排列原理，由此可以推广到：nc人抬n杠，每杆用$2c$人，一人抬俩，如何抬法？从五角星，到六角星，七角星……居然都适用．再比如，五角星内一共三类角，大小的比为1:2:3，没想到这是可以引而申之的，七角星的角的比是1:2:3:4:5，九角星的角的比是1:2:3:4:5:6:7……关于黄金比，其实五角星每一个角上的三角形底角都是72度，顶角是36度，这样的三角形是黄金三角形．还有，如果只量一条线段能不能测量五角星的面积，比如测量出半径能否求出所在圆内的五角星的面积? 答案是肯定的. 五角星的面积与所在圆的面积的比是确定的, 那么这个比是多少呢? 正五角星的轮廓线围成的区域面积约占其外接圆面积的 1871/5236. 你可能觉得这个数据太大, 如果用一个分母较小的分数来表示: 正五角星的轮廓线围成的区域面积约占其外接圆面积的 4/15. 至于原委, 在此不赘述, 奥妙尽在其中……

五角星, 用日常的眼光看来 "简单得不能再简单了", 但是从数学的眼光看来, "美妙得不能再美妙了".

像五角星这样的素材一定还有很多, 我们需要用数学的眼光把它们遴选到小学数学的学习内容中来, 不受传统经验的束缚, 让小学数学 "可以有" 的内容丰富起来, 先丰富再严谨, 与时俱进地构建小学数学学习内容新体系, 让小学数学的学习真正 "好玩" 起来.

设计执教: 杭州现代小学数学教育研究中心 唐彩斌

(原载《人民教育》2009 年 12 期)

编后

的确, 我们很难想象得到, 一个五角星里面, 居然蕴藏着这么多的奥妙, 从数学教学的角度来看, 居然包含着这么多的宝贵资源! 仅从这一点, 或许就能启发大家如何用数学的眼光, 去发现更多更好的教学素材.

换个角度看, 这个案例却能带给我们更多的深思. "实践与综合应用" 是个比较新的领域, 对于实践, 大家已不再陌生, 可是对于 "综合应用", 尤其是 "综合" 的内涵, 却有着不同的理解. 焦点可能还是在于, 我们要追求的是拼盘式的综合, 还是有机整体式的综合? 这个有机整体, 是指内容的前后关联度, 还是说有一个客观的载体 (比如五角星) 就可以了? 淡淡的泛泛的应用, 还是深入数学本质的学习活动.

曾经听过一节初中数学课, 讲的是圆与圆的位置关系. 前面的环节都很平常, 先让学生形象描述 5 种位置关系, 再探索用数量关系来刻画这五种关系, 之后, 老师出了几道习题来检测, 离开了形象的图形之后来做这些题目, 多少有些空落落的感觉, 学生的思维开始磕磕巴巴走不动. 不料, 老师忽然画起了数轴, 再一次把 5 种位置关系形象地标示在了数轴上. 学生顿时豁然开朗.

课堂结束时, 一个学生说道: "原来数学也像生物链一样, 是一环扣一环的, 与以前学习的点与圆的关系、线与圆的关系等一样, 是一以贯之的."

这节课不是 "实践与综合应用" 的课, 可是我以为, 这个学生悟到的 "一以贯之" 思想, 正是我们的数学课要给予孩子的最重要的一样东西.

回过头来看, "五角星" 一课, 虽然基本上是几何推理的内容, 但内容跨度也不小. 不过, 它选择的是小问题串的形式, 每个问题内部环环相扣, 每个问题之间相对独立. 它的好处是, 变换快, 涉及知识点比较多, 课堂内容丰富, 也比较适合小学生注意力短的特点. 案例同样也引发我们反思: 是否还有更好的综合形式? 是否还有更好的资源利用办法? 实践与综合应用的理想形态是什么样的? 我们希望借此展开讨论.

责任编辑: 佘慧娟

第十节　超级画板教学案例四则

案例一、"平移"教学中的困惑

王毅老师在参看很多特级教师的教学实录之后，设计了《平移》这节课．教学片段简述如下．

在举生活中的平移实例时，有的同学说：升国旗的国旗运动是平移，我没有给学生明确的答案．在有风的时候，国旗抖动时就不是平移．

（一）创设情境，引发思考

老师播放录像，让学生看生活中平移的例子，如电梯上的人，游乐场的滑梯，天空中的飞机，大海里的轮船．然后让学生归纳这些运动现象的共同特点，并提出问题：什么叫平移？

（二）合作交流，探究新知

1. 认识平移定义

师生共同总结：在平面内，将一个图形沿某一方向移动一定距离，这种图形运动叫平移．

2. 探讨应该从哪几方面理解平移呢？

分小组讨论得到：①在平面内；②位置改变；③形状，大小不变．

3. 列举生活中平移实例

师：平移是生活中常见的运动，除了刚才我们列举的例子，同学们还能举出哪些例子？

同学们举出一些例子之后，突然出现了争论．

学生 A 说：升国旗时，国旗的上升就是平移．

但学生 B 反对：国旗升上去之后，被风一吹，国旗形状发生了变化，那就不是平移了．

老师总结说：我们是不是可以认为，假如没有风，那么升国旗可看成是平移；如果有风，则不能看成是平移．

一波未平，一波又起．

学生 C 说：那么人搭电梯也不能看成是平移了．因为在搭电梯的时候，人也在作着一些小动作，"形状"随时都在改变．

学生 D 说：这么说来，人坐滑梯也不能算平移了．很多人坐滑梯，手都在动呢．

学生 E 说：我还发现一个问题．飞机在天上飞，轮船在海里行驶都不能算平移．因为平移要求物体是按"某一方向"移动，而飞机和轮船在开动时，方向经常发生变化，运动方向是多个，并不唯一.

由于同学们的争论，花去了很多时间.最后大家比较认同的例子是：传送带上的货物是做平移运动.而相当多的例子则不能单纯地看成是平移运动.

（三）课后反思，如何平衡：数学生活化和生活数学化

王毅老师课后进行反思，觉得这么多特级教师也是这样上课，举例也一样，为什么他们的学生就不提出这么刁钻的问题呢？他有点想不通，于是向一位教研室的李老师请教.

李老师解释说："你看到很多老师都放录像，以此吸引学生.这是符合小学生的年龄特征和认知规律的.但我们也要注意到：现在数学教学有一个错误的导向，就是所有教学内容都要讲究情境化、生活化.情境化在这几年很泛滥，很多老师公开课都喜欢放录像，美其名曰'设置情境'.其实信息技术辅助数学教学，更应该注重解决传统教学难点，补充一些日常生活不常见的案例，而不是常见的生活场景简单回放！譬如我们可以利用动态几何软件做一个简单的平移动画，让学生看看一个平行四边形是如何转化成长方形的，这中间就用到了图形的割补与平移.这个动画是日常生活中见不到的，很有必要利用信息技术补充进来，让学生有比较深刻的印象（图4-88）."

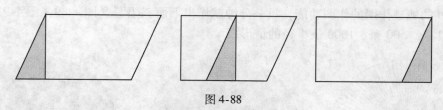

图4-88

李老师继续说："作为老师，我们要清楚，生活中的运动和数学中的运动是不同的.生活中的运动常常是多种类型的运动的复合，而在数学教学中，为了研究的简单化，我们往往将运动对象作一些限定，譬如假设搭电梯的人是保持相对静止的，那么和传送带上的物体没有本质区别了.又如平移要求物体做直线运动；而直线是根据现实事物抽象而来的理想元素，严格意义上的直线在现实生活中是不存在的.确实也有一些学生喜欢提问题，认为搭电梯的人做了一些小动作，不能看成是平移；对于这样的学生，我们一方面要肯定他们考虑问题全面，同时也提醒我们不能沉陷在生活案例当中；从生活案例引入之后，则进入数学化环境，这个环境相对单纯一点，不容易产生争论.老师可以作一些几何图形的平移动画，既让学生了解了平移，也为几何的学习打下基础."

案例二、圆的半径有多少条

李巍是一个年轻教师.最近他执教了"圆的认识"一课.

前面的教学过程进行得很顺利.在讲解了半径的概念后，李巍让学生通过操作活动认识半径的特点，并要求学生在各自所画的圆中画半径，限时30秒.随着教师一声令

下，学生们埋头画了起来．可能是李巍一时走了神，看错了时间，操作活动的时间被延长了许多……随后，学生汇报探究成果了．

有同学说：画了15条；有同学说：画了25条；还有同学说：半径应该能够画无数条！

正当李巍想进行总结，进入下一教学环节的时候，一位同学举手提问："老师，我认为半径是不能画无数条的．我把整个圆快画满了，再也画不下了！"

李巍是第一次碰到这样的问题，他一时愣在了那里．这时有一些同学提出了自己的看法．

"老师，那位同学肯定是圆画得太小了；只要把圆画大一点，就还可以接着画很多条！"

"老师，只要把铅笔削得尖一点，就能画无数条了！"

"我反对，铅笔削得再尖，圆画得再大，只要不停地画下去，最后肯定会画满的！"

同学们争执不下，最后李巍只好搬出救兵："大家翻开书，看看书上是怎么说的．"

评课的时候，李巍首先就解释，以前也是这样教学的，没问题．而这次是因为时间没控制好，才出现了这样的情况．

王政是刚毕业的大学生，他在大学时候学习过多媒体辅助教学的课程．他说：这个问题，我们可以利用信息技术来处理．王政麻利地打开电脑里的数学软件：超级画板，利用软件的轨迹作图的作图功能，没一分钟就作出下面三幅图（图4-89～图4-91），分别是100条、500条、1000条半径的情形．

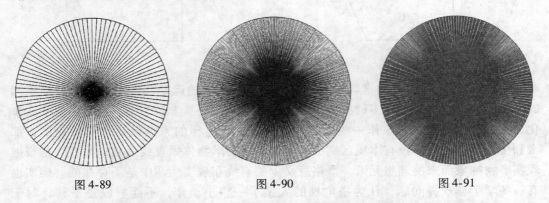

图4-89   图4-90   图4-91

李巍说："你这不是帮倒忙么？我以前教学的时候，控制好时间，在同学们才画好几十条半径的时候，我就叫停，然后说：同学们，大家画的半径条数可能不一样，有的画了十几条，有的画了几十条；其实，只要我们有时间，就能够继续画下去，画很多很多条半径；由于时间关系，我们就不再画下去了！如果使用计算机教学，那么一下子功夫，就把圆画满了，这结论都圆不过去了啊！"

陆旭是一位丰富经验的老教师．他说："以前我没有用过超级画板，刚才看王政老师演示了一下，觉得很不错，很短的时间就能实现不错的效果，在教学中如果运用恰当，应该是能够帮上忙的．在这个问题上，超级画板也能起到一定作用．当同学们看到画了500条半径的时候，也许很多同学就会认为画满了，画不下去了；但是，我们很快就能画出 1000 条半径来,看起来,确实也密集了很多!当然,如果要完全解释清楚'半径有无数条'这个问题,靠计算机还是不行.我们就算用计算机画出 1 万条,10 万条半径,也还是有限的啊,计算机能够画出无穷条半径么?所以这个问题还得从数学上进行解释."

陆旭老师接着说:"首先要认识到一个问题,就是存在性和构造性的区别.'圆的半径有无数条'是说圆存在无数条半径;而'圆的半径能画无数条'是能构造出无数条半径.存在未必就能构造出来!譬如孔子说:三人行,必有我师焉.在这句格言中,孔子说的是'我师'的存在性,但三人当中谁适合做我的老师,孔子并没有指出.直到现在,我们都还没办法判断出.又如'松下问童子,言师采药去;只在此山中,云深不知处',虽然能够肯定老师就在山里面,但我们却找不到.构造是为了使隐形变成显性,让别人看得更清楚一些.而在小学阶段,画图无疑是构造的重要手段."

"其次,我们要明白数学中的一些对象,譬如线(包括直线、射线、线段),和现实生活中的线是不相同的.数学中的线是由现实中的线抽象而成,但在现实中却是找不到数学中的线.数学中的线是没有宽度的,而生活中的线却有宽度,譬如削尖的铅笔画的线比较细,而水笔画的线就比较粗.'圆的半径有无数条'中的半径是指数学中的线,而用笔画出的半径是现实中的线,两者本来就不是一回事.但在小学教学中,由于学生的年龄特点,学生也难理解二者的区别."

李巍问:"是不是圆的半径确实存在有无数条,但就是构造不出来?不能展示给学生看?"

陆旭说:"能够构造出来.画图是构造的一种重要形式,但不是唯一形式.数学不单是有几何,还有代数.先举个简单的例子,对于任何不相等的两个数 a、b,不管这两个数差距有多小,只要是不相等,两数中间存在无数个数.我们可以用最简单的平均值法构造出 a 和 b 的平均数 $\frac{a+b}{2}$,接着可以用同样的方法构造 a 和 $\frac{a+b}{2}$ 的平均数、$\frac{a+b}{2}$ 和 b 平均数,可以继续构造下去,需要多少就能构造出多少.类似地,如图 4-92,不管 $\angle AOB$ 多么小,连接 AB,都可以作出 AB 的中点 C,延长 OC 交圆弧于 D,OD 就是新构造出来半径.用同样的方法,可以构造出夹在 OA 和 OD 之间的半径,这样的构造是无穷无尽的,需要多少就能构造出多少.

当然,也可以直接一点,无需连接 AB.如图 4-92,作 $\angle AOB$ 的角平分线交圆弧于 D,则可以新的半径 OD;接下来又可以作 $\angle AOD$ 的角平分线,又可以作出一条新的半径.这一过程也是可以无穷无尽的进行下去的."

李巍问:"原来是这样的啊.但按照这样解释,不但牵涉到无穷,还需要一点想象力.小学生能够接受吗,还有更简单的解释办法吗?"

陆旭说:"是的,像这样的解释,小学生确实难以接受.换一种解释吧,如图 4-93,设 $\angle AOB_1 = \alpha$,作 $\angle AOB_1$ 的角平分线交圆弧于 B_2,则可以新的半径 OB_2,使得 $\angle AOB_2 = \frac{\alpha}{2}$;接下来在圆上找到点 OB_3,使得 $\angle AOB_3 = \frac{\alpha}{3}$,那么 OB_3 就是新作出来

的半径. 然后再作 $\angle AOB_4 = \dfrac{\alpha}{4}$, $\angle AOB_5 = \dfrac{\alpha}{5}$, $\angle AOB_6 = \dfrac{\alpha}{6}$, …, $\angle AOB_n = \dfrac{\alpha}{n}$, ….

那么半径的条数就和自然数一一对应, 无穷无尽了."

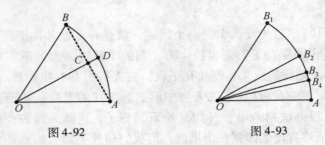

图 4-92　　　　　　　　图 4-93

李巍问: "这样讲好像确实好理解一些了."

陆旭说: "对于这样的问题, 一般来说, 小学生理解不了. 我通常的做法是, 学生不问, 也就带过去了. 学生追问, 我还是比较细致地解释一下. 也许有一些比较聪明的学生能够理解呢! 但不管怎么说, 我们作为老师, 心里要有数啊."

案例三、让对称更彻底一些

王毅是一名年轻骨干教师. 这一天, 他上了一节"对称图形"的公开课, 学生们热情很高, 课堂气氛很好.

在集体评课的时候, 王毅的师傅柳老师首先肯定了王毅的教学特点, 同时着重指出了 3 个教学片段.

片段1　利用 PPT 呈现了生活中常见的一些对称图案, 譬如蝴蝶、风筝、京剧脸谱、剪纸等 (图 4-94 和图 4-95), 引导学生分析这些图形的特征.

图 4-94　　　　　　　　　　图 4-95

片段2　给出一些几何图形, 让学生更进一步认识对称的特点.

师: 对称图形有什么特点啊?

生: 上下或左右都是一样的图形.

片段3　利用电脑制作对称图形.

步骤　如图 4-96, (1) 先画出半棵小松树; (2) 再复制; (3) 把复制好的水平翻转; (4) 组合.

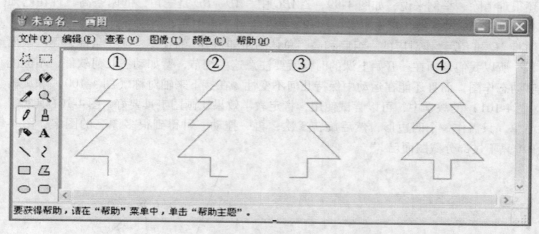

图 4-96

王毅问："这三个片段没什么问题啊？"

柳老师说："粗看起来是没什么问题．仔细琢磨，中间还是有些值得注意的地方．在片段 1 中，所呈现的图案都是上下对称或者左右对称的，这就导致了学生对对称图形的理解就是"上下或左右都是一样的图形"，这是一种片面的看法．在片段 3 中，使用系统自带的画图工具作对称图形，效果看起来不错，但由于这个软件不是专门用于数学教学，所以对数学教学的支持有限．翻转和旋转仅支持一些特殊角度（图 4-97），不能够选择已有直线作对称图形．所以我建议就是加上一个小环节：用动态几何软件：超级画板作等腰 $\triangle ABC$，AD 是 BC 边上的中线，当拖动点 B 时，点 C 随之运动，且时刻与点 B 关于 AD 保持对称（图 4-98）．"

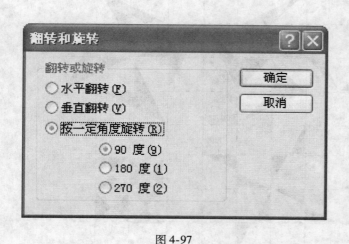

图 4-97

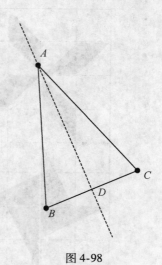

图 4-98

这时候，教研室的朱老师说："柳老师指出的这个细节，确实需要注意．老师在上新课的时候，所给的图形过于规范化，是会给学生带来错觉，而且这种错觉一旦形成，还很难消除．举例来说，如图 4-99，△ABC 中，AD、BE 是三角形的两条高，现在已知 AD、BE、AC 的长度，求△ABC 的面积．如果老师上课时不正确引导，就会有学生不习惯将 AC 和 BE 看作对应的一组底和高，总认为不知道 BC 的长度，缺少条件，无法求面积．所以我们老师在一开始上课的时候就要注意这些细节，譬如动态几何软件，不但能够动态作图，而且还能在运动中保持几何不变性．在接下来轴对称（图 4-100）和旋转（图 4-101）的教学中，可以尝试使用，肯定教学效果比画图工具要好．图 4-101 其实很简单，只需作一个四边形，然后旋转 3 次；再一拖动，可得到很多漂亮的图案，图 4-101 只不过部分截图而已．"

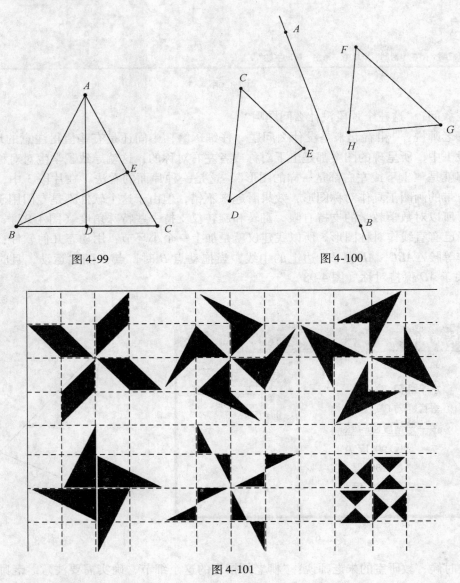

图 4-99   图 4-100

图 4-101

案例四、面的旋转

王通是刚参加工作的新老师．下一周他要上一节关于"面的旋转"的公开课．这一内容有一定难度．在此之前学生已经学习了一些平面几何图形，但这一课则是要将研究对象从平面上升到空间，从静止转向动态．王通在网上找了一些资料，都不是很满意．该怎么上这个课呢？他想到了向老教师请教．

王通首先找到了自己的师傅刘老师．刘老师是一个经验丰富的特级教师，上过很多公开课．刘老师说："对于这种牵涉到运动的教学内容，不太好处理；以学生的接受能力来说，不管你怎么讲，有相当部分的同学想象能力跟不上，所以最好不要选这样的教学内容上公开课．"

王通问："那这节课总得上啊，总不可能跳过去吧？"刘老师说："我一般是这样上的．"说着，刘老师拿起一本书，指着封面的右上角的顶点，说："这就是一个点，这本书有很多页，也就有很多个这样的顶点，这些顶点合在一起，就成了一条线，这就是点动成线；同样的道理，我们看封面右边的这条边是一条线，有多少个页面就有多少条这样的线，这些线合在一起，就成了一个面，这就是线动成面；一本书的每一页都可以看作是一个面，很多面合在一起，就是面动成体啊．这样讲述'点动成线，线动成面，面动成体'，学生还是比较容易理解的．"

王通听了，觉得这样讲解确实不错，而且书这样的道具，随手可得，学生可以自己拿着书比划比划．于是王通就告别刘老师，回到自己的办公室．回来之后，王通拿起教案，又觉得有点不妥．按照刘老师的说法，很多点放在一起，构成了一条线，只能说明"点构成线"，而不是"点动成线"，这个动字没有凸显出来．另外，接下去还要讲圆锥、圆柱的动态形成，又该如何讲呢？

几天过去了，王通还没把教案定稿．信息技术老师李华找上门来了，说："你不是要上公开课么？早点把教案给我，我好帮你设计课件啊．"王通说："我就是教案定不下来啊，不知道该怎么上这个课．"李华说："什么课有这么难上．你不是还有刘老师带你么？"王通说："刘老师已经给我意见了；不过我希望能够讲得更好一点．"李华说："那把你的教案初稿给我瞧瞧．当李华看到是"面的旋转"这一内容时，哈哈大笑，说："兄弟啊，不要想了，这节课的内容，我有现成的课件，包你满意．"

李华随手打开笔记本电脑，打开一个叫超级画板的软件．

王通说："你以前做课件，不是只用 PPT 和 Flash 么？你还说大比赛用 Flash，小比赛用 PPT，学了这两个软件，包打天下；什么时候你用上这个新武器啦？"

李华说："我以前确实认为，作为一个信息技术老师，要帮着全校老师做课件，当然学一些各个学科都用得上的软件为好；如果为了做语文课件，学一个语文软件；为了做数学课件，学一个数学软件；为了做美术课件，学一个美术软件；我一个人哪学得了这么多？而且我把 PPT 和 Flash 用得很熟练，也能应付了．但现在大家的计算机水平普遍提高了，学科老师提出的要求越来越高；譬如说，一些数学老师希望的效果，Flash就不大好实现．我还不与时俱进，就等着下岗了．这个超级画板是去年暑假省里面搞农远工程培训，有个彭老师给我们介绍了一个专门用于数学教学的软件．我学了一下，发现上手很容易, 作出的效果也符合数学老师的设想."

王通说: "你不是说, 有现成的课件么, 先打开给我看看."

李华打开"面的旋转.zjz"文件, 和PPT课件一样, 这个课件也分成很多页. 第一页上除了点动成线四个字之外, 就只有两个按钮. 李华点击了这两个按钮, 屏幕上就有两个点运动起来, 而且运动的路径被记录了下来, 分别是一条直线和一条曲线 (图 4-102).

王通说: 我以前想的点动成线, 都是成"直线", 还没想到成"曲线"呢?

第二页展示了线动成面, 点击动画之后, 半径绕圆运动, 生成圆面 (图4-103).

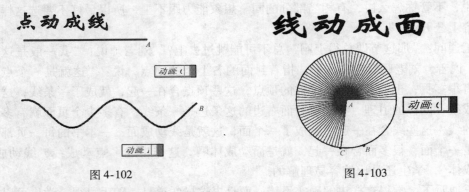

图 4-102   图 4-103

第三页展示了面动成体, 点击动画之后, 三角形沿直线运动, 生成三棱柱 (图 4-104).

第四页展示了面动成体, 点击动画之后, 圆心在直线上运动, 圆的半径是定值, 生成圆柱 (图 4-105).

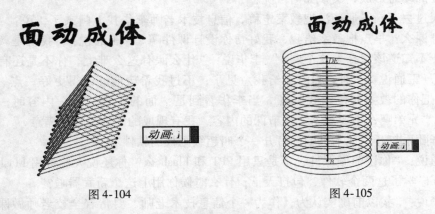

图 4-104   图 4-105

第五页虽然也只是一页, 但变化很多. 初始状态如图 4-106 所示, 如果梯形 ODEC 绕直线 OB 旋转, 梯形旋转生成一个圆台 (图 4-107); 如果将点 C 拖动到点 B 处, 梯形变成了三角形, 再启动动画, 得到圆锥 (图 4-108); 如果将点 C 拖动到点 OB 的延长线, 梯形变成了两个三角形, 再启动动画, 得到两个倒立的圆锥 (图 4-109).

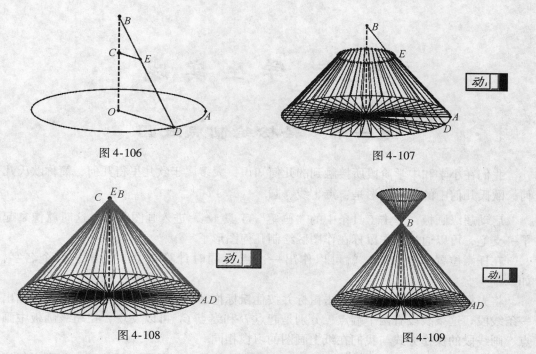

图 4-106

图 4-107

图 4-108

图 4-109

王通说："简直太神奇了，你一定要教我用这个软件．"

李华说："没问题．不过事先声明，对于这个软件，我也只是学了些皮毛．因为这个软件要想学好，灵活运用，还得有一定的数学水平．所以你们数学老师学这个，是最合适的了．"

第五章 学生实践

第一节 轻松绘制点线圆

我们在小学和中学阶段所接触到的几何知识，大多属于欧几里得几何，简称欧氏几何．欧氏几何中的基本图形是：点、线、圆．

启动超级画板；单击工具条中的"画笔"工具 ⫼，进入画图状态．这时就像拿起了一支笔，可以通过操作鼠标在作图区绘制几何图形了．

在任意位置单击鼠标，就可以作出一个点．同时计算机会自动给它取个名字，如 A.

将光标移动到其他位置，单击鼠标并按住鼠标拖动一段距离，然后松开就可以画出一条线段．这条线段有两个端点，分别是起点 B 和终点 C. 可以发现，在超级画板中画点、画线段的操作方式与我们在纸上画图的习惯相同．

再把鼠标移动到其他位置，单击鼠标右键并按住拖动一段距离后松开，就可以画出一个圆．可以看到，单击鼠标右键时确定了圆心的位置，松开鼠标时确定了圆的半径大小，如图 5-1 所示．

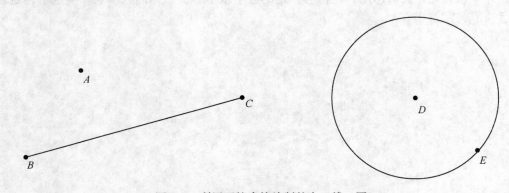

图 5-1　利用画笔直接绘制的点、线、圆

单击"选择"工具 ➤，就回到了"选择"状态，这就表示放下了画笔．接下来就可以自由地选择、拖动之前所绘制的几何图形了，否则在"画笔"状态下会把作图区画得乱七八糟，就像不能拿着笔在纸上随便指指点点一样．

移动光标到点 A 的位置时，点 A 会变为红色，这时单击鼠标就选中了它．然后按住鼠标并拖动就可以移动点 A 的位置，松开鼠标就可以把它释放．请你也拖动一下其他点，可以发现它们都可以任意拖动．这些能够被任意拖动的点叫做自由点，也叫做完全自由点．

当拖动点 B 或者点 C 时，线段 BC 的长度会发生改变，与水平方向的夹角也会发生改变，这是因为线段 BC 完全是由端点 B 和端点 C 所控制．若不拖动点 B 和点 C，线段 BC 的长度和与水平方向的夹角都不会改变．可以做以下实验：移动光标到线段 BC 上，当 BC 变为红色，单击鼠标就可以选中它，然后按住鼠标并拖动就可以平移线段 BC，如图 5-2 所示，但它的长度和方向始终保持不变．当然，在这个过程中点 B 和点 C 的也会随着线段 BC 一起移动．

当拖动点 E 时，会改变圆 D 的半径；当拖动点 D 时，会改变圆 D 的圆心位置，同时因为改变了点 D 与点 E 之间的距离，也会改变圆 D 的半径．当然，若不拖动点 E 和点 D，则圆 D 的半径大小不会改变．可以做类似的实验：移动光标到圆 D 的圆周上，当圆周变为红色，单击鼠标并按住拖动就可以平移圆 D，如图 5-3 所示，但它的半径始终保持不变．同样，在这个过程中，点 D 和点 E 也一起移动．

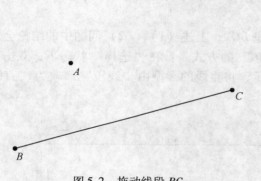

图 5-2　拖动线段 BC

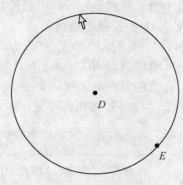

图 5-3　拖动圆周

单击"画笔"工具，重新进入画图状态．

鼠标指向线段 BC 时，BC 会变为红色，这时单击鼠标就可以作出线段 BC 上的点，如点 F；单击点 A 并按住鼠标拖动到点 F 后松开鼠标，就可以连接线段 AF．

鼠标指向线段 AF 中点的附近位置时，如图 5-4 所示，光标右侧会出现"中点"提示，这时单击鼠标就可以作出线段 AF 的中点，如点 G．

这表明计算机会"察言观色"，懂得我们的操作意图．这是因为，软件设计者在开发软件的过程中将人类的智慧与经验"教"给了计算机，使它更加人性化、智能化．因此，超级画板中的"画笔"也被称作"智能画笔"．

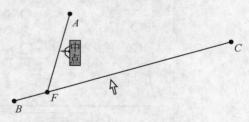

图 5-4　直接作出线段 AF 的中点

单击"选择"工具，再次返回选择状态．

拖动点 F，它的位置会发生改变，但它只能在 BC 上移动．这种只能在规定的路径上被拖动的点，叫做半自由点．类似的半自由点还有圆上的点、多边形边界上的点、曲线上的点等．因为这种点是沿着某种路径有规律地运动，所以通过它能够研究与其相关对象的运动规律，因此这种类型的点在动态几何中非常重要．

拖动点 F，可以发现当它被拖动时，点 A 和点 F 会同时被拖动．这种由其他对象确定位置的点，叫做不自由点，或者约束点．类似的约束点还有垂足，交点，三角形的内心、外心、重心与垂心等．这种点因为其他点的运动而运动，所以常常被当作研究的主要对象，或者观察它的变化规律，或者探索它的轨迹曲线．

思考与练习

（1）点 F 在线段 BC 上运动的过程中，AF 的中点 G 经过的路径是什么形状的图形？选择点 G，单击工具条中的"跟踪"命令，可以帮助你观察点 G 经过的路径．

（2）当点 F 在线段 BC 上运动的过程中，线段 AF 的长度会如何变化？是否有最大值和最小值？何时最短？何时最长？选择线段 AF，单击工具中的"长度"命令，可以得到线段 AF 的长度测量结果．

（3）若将"线段 BC"更改为"直线 BC"，上述（1）、（2）问题中的结论会发生变化吗？将"线段 BC"更改为"直线 BC"的方式是：在"选择"状态下，双击 BC，即可打开它的属性对话框，如图 5-5 所示，将直线的类型由"线段"修改为"直线"，然后单击"确定"按钮即可完成．

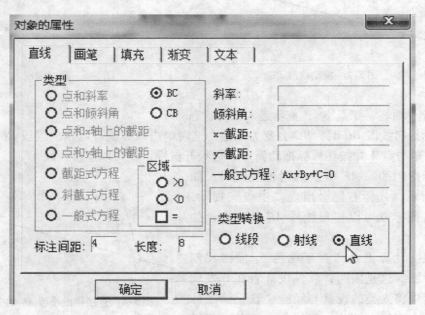

图 5-5　转换直线的现实方式

左传波

广州大学计算机教育软件研究所

第二节　拖动试试规律现

单击"画笔"工具，进入画图状态.

单击鼠标右键，并按住拖动画出一个圆 A.

移动光标到圆周上，如图 5-6 所示，当圆变为红色时，单击鼠标作出圆上的点 C；重复类似操作作出圆上的另外一个点 D.

光标指向点 C，右键单击鼠标并按住拖动到点 D 上，当点 D 变为红色提示时，如图 5-7 所示，松开鼠标作出以点 C 为圆心、过点 D 的圆. 画出了新的圆，却并没有增加新的点，这是因为圆 C 经过的是已经存在的点：D.

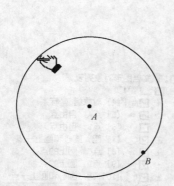

图 5-6　作出圆周上的点

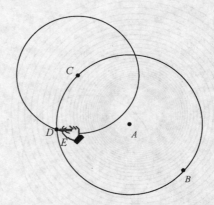

图 5-7　以点 C 为圆心、经过点 D 的圆

单击"选择"工具，返回选择状态.

移动光标到圆 C 的圆周上，当圆周变为红色时，单击鼠标就可以选择圆 C 的圆周（以后我们将"选择圆 C 的圆周"简称为"选择圆 C"）；单击工具条中"画线颜色"工具右侧的，就可以打开调色板，如图 5-8 所示，例如将圆周 C 设置为红色，结果如图 5-9 所示.

图 5-8　通过调色板设置画线颜色

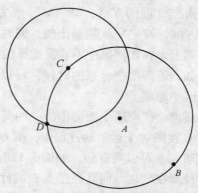

图 5-9　圆 C 的圆周被设置为红色

在点 D 在圆 A 上运动的过程中，圆 C 如何变化？拖动点 D，验证你的猜想．

除此之外，我们还可以通过跟踪圆 C，比较和研究圆 C 的变化规律，操作是：

选择圆 C，单击工具条中的"跟踪"命令．然后拖动点 D，就可以观察到跟踪圆 C 得到的跟踪踪迹，如图 5-10 所示．

对象的跟踪踪迹，就像人在雪地上走路所留下的脚印一样：只能被看到而无法被捡起，并且风一吹就消失了．所以跟踪对象在作图区无法被选中，并且在作图区单击一下鼠标跟踪踪迹就不见了．

不过，我们可以在左边的对象工作区中选中跟踪对象，如图 5-11 所示，并且通过"画线颜色"工具设置它的颜色，如海绿色．

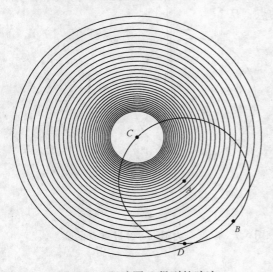

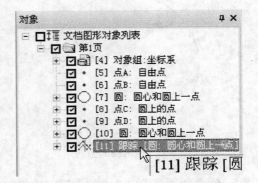

图 5-10 跟踪圆 C 得到的踪迹 　　　　图 5-11 在对象工作区中选中跟踪对象

在作图区中我们所绘制和增加的任何对象，在左边的对象工作区中都"记了一笔账"．也就是说，左边对象工作区中的列表对应于右边作图中的对象．并且每个对象前面都有一个带勾"√"的方框"☑"，这个方框是控制它显示和隐藏的开关：例如用鼠标单击点 B 前的方框，勾"√"消失，同时作图区中点 B 被隐藏；鼠标再次单击点 B 前的方框，勾"√"重新出现，同时作图区中点 B 又重新出现．

事实上，在作图区中不容易选择的任何对象都可以通过左边的对象工作区轻松地选定！例如，不需要坐标系的时候，可以单击"对象组：坐标系"前的方框，将坐标系从作图区中隐藏．

下面继续研究这个图形中的一些问题．

点 C 在圆 A 上运动的过程中，圆 C 又如何变化呢？

拖动点 C 可以观察到，如图 5-12 所示，当点 C 在圆 A 上运动的过程中，圆 C 的圆心和半径都在变化，而其经过点 D 的性质始终保持不变．

可以发现，所有对象都被圆 C 的跟踪踪迹遮挡住了，看起来不那么美观．就像左边对象列表中所显示的那样：刚开始绘制的对象在列表的上方，后来绘制的对象在列表

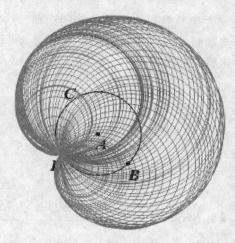

图 5-12　拖动点 C 的过程中跟踪圆 C 得到的跟踪踪迹

的下方，依次编排；类似地，在对象列表上方的对象在作图区的"内侧"，在列表下方的对象在作图区的"外侧".

作图区内侧的对象会被外侧的对象遮挡. 但，不同对象之间的前后或内外关系可以重新布置. 例如，在对象工作区中选择圆 C 的跟踪对象，单击工具条中的"后移"命令，则圆 C 的跟踪踪迹会被移动到作图区的最内侧，如图 5-13 所示，在对象列表中对应为最上方，如图 5-14 所示.

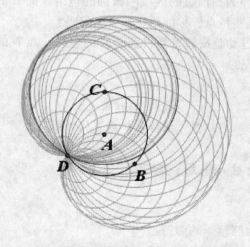

图 5-13　圆 C 的跟踪踪迹不再遮挡其他对象

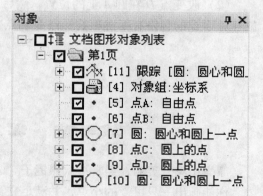

图 5-14　圆 C 的跟踪被移到了最上方

通过鼠标拖动圆上的点 C 的过程中，用力不均匀会导致点 C 的运动速度大小不同，因而得到的跟踪图像显得有些紊乱. 若增加一个点 C 的动画按钮，就可以让点 C 自动地、均匀地在圆 A 上运动. 操作如下：

选择点 C，单击工具条中的"动画"命令，结果弹出一个动画设置对话框，在这里我们可以暂时不去理会对话框中每个选项的意义，而是直接单击"确定"按钮完成.

单击点 C 的动画按钮（左侧）就可以启动点 C 的动画，结果如图 5-15 所示，得到均匀的跟踪踪迹；再次单击动画按钮（左侧）就可以停止动画．需要注意的是：在进行其他任何操作之前，一定要先停止动画．

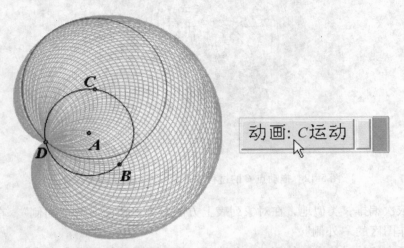

图 5-15　通过动画按钮控制点 C 均匀运动而得到的圆 C 的跟踪对象

思考与练习

（1）点 C 的运动带动了圆 C 的改变，这种圆扫描过的区域叫做圆的包络．圆 C 的包络是一个什么形状的区域？你能说出它的哪些特点？你能给它取个名字吗？

（2）改变点 D 在圆 A 上的位置，然后通过动画按钮重新得到圆 C 的包络．点 D 的位置对圆 C 的包络有哪些影响？点 B 和点 A 呢？

左传波

广州大学计算机教育软件研究所

第三节　漂亮小鸡爱美丽

漂亮小鸡爱美丽，经常喜欢照镜子．

你能画出一只可爱的小鸡，并满足它喜欢照镜子的愿望吗？

先让我们动手画一只小鸡．

单击"画笔"工具，进入画图状态．

单击鼠标右键，并按住拖动一段距离后松开，作出以点 A 为圆心、经过点 B 的圆．就将这个圆 A 当作小鸡的身躯．

画出任意线段 BC；在圆 A 上任取一点 D 并画线段 DE. 将线段 BC 和 DE 当作小鸡的两只脚．

在圆 A 之外右键单击鼠标，并按住拖动到圆 A 上之后松开，作出以点 F 为圆心、

经过点 G 的圆，其中点 G 在圆 A 上．可以将圆 F 当作小鸡的头部．

在圆 F 上任取两点 H、I，在圆 F 外任取一点 J．将点 H、点 I 和点 J 所在的多边形当作小鸡的嘴部，结果如图 5-16 所示．

单击"选择"工具，返回选择状态．

按住 Ctrl 键，分别单击点 H、点 I 和点 J（就可以将它们同时选中），单击工具条中的"多边形"工具，作出多边形 HIJ．

单击多边形 HIJ 内部将其选中，单击工具条中"填充颜色"工具 ⬛▾ 右侧的 ▾，就可以打开调色板，如将多边形 HIJ 内部填充为红色．

选择圆 A，单击工具条中"填充颜色"工具 ⬛▾ 右侧的 ▾，就可以打开调色板，例如将圆 A 的内部填充为浅黄色．重复类似操作，将圆 F 的内部填充为浅黄色（图 5-17）．

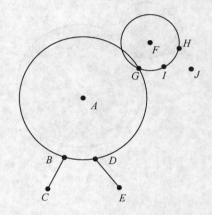

图 5-16　小鸡的身体结构

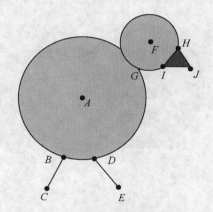

图 5-17　涂了颜色的小鸡

选择圆 A，单击工具条中的"后移"命令，将其移动到最后面；选择圆 F，单击"后移"命令，将其移动到最后面．想一想、看一看，究竟现在谁在最后面？

然后在小鸡面前竖起一面镜子．

单击"画笔"工具，进入绘图状态．

在小鸡的前方分别单击鼠标两次，任意取两个点 K、L．

单击"选择"工具，重新返回选择状态．

双击点 K，可以将其名字修改为 M；重复类似操作将点 L 的名字修改为 N．

按住 Ctrl 键，连续单击点 M 和点 N（将它们同时选择），单击工具条中的"直线"工具，作出直线 MN．可以将直线 MN 当作小鸡前面的镜子．

画出镜子中的小鸡．

单击"对象"菜单下"设置新点的名字"命令，如图 5-18 所示，在弹出的用户对话框中输入 A，单击"确定"按钮完成．

按住 Ctrl 键，按照顺序依次单击直线 MN、圆 F、圆 A、点 A、点 B、点 C、线段 BC、点 D、点 E、线段 DE、点 F、点 G、点 H、点 I、点 J 和多边形 HIJ，单击工具条中的"反射"命令，结果得到了镜子中的小鸡，如图 5-19 所示．

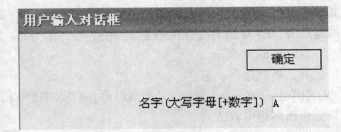

图 5-18   重新设置新点的名字

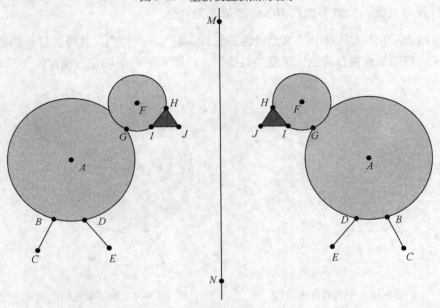

图 5-19   小鸡在照镜子

同时选择小鸡的眼睛对应的点 F 和镜子中的点 F，单击工具条中的放大工具，可以将小鸡的眼睛变大些.

单击工具条中的"名字"命令，可以把所有点的名字隐藏.

可以通过拖动小鸡身上各部分对应的点以实现：让它抬抬脚、低低头、翘翘嘴巴或者转转身，看看镜子中的小鸡有什么变化？如图 5-20 所示.

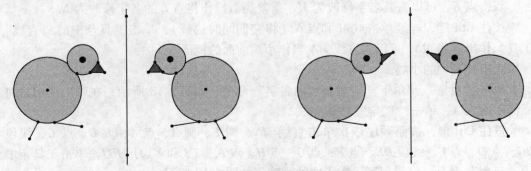

图 5-20   小鸡在看镜子里的自己

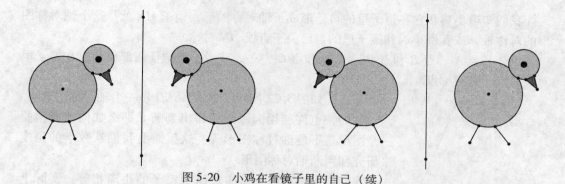

图 5-20　小鸡在看镜子里的自己（续）

思考与练习

（1）在小鸡在镜子面前玩耍的过程中，镜子里的小鸡在干什么？

（2）在小鸡朝着镜子前进一步的过程中，镜子里面的小鸡朝镜子的哪个方向运动了？运动了多少步？小鸡与镜子里面的自己之间的距离是减少了还是增加了？它们之间的距离变化了多少步？

（3）在小鸡朝着镜子后退一步的过程中，镜子里面的小鸡朝镜子的哪个方向运动了？运动了多少步？小鸡与镜子里面的自己之间的距离是减少了还是增加了？它们之间的距离变化了多少步？

左传波

广州大学计算机教育软件研究所

第四节　镜子内外行动齐

打开文件"04-照镜子的小鸡.zjz"，单击工具条中的"名字"可以重新显示所有点的名字，为了方便下面叙述问题我们将镜子内点的名字都增加一个撇"'"，如图 5-21 所示.

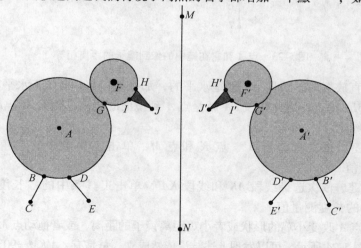

图 5-21　小鸡和镜子里的自己就形成了轴对称图形

我们知道小鸡和它在镜子里的自己形成了轴对称图形，镜子 *MN* 就是这个轴对称图形的对称轴，或者说小鸡和镜子里的自己关于直线 *MN* 对称.

点 *A* 和点 *A′*、点 *B* 和点 *B′*、点 *C* 和点 *C′*，…，或者小鸡的任何部位和它在镜子里对应的点，是对称点.

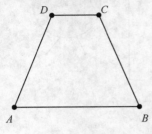

图 5-22　梯形 *ABCD*

那么，如图 5-22 所示，梯形 *ABCD* 是一个轴对称图形吗？

这时，也许利用肉眼无法作出判断. 那么如何才能检验一个图形是不是轴对称图形呢？这就需要我们从数学的角度来研究和判断轴对称图形.

我们说小鸡和镜子里的自己到镜子的距离相等，实际上是指小鸡的每一个部位与它在镜子里对应的部位到镜子的距离都相等. 差一点儿也不行！

在图 5-21 中，按住 Ctrl 键，依次选择小鸡上点 *A*、镜子对应的直线 *MN*，单击工具条中的"垂足"，就可以作出点 *A* 到直线 *MN* 的垂足 *K*，那么线段 *AK* 就是点 *A* 到镜子的距离.

单击"画笔"，连接点 *K* 和镜子中的点 *A′*，作出线段 *KA′*；单击"选择"工具再返回到选择状态，如图 5-23 所示.

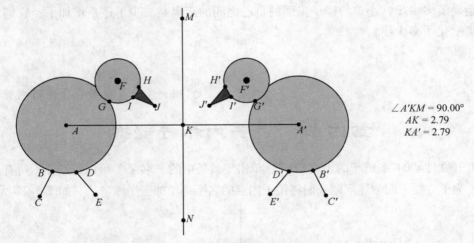

图 5-23　点 *A* 和它在镜中的像到镜子的距离相等

当镜子竖直放置时，线段 *AK* 就是水平的，那么线段 *KA′* 也处于水平状态. 所以线段 *KA′* 与直线 *MN* 垂直，因此线段 *KA′* 就是点 *A′* 到镜面的距离，则有 *AK* = *KA′*. 下面通过测量检验这些结论：

按住 Ctrl 键，依次选择点 *A′*、点 *K* 和点 *M*，单击工具条中的"角的值"，得到 ∠*A′KM* 的测量值.

按住 Ctrl 键，依次选择线段 *AK* 和线段 *KA′*，单击工具条中的"长度"，得到线段 *AK* 和线段 *KA′* 的长度测量值.

可以拖动点 *A* 改变小鸡的形状或者小鸡距离镜子的距离，或者拖动点 *M* 使得镜子不再竖直放置，如图 5-24 所示，可以发现上述结论依然成立，总是有 ∠*A′KM* =90°并且 *AK*=*KA′*.

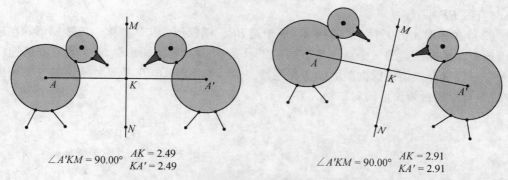

$\angle A'KM = 90.00°$ $AK = 2.49$
               $KA' = 2.49$

$\angle A'KM = 90.00°$ $AK = 2.91$
               $KA' = 2.91$

图 5-24 点 A 和它在镜中的像到镜子的距离始终相等

对小鸡其他位置的点进行类似的实验和研究，你会发现这个结论均成立：

小鸡身上的任何一点到镜子的距离，与它在镜子中的对应点到镜子的距离都相等.

因为 $AK \perp MN$ 并且 $KA' \perp MN$，所以线段 AK 和线段 KA' 在同一条直线上，也就是说点 K 经过点 A 与点 A' 之间的连线，或者说点 A、点 K 和点 A' 三点共线.

由此可以马上得到下面的结论：

小鸡上的任何一点与它在镜子中的对应点之间的连线，都被镜子垂直且平分.

现在让我们回到前面的问题：检验一下图 5-22 中的梯形是否为轴对称图形.

打开文件"04-梯形 $ABCD$. zjz".

选择线段 AB，单击工具条中的"中点"命令，作出底边 AB 的中点 E.

按住 Ctrl 键，分别单击点 E 和线段 AB，单击工具条中的"垂线"，作出经过点 E 垂直于 AB 的直线，即线段 AB 的中垂线.

要检验梯形 $ABCD$ 是否为轴对称图形，接下来只需要检验点 C 和点 D 是否关于 AB 的中垂线对称即可，操作如下：

单击"画笔"工具，作出 AB 的中垂线与线段 CD 的交点 F.

单击"选择"工具，依次选择点 D、点 F，单击"长度"命令，得到线段 DF 的测量结果，重复类似操作测量线段 CF 的长度. 结果如图 5-25

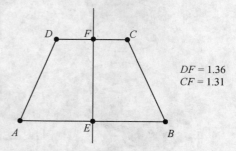

$DF = 1.36$
$CF = 1.31$

图 5-25 检验 AB 的中垂线是否为梯形 $ABCD$ 的对称轴

所示，你认为点 D 和点 C 关于 AB 的中垂线对称吗？那么 AB 的中垂线是梯形 $ABCD$ 的对称轴吗？

思考与练习

（1）我们知道梯形的性质是：上底边 CD 与下底边 AB 平行. 因此，当 AB 处于水平状态时，CD 也处于水平状态. 因为直线 EF 是下底边 AB 的中垂线，所以当 AB 处于水平状态时，直线 EF 就处于竖直状态，因此有上底边 CD 与直线 EF 也垂直. 测量 $\angle EFD$ 的值，拖动点 A 或者点 B，观察和研究当 AB 不处于水平状态时是否还有线段

CD 与直线 *EF* 垂直.

（2）在梯形 *ABCD* 中，若有腰 *AD* 等于腰 *BC*，则梯形 *ABCD* 被称为等腰梯形. 在超级画板中，选择任意的三个点，然后通过工具条上的"等腰梯形"命令就可以迅速构造一个等腰梯形. 请你根据前面的步骤进行实验：当梯形 *ABCD* 是等腰梯形时，下底边 *AB* 的中垂线是否为梯形的对称轴.

左传波

广州大学计算机教育软件研究所

第五节　千姿百态万花筒

打开文件"05-万花筒.zjz"，单击"动画"按钮就可以看到一个变化多端、千姿百态的万花筒，图 5-26 就是其中的几个图案，你想知道这个万花筒是怎么制作的吗？首先请你自己观察一下它有哪些特点.

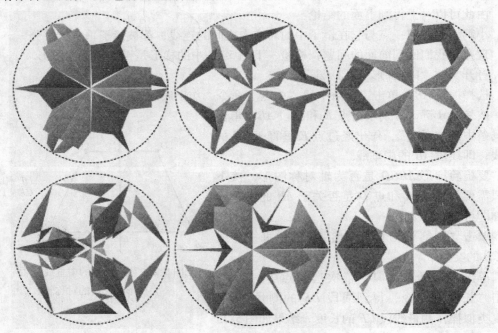

图 5-26　万花筒的几个界面

它是一个轴对称图形吗？如果是，那么可能关于多少条直线对称呢？

在作图区空白位置双击鼠标停止动画，然后单击工具条中的"新建"命令，建立一个新的文档，让我们开始学习它的构造原理和制作过程吧.

如图 5-27（a）所示，在左边对象工作区中单击"对象组：坐标系"前的"＋"，结果变为"－"，如图 5-27（b）所示列表展开，单击"直角坐标系"、"*x* 轴"、"*y* 轴"前的方框，使它们从作图区中隐藏，只保留坐标原点 *O*.

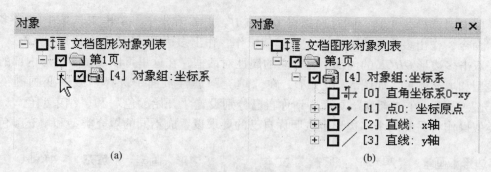

(a)   (b)

图 5-27   在作图区中只显示坐标原点的操作

选择点 O，单击工具条中的"半径圆"命令，在弹出的用户输入对话框中输入：3，单击"确定"按钮，作出以点 O 为圆心、半径为 3 的圆.

单击"画笔"工具，在圆 O 上任取一点 A；单击"选择"工具返回.

按住 Ctrl 键，依次单击点 A 和圆 O，单击工具条中的"圆内接正 N 边形"命令，在弹出的对话框中输入：6，单击"确定"，就可以作出正六边形 $ABCDEF$. 之前所选择的点 A 就是它的一个顶点，而它的所有顶点都在圆 O 的圆周上.

这里的正六边形实际上是一个包括了内部的多边形. 这个六边形的所有边是一个整体，并且还具有内部. 单击多边形的内部就可以将其选中，单击工具条中的"删除"工具 ✕，结果只剩下六个点 A、B、C、D、E、F.

单击"画笔"工具，连接 OA、OB、OC、OD、OE、OF 和 AB.

单击"选择"工具，同时选择点 O、点 A 和点 B，单击工具条中的"内心"命令，作出三角形 OAB 的内心 G. 三角形的内心就是与三角形的三条边都相切的圆的圆心，正三角形的内心也是它的中心. 下面我们就继续作出三角形的内切圆.

选择点 G 和线段 AB，单击工具条中的"相切圆"命令，就可以作出以点 G 为圆心并且与 AB 相切的圆，即三角形 OAB 的内切圆. 结果如图 5-28 所示.

单击"画笔"工具，在圆 G 上任意取三个点 H、I、J；在线段 OA、AB 和 BO 上分别取任意点 K、L 和 M，如图 5-29 所示. 下面让这六个点组成变化无穷的图案.

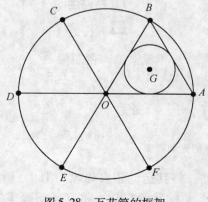

图 5-28   万花筒的框架

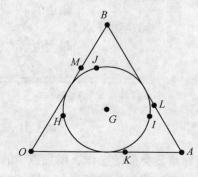

图 5-29   作出变化的图案

单击"选择"工具，同时选择点 O、点 H、点 G 和点 K，单击工具条中的"多边形"命令，作出多边形 $OHGK$；重复类似操作，作出多边形 $AIGL$ 和多边形 $BJGM$.

双击多边形 $OHGK$ 的内部，打开它的属性对话框，在这里可以设置多边形内部的填充类型和填充颜色. 如图 5-30 所示，在"填充"属性页面中选择"线渐变画刷"和"填充"选项，在"渐变"页面中请你自己分别设置"开始颜色"和"结束颜色". 重复类似操作将另外两个多边形也按照你自己的要求设置成不同的填充类型和填充颜色.

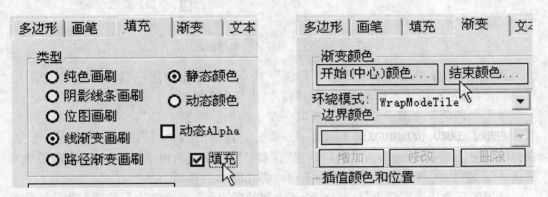

图 5-30　设置多边形内部的填充类型和颜色

选择点 H，单击"动画"工具，在弹出的对话框中将"动画运动的频率"修改为 150（图 5-31），单击"确定"按钮完成. 在这里，运动的频率实际上就是运动的步数. 步数越多，运动的时间就越长；步数越少，运动的时间就越短.

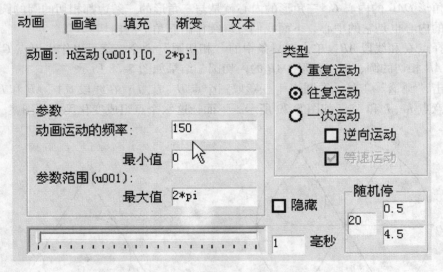

图 5-31　设置运动点的运动频率

请你重复类似的操作，增加点 I 的动画按钮，将其运动频率修改为 180；增加点 J 的动画按钮，将其运动频率修改为 210；增加点 K 的动画按钮，将其运动频率修改为 50；增加点 L 的动画按钮，将其运动频率修改为 70；增加点 M 的动画按钮，将其运动频率修改为 90. 我们将不同的点的运动频率设置成不同的值，是为了让它们以不同的速度运动，得到变化多样的图案.

选择点 G 、点 H 、点 I 、点 J 、点 K 、点 L 、点 M 、圆 G 和线段 AB ，单击"隐藏"工具，将它们全部隐藏，结果如图 5-32 所示.

按住 Ctrl 键，依次选择线段 OB 和三个多边形，单击工具条中的"反射"命令；再依次选择线段 OC 和变换得到的三个多边形，单击"反射"命令；再依次选择线段 OD 和最新变换得到的三个多边形，单击"反射"命令；再依次选择线段 OE 和最新变换得到的三个多边形，单击"反射"命令；再依次选择线段 OF 和最新变换得到的三个多边形，单击"反射"命令. 结果如图 5-33 所示. 就这样，一步、一步、又一步地通过反射变换得到了一个万花筒.

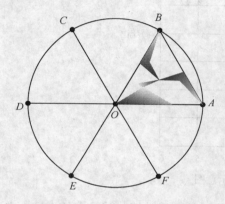

图 5-32　万花筒的"原型"

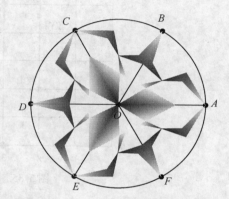

图 5-33　通过轴对称变换得到的万花筒

最后隐藏线段 OA 、OB 、OC 、OD 、OE 、OF 和点 A 、B 、C 、D 、E 、F .

按住 Ctrl 键，单击按钮的绿色部分（右侧），选择所有动画按钮，然后单击"启动动画"工具，就可以看到万花筒形形色色的图案了.

请记得在作图区空白位置双击鼠标，停止所有动画，再进行其他操作.

思考与练习

（1）你能按照自己的方式设计一个万花筒图案吗？

（2）这个万花筒有几个对称轴？

（3）在图 5-34 中，有长方形 $ABCD$ 、正方形 $EFGH$ 、正五边形 $IJKLM$ 和圆 N ，它们

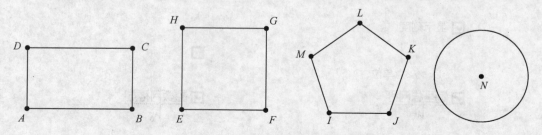

图 5-34　这些常见的图形是轴对称图形吗？

都是轴对称图形吗？如果是，有多少条对称轴？

左传波

广州大学计算机教育软件研究所

第六节　请找对称在哪里

如图 5-35 所示，用（3，0）表示大门的位置，用（3，5）表示熊猫馆的位置，用（1，4）表示大象馆的位置．那么请你试着表示出猴山与海洋馆的位置.

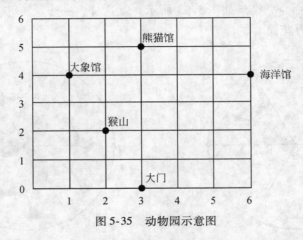

图 5-35　动物园示意图

像这样在平面示意图上，能表示出点的具体位置的一组数据，就是点的坐标．点的坐标由两个数字组成，前一个数字表示它在水平方向上的位置，叫做横坐标；后一个数字表示它在竖直方向上的位置，叫做纵坐标.

启动超级画板，在新的文档中，鼠标双击原点 O 附近的位置（而不是双击原点或者坐标轴），弹出坐标系的属性设置对话框，如图 5-36 所示，选择"画坐标网格"，单击"确定"完成.

单击"画笔"工具，画任意点 A、点 B、点 C；完成后单击"选择"返回.

选择点 A，单击工具条中的"属性"，在弹出的点 A 的属性对话框中，如图 5-37 所示，选择"整数网格点"，单击"确定"完成．重复类似操作，将点 B 和点 C 也设置成为整数点，如图 5-38 所示.

图 5-36　显示坐标网格

图 5-37　将自由点设置为整数点

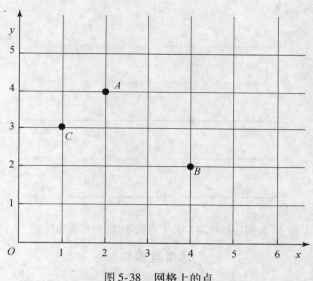

图 5-38　网格上的点

请你分别说出点 A、点 B、点 C 的坐标.

可以利用鼠标任意拖动点 C，改变它的位置. 你能很快说出点 C 在当前位置的坐标吗？

请你拖动点 A 或者点 B，使得它们处于同一竖直方向. 同时选择点 A 和点 B，单击"直线"工具，作出直线 AB，选择直线 AB，单击"放大"工具 $\oplus$，增加它的画线宽度. 结果如图 5-39 所示.

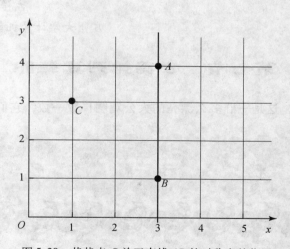

图 5-39　找找点 C 关于直线 AB 的对称点的位置

或者按照水平方向拖动直线 AB 使得它始终处于竖直状态，或者任意拖动点 C. 你能找到点 C 关于直线 AB 的对称点的位置并说出它的坐标吗？

拖动点 A 或者点 B，让直线 AB 处于水平状态，如图 5-40 所示，任意改变点 C 位置的过程中，你能找到点 C 关于直线 AB 的对称点的位置并说出它的坐标吗？

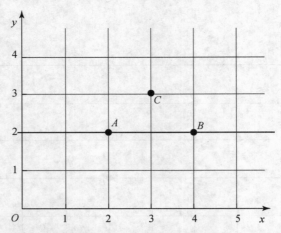

图 5-40　找找点 C 关于直线 AB 的对称点的位置

思考与练习

（1）当直线 AB 处于竖直状态时，点 C 的横坐标、点 A（或点 B）的横坐标、点 C 关于 AB 对称点的横坐标之间有什么关系？

（2）当直线 AB 处于水平状态时，点 C 的纵坐标、点 A（或点 B）的纵坐标、点 C 关于 AB 对称点的纵坐标之间有什么关系？

（3）依次选择直线 AB 和点 C，单击工具条中"反射"命令，作出点 C 关于 AB 的对称点，验证在问题（1）、（2）中你所得到的结论.

左传波

广州大学计算机教育软件研究所

第七节　公鸡排列真整齐

如图 5-41 所示，这是一群多么漂亮的大公鸡啊！数一数，它们一共有多少只？你

图 5-41　一群漂亮的大公鸡

看它们排列在一起，多么整齐！你知道它们是如何整整齐齐地排列在一起的吗？

实际上，只要有了一只大公鸡，把它通过简单的平移变换就可以得到排列整齐的一群大公鸡.

首先让我们画一只漂亮的公鸡.

单击"手画"工具，进入手写手画状态. 使用它就像你手持画笔在纸上绘图一样可以得到形态更加自如的图案. 如果你的计算机连接一个手写板，那么你将能够对这支画笔控制得更加自如.

需要注意的是，为了使得绘制的图案成为一个整体，在绘图过程中不要双击鼠标；当然你如果希望绘制的图案是五颜六色的，那么你绘制的图案可以由几部分组成，通过几次绘制来完成，然后分别设置成不同的画线宽度和颜色.

绘制完成后双击鼠标或者单击工具条中的"选择"命令就可以退出绘图状态，选择绘制的图案可以修改它的画笔线宽、画线颜色.

图 5-42 就是利用"手画"工具所绘制的一只大公鸡. 当然，你也可以绘制一只小狗或者小猫等其他动物. 如果你无法对鼠标掌握自如绘制出漂亮的图案，你可以在网上找出一幅图片，粘贴在作图区，如图 5-43 所示，然后在图片上方直接"临摹"，保证你绘制的图案像模像样，这叫做"比葫芦画瓢". 最后"过河拆桥"：将图片隐藏或者删除就可以.

图 5-42　手写手画绘制的大公鸡　　　图 5-43　通过"比葫芦画瓢"的方式绘制图案

单击"画笔"，画任意线段 AB 和 AC，如图 5-44 所示.

单击"选择"，返回到选择状态. 按住 Ctrl 键，依次选择点 A 和点 B，单击"变换"菜单中的"选定平移向量"命令，这时该命令变为"目前正在使用的平移向量为：AB"，这样就设定了平移的方向和距离. 当线段 AB 处于水平状态时平移的方向就是向右，距离就是线段 AB 的长度. 当然，线段 AB 也可以不是处于水平状态和竖直状态，而是更加一般的情况，如图 5-45 所示. 那么这时所指定的方向就是从 A 到 B 的射线. 在计算机中所有的线段都是既有长度也有方向，即有向线段. 上面我们提到的菜单命令中的"向量"指的就是有向线段.

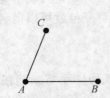

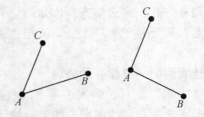

图 5-44　线段 AB 和线段 AC　　　　图 5-45　处于一般状态下的线段 AB

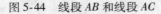

单击"选择"，选中大公鸡图案，单击工具条中的"平移"命令，结果如图 5-46 所示．这时，平移得到的图案处于被选中状态，继续多次单击"平移"命令，结果如图 5-47 所示就得到了一排大公鸡．通过操作，我们知道从左边数第二个大公鸡是将第一个大公鸡按照有向线段 AB 平移后得到的，第三个大公鸡是将第二个大公鸡按照有向线段 AB 平移后得到的……以此类推．

图 5-46　将第一个大公鸡平移后得到第二个大公鸡

图 5-47　平移后得到的一排大公鸡

可见，通过一个有向线段指定了平移的方向和距离后，可以一直使用这个有向线段进行平移操作．

拖动利用"手写"工具绘制的第一个大公鸡，其他大公鸡会如何变化？

拖动点 B，这一列大公鸡之间会有什么变化？拖动点 A 呢？

拖动线段 AB，这一列大公鸡之间又会有怎样的变化呢？

按住 Ctrl 键，依次选择点 A 和点 C，单击"目前正在使用的平移向量为：AB"命令，这时该命令的名称变为"目前正在使用的平移向量为：AC"，这表明计算机已经将有向线段 AC 指定为平移向量了．

选择所有大公鸡，单击"平移"命令，结果得到按照向量 AC 平移后的大公鸡，平移后的图案同时处于被选中状态，利用"画笔颜色"重新设置大公鸡的颜色，再次单击"平移"命令，就可以得到第三列大公鸡，然后重新设置一种颜色．继续平移操作可以得到更多的大公鸡．

拖动利用"手写"工具绘制的第一个大公鸡，其他大公鸡会如何变化？

拖动点 C，这一群大公鸡之间会有什么变化？

思考与练习

（1）请你绘制一个其他形状的小动物图案，并通过平移变换得到一群形状相同、颜色各异的小动物.

（2）考虑一下，如何在计算机上作一个能够两条腿走路的大公鸡？

左传波
广州大学计算机教育软件研究所

第八节　位置如何算平移

将一个物体沿着某一方向移动一段距离后，会在一个新的位置上得到一个形状和大小都完全相同的物体．反过来，有两个形状和大小都完全相同的物体分别在两个不同的位置上，是否一定能够将其中一个物体通过平移得到另外一个物体呢？

例如，如图 5-48 所示，点 A 和点 B 上方各有一只形状和大小均相同的大公鸡，是否存在一条直线，使得点 B 上方的大公鸡沿着该直线移动后能够跟点 A 上方的大公鸡重合？打开文件"08-前后两只大公鸡.zjz"，将点 B 拖动到点 A 的位置，试试看.

图 5-48　形状和大小完全相同的两只大公鸡

再如，在图 5-49 中，三角形 XYZ 与三角形 $X'Y'Z'$ 的大小和形状完全相同，是否存在一条直线，使得三角形 $X'Y'Z'$ 沿着该直线移动后能够与三角形 XYZ 重合？

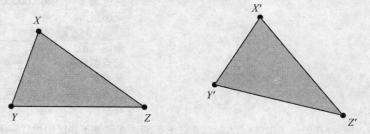

图 5-49　形状和大小完全相同的两个三角形

要回答上面这些问题，我们就需要弄清楚物体的平移具体有哪些性质？同时还要知道如何判断一个物体能否将另外一个物体通过平移而得到？

启动新的超级画板文档；单击"画笔"，画任意三角形 ABC 和线段 DE.

单击"选择"，依次选择点 D 和点 E，单击"变换"菜单中的"选定平移向量"命令；依次选择点 A、点 B、点 C、线段 AB、线段 BC 和线段 CA，单击工具条中的"平移"命令，得到平移后的三角形 FGH；将点 F、点 G 和点 H 的名字分别修改为 A'、B' 和 C'，结果如图 5-50 所示.

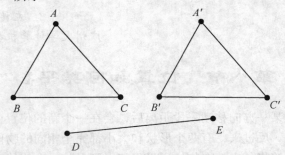

图 5-50　三角形 ABC 按照有向线段 DE 平移后得到三角形 $A'B'C'$

拖动点 E，观察三角形 $A'B'C'$ 随点 E 运动而运动的变化规律.

与轴对称变换类似，平移变换中也有对应点. 点 A' 与点 A 是对应点，点 B' 与点 B 是对应点，点 C' 与点 C 是对应点. 因此点 A' 是点 A 根据有向线段 DE 平移后得到的，那么有向线段 AA' 与有向线段 DE 之间有什么关系呢？类似的关系是否在 BB'、CC' 之间一样成立呢？

单击"画笔"，连接线段 AA'、BB'、CC'. 单击"选择"，按住 Ctrl 键，同时选择线段 AA'、BB' 和 CC'，如图 5-51 所示指向作图区右侧的"属性"选项，打开属性工作区；如图 5-52 所示，单击"画线类型"对应的属性，选择：虚线，结果线段 AA'、BB'、CC'同时为虚线显示，同时可以将它们的颜色设置为红色，结果如图 5-53 所示.

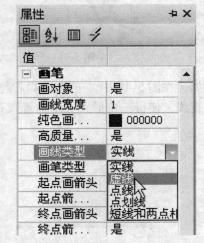

图 5-51　打开属性工作区　　　　图 5-52　在属性工作区中设置一组对象的属性

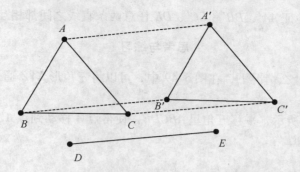

图 5-53 连接对应点之间的线段

可以发现:

(1) $AA' = BB' = CC' = DE$;

(2) $AA'//BB'//CC'//DE$, 即 AA'、BB'、CC' 与 DE 之间相互平行.

下面检验这两条结论:

同时选择线段 AA'、BB'、CC'、DE, 单击"长度", 得到四条线段的长度测量值, 如图 5-54 所示, 拖动点 E, 观察测量结果的变化规律.

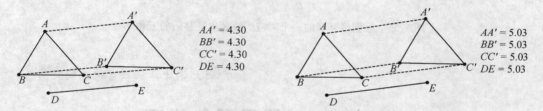

图 5-54 $AA' = BB' = CC' = DE$ 始终成立

单击"画笔", 在线段 AA' 上任取一点 I, 自点 I 作线段 BB' 的垂足 J.

单击"选择", 选择线段 IJ, 单击"长度", 得到线段 IJ 的长度测量值, 如图 5-55 所示, 拖动点 I, 当点 I 在直线 AA' 上移动时, 可以发现线段 IJ 的长度始终不变. 这说明, 直线 AA' 上任意点到直线 BB' 的距离相等, 也就是说直线 AA' 与 BB' 永远没有交点, 所以 AA' 与 BB' 平行.

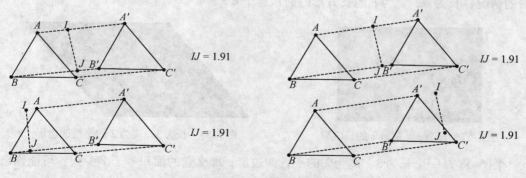

图 5-55 IJ 的长度始终保持不变

类似地，可以验证 AA'、BB'、CC'、DE 任意两条直线之间都相互平行.

思考与练习

（1）你认为在什么情况下，在图 5-49 中，可以将三角形 XYZ 通过平移得到三角形 $X'Y'Z'$？

（2）如图 5-56 所示，平移五角星 $ABCDE$，使得点 A 移动到点 A'，你能否画出平移后的五角星 $A'B'C'D'E'$？

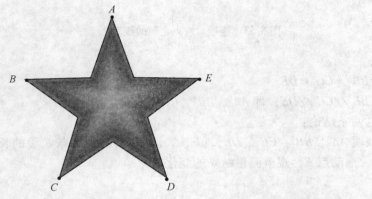

图 5-56　根据平移后的一个对应点绘制出平移后的五角星

左传波

广州大学计算机教育软件研究所

第九节　利用平移能说理

恰当地运用平移变换还可以揭示一些数学本质，能够将一些深刻的道理通过浅显、易懂的方式表现出来，让所有人都能明白并且印象深刻. 这方面的例子有很多，在这里我们谈谈平行四边形面积公式的推导问题.

我们知道，边长为 1 的正方形的面积等于 1. 如图 5-57 所示，长为 3、宽为 2 的长方形的面积，就等于 3×2 个边长为 1 的小正方形面积之和，等于 6. 我们还知道更加一般的情况：长为 a、宽为 b 的长方形的面积等于 $a \times b$.

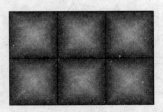

图 5-57　长为 3、宽为 2 的长方形

图 5-58　长为 3、高为 2 的平行四边形

图 5-58 是一个长为 3、高为 2 的平行四边形，那么它的面积等于多少呢？可能你已经知道结论：平行四边形的面积等于底×高.

在我们学数学的过程中，处处都需要讲清楚其中的道理．如果我们知道平行四边形面积的公式，同时还知道它是如何推导出来的，那么我们就能够加深对它的认识和理解．因此，即使将来忘记了，自己也能够非常迅速地重新推导出来．当然，平行四边形的面积公式相对来说较为简单，而将来我们遇到的许多公式会比较复杂，这时深刻理解它们的内涵就显得尤其重要．

那么，究竟如何根据长方形面积公式推导得到平行四边形的面积公式呢？

首先，我们这样考虑问题：既然平行四边形的面积等于底乘高，那么对于一个底为 a、高为 b 的平行四边形来说，剪切之后一定可以重新拼凑成为一个长为 a、宽为 b 的长方形．

剪切的方法有很多，最主要的任务就是能够得到直角，最基本的原则就是剪切的次数越少越好．下面我们就来完成这个剪切并重新拼凑的过程．

单击"画笔"，作任意角 ABC．

单击"选择"，依次选择点 A、点 B 和点 C，单击"平行四边形"命令，作出平行四边形 $ABCD$．

按住 Ctrl 键，同时选择点 A 和线段 BC，单击"垂足"工具，作出点 A 到线段 BC 的垂足 E，结果如图 5-59 所示．

单击"画笔"，在线段 BC 上任意取一点 F．

单击"选择"，依次选择点 B 和点 F，单击"变换"菜单中的"选定平移向量"命令，这时有向线段 BF 就被选定为平移向量．

若点 B 按照向量 BF 进行平移，就得到了一个与点 F 重合的点．因此若要求将直角三角形 AEB 按照向量 BF 进行平移时，不需要对点 B 进行平移．所以有：

按住 Ctrl 键，同时选择点 A 和点 E，单击"平移"命令，结果如图 5-60 所示，得到平移后的点 G 和点 H．

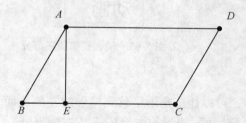

图 5-59 作出平行四边形的高 AE

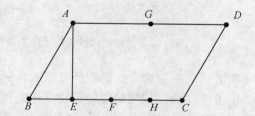

图 5-60 按照向量 BF 平移后得到点 G 和点 H

为了后面操作的方便，我们可以将点 F 拖动到点 C 的右侧．那么点 G 和点 H 也被拖动到了平行四边形之外．

选择点 B，单击"隐藏"，将其从作图区中隐藏．重复类似操作，隐藏所有线段．

按住 Ctrl 键，同时选择点 A、点 E、点 C 和点 D，单击"多边形"命令，即可作出多边形 $AECD$，单击多边形内部就可以将它选中，通过"填充"工具设置它的内部颜色；重复类似操作，构造多边形 FHG，并将它的内部填充为相同的颜色，结果如图 5-61 所示．多边形本身带有边界，前面我们隐藏所有的线段是避免边界的重复出现．

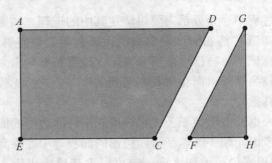

图 5-61 将平行四边形分成了两块

选择点 *F*，单击"动画"，如图 5-62 所示，在弹出的动画属性设置对话框中将"动画运动的频率"修改为：300，使得运动的速度慢一些；选择运动"类型"为：一次运动，单击"确定"完成. 如图 5-63 所示，按钮分为三个部分：左边的主要按钮、中间的辅助按钮以及右侧的编辑区域，拖动按钮右侧的编辑区域（绿色部分）可以移动它的位置，也可以改变它的长度和宽度，在这里我们只显示出按钮名称中的"动画"两个字.

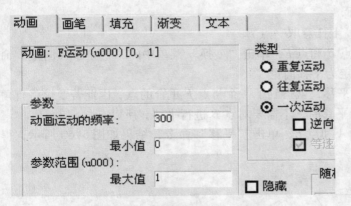

图 5-62 设置动画按钮的运动类型

图 5-63 动画按钮的三部分

单击"名字"命令，隐藏所有点的名字.

单击"动画"按钮的辅助按钮（中间部分），可以让三角形平移到梯形的左侧从而拼凑成一个平行四边形，如图 5-64 所示；单击"动画"按钮的主要按钮（左侧部分），可以让三角形平移到梯形的右侧从而拼凑成一个长方形，如图 5-65 所示.

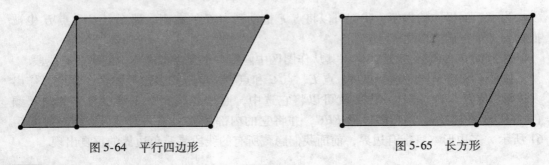

图 5-64 平行四边形   图 5-65 长方形

这个动态平移的过程，就是平行四边形与长方形相互转换的过程，由此可以知道：
平行四边形的面积 = 底 × 高.

推导平行四边面积公式的过程依赖于如下简单而明了的道理：

一个平面图形被分割成若干部分后，面积的总和保持不变.

思考与练习

（1）如图 5-66 所示，平行四边形 ABCD 的边 AB 固定，点 D 在以点 A 为圆心的圆周上运动，请问，平行四边形 ABCD 的面积有没有最大值？何时最大？最小值呢？

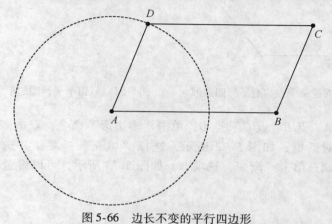

图 5-66　边长不变的平行四边形

（2）你还记得梯形的面积公式吗？你能通过长方形或者平行四边形的面积推导出梯形的面积吗？

（3）前面我们说过"一个平面图形被分割成若干部分后，面积的总和保持不变"．打开文件"09-图形的剪切与拼接．zjz"，如图 5-67 所示．单击"平移"按钮，结果如图 5-68 所示，图形怎么少了一块？这是怎么回事？你能解释其中的道理吗？

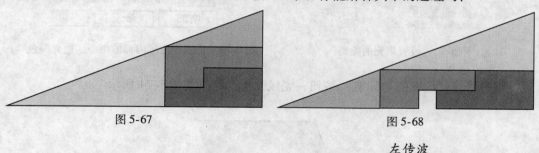

图 5-67　　　　　　　　　　　　　图 5-68

左传波
广州大学计算机教育软件研究所

第十节　平移图案得镶嵌

将一组图形，如果能够不重叠、不留空隙地铺满平面，就形成了密铺图案，密铺图案也叫镶嵌图案.

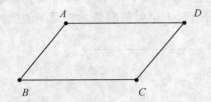

图 5-69 三个任意点 A、B、C

首先让我们自己动手作一个简单的密铺图案.

单击"画笔",作任意点 A、B、C,如图 5-69 所示.

单击"选择",依次选择点 A、点 B 和点 C,单击"平行四边形"命令,就可以作出平行四边形 ABCD,如图 5-70 所示;同时选择线段 AB、BC、CD 和 DA,单击"删除"命令,即可将它们删除,结果如图 5-71 所示.

图 5-70 通过三个点构造平行四边形　　图 5-71 只留下平行四边形的四个顶点

同时选择点 A、点 B、点 C 和点 D,单击"多边形"命令;双击多边形 ABCD 的内部,打开其属性对话框,如图 5-72 所示,选择"填充"选项,并选择填充"类型"为:路径渐变画刷;单击"渐变"选项卡,如图 5-73 所示,可以设置中心颜色和边界颜色.

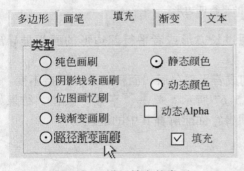

图 5-72 设置填充的类型

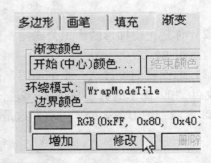

图 5-73 设置多边形内部的中心、边界颜色

单击属性对话框的"确定"按钮,完成设置,结果如图 5-74 所示.

图 5-74 具有内部的多边形 ABCD

依次选择点 B 和点 C,单击"变换"菜单中的"选定平移向量",将有向线段 BC 设定为平移向量.

单击多边形 ABCD 的内部将其选中，多次单击"平移"命令，结果如图 5-75 所示，得到一组平行四边形.

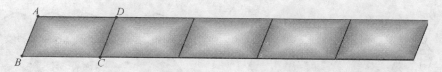

图 5-75 以 BC 为平移向量得到的密铺图案

依次选择点 B 和点 A，单击"变换"菜单中的"目前正在使用的平移向量为：BC"命令，将有向线段 BA 设定为平移向量.

按住 Ctrl 键，单击所有多边形内部将它们全部选中，多次单击"平移"命令，结果如图 5-76 所示，得到几列平行四边形.

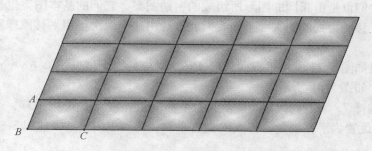

图 5-76 由完全相同的平行四边形组成的密铺图案

这样就得到了由完全相同的平行四边形组成的密铺图案.

拖动点 A、点 B 或点 C，可以发现利用平移变换得到的图形总是密铺图案. 想一想为什么这个图案总是密铺的？

拖动点 A，当 AB 与 BC 垂直时，如图 5-77 所示，就得到了由完全相同的长方形组成的密铺图案.

继续拖动点 C，当 AB 与 BC 垂直并且相等时，如图 5-78 所示，就得到了由完全相同的正方形组成的密铺图案.

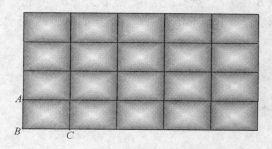

图 5-77 由相同的长方形组成的密铺图案

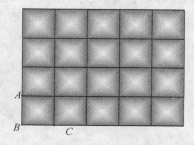

图 5-78 由相同的正方形组成的密铺图案

假如，平行四边形 ABCD 是利用可以伸缩的材料制作的，那么它的形状可以随便改变而面积始终保持不变. 如果有一个锤子，用力朝着平行四边形的边 AB 砸去，结果会如何呢？请见如图 5-79 所示的图案.

再用锤子朝着 BC 边用力砸去，又会发生什么情况呢？请见如图 5-80 所示图案.

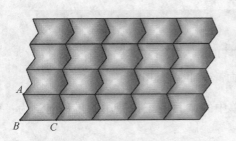

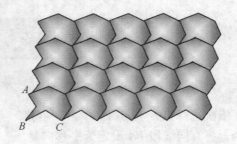

图 5-79　边 BA 向右凹进后的图案　　　　图 5-80　边 BC 向上凹进后的图案

当然，它们也是由相同的图形所组成的密铺图案. 它们的基本图案也是在平行四边形的框架下平移而得到的图案. 下面我们就设计出这个两次运用平移原理而得到的密铺图案.

首先作出如图 5-71 所示平行四边形 $ABCD$ 对应的四个顶点. 单击"画笔"，任取两个点 E 和 F，如图 5-81 所示.

单击"选择"，将有向线段 BC 设置为平移向量，将点 E 进行平移，得到点 G；将有向线段 BA 设置为平移向量，将点 F 进行平移，得到点 H，结果如图 5-82 所示.

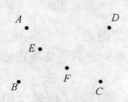

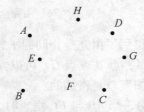

图 5-81　点 E、点 F 分别确定平行　　　　图 5-82　根据"出入相补"
四边形从边 BA、边 BC 凹进去的位置图　　　　原理得到对应点

按住 Ctrl 键，依次选择点 A、点 E、点 B、点 F、点 C、点 G、点 D、点 H，单击"多边形"，就可以得到多边形 $AEBFCGDH$，然后设置其内部填充属性，结果如图 5-83 所示.

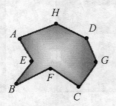

图 5-83　平行四边形变形后得到的多边形

然后，分别以有向线段 BA 和有向线段 BC 为平移向量平移这个"变形"的平行四边形，如图 5-80 所示.

思考与练习

（1）如图5-84所示，这种密铺图案在我们日常所见到的建筑中很常见，你能将它设计出来吗？

图5-84　由长方形组成的密铺图案

（2）如图5-85所示，这个密铺图案的基本图形是什么？你知道它是由基本图形如何得到的吗？

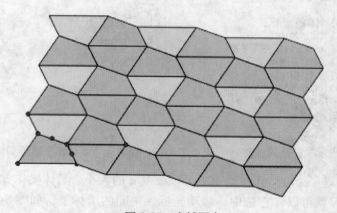

图5-85　密铺图案

左传波
广州大学计算机教育软件研究所

第十一节　图案平移又旋转

如图5-86所示，检验点 B 上方的大公鸡是否能够通过点 A 上方的大公鸡平移而得到，在计算机上的操作过程非常简单：打开文件"11-前后两只大公鸡.zjz"，单击"B 移动到 A"按钮，当点 B 与点 A 重合时，观察两只大公鸡是否完全重合，如图5-87所示.

可见，点 B 上方的大公鸡并不是由点 A 上方的大公鸡简单地通过平移而得到的.那么点 B 上方的这只大公鸡与点 A 上方的大公鸡之间又有什么关系呢？

图 5-86　点 A 和点 B 上方各有一只大公鸡　　图 5-87　检验两只大公鸡能否重合

　　将点 B 拖动到点 A 之外的位置；在左边的对象工作区中，如图 5-88 所示，单击第 9 号与第 11 号对象前的方框，将它们从作图区中显示出来.

　　第 9 号对象是一只大公鸡，如图 5-89 所示，它是将点 A 上方的大公鸡以有向线段 AB 为向量平移之后所得到的，否则你可以根据上面的方法进行检验.

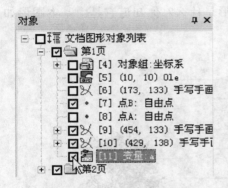

图 5-88　重新显示被隐藏的对象

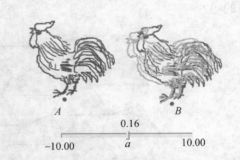

图 5-89　点 B 上方显示出平移得到的大公鸡图案

　　第 10 号对象是一个变量尺，通过它可以改变 a 的大小. 具体操作方法如下：

　　单击该变量尺就可以将它选中，移动光标到中间的滑标上，如图 5-90 所示，这时单击鼠标并按住左右拖动可以改变 a 的大小.

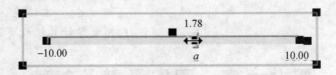

图 5-90　改变 a 的大小

　　在改变 a 的过程中，观察橙色大公鸡是如何变化的，如图 5-91 所示.

　　可以观察到，在 a 变化过程中，橙色大公鸡在转动.

　　像这样，在平面内将一个图形绕着某个点转动的过程，就是**旋转**.

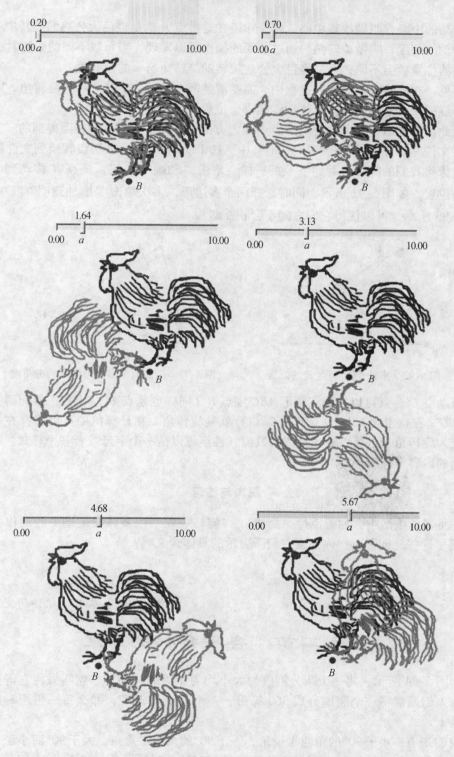

图 5-91　当 a 取不同的数值时橙色的大公鸡在不同的位置

转动的中心，叫做**旋转中心**. 容易知道在这里点 B 就是橙色大公鸡的旋转中心.

转动的角度，叫做**旋转角**. 通过前面的操作可以发现，当 a 取不同的数值时，橙色大公鸡的位置就会不同，可见橙色大公鸡旋转的旋转角与 a 的值有关.

可见，在旋转一个对象的过程中，需要清楚两个条件：旋转中心和旋转角. 即需要确定：绕哪个点进行旋转，具体旋转到哪个位置.

因此可以知道，橙色大公鸡是由点 A 上方的大公鸡平移后再旋转而得到的.

在文件"11-前后两只大公鸡.zjz"中，按 PageDown 键，就可以转换到文件的第二页，就像将我们的练习本翻到下一页一样. 单击"动画"按钮，将点 B' 移动到与点 B 重合的位置，如图 5-92 所示，同时选择两个多边形，多次单击"增加透明"工具 ，如图 5-93 所示，可以使得它们之间不会相互遮挡.

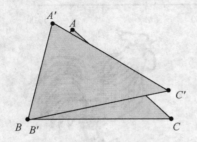
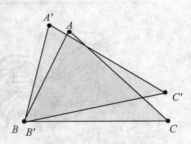

图 5-92　拖动点 B' 到点 B 的位置　　图 5-93　增加两个多边形内部的透明度

拖动点 C'，就可以使得三角形 ABC 绕点 B（同样也是点 B'）旋转，从而得到三角形 $A'B'C'$. 在这里角 CBC'（记作 $\angle CBC'$）就是旋转角. 在计算机中可以将存在的一个角指定为旋转角，也可以输入具体的数值，甚至可以是一个字母或者一个算式，我们将在后面的内容中逐步介绍.

思考与练习

在平常的生活中，你听说过"掉头"、"旋转一周"以及体操运动员的动作"空中翻两翻"这些此词语吗？你知道它们所表示的具体含义吗？

左传波
广州大学计算机教育软件研究所

第十二节　各种各样的角度

如图 5-94 所示，将一个圆分割成为大小均匀相等的几部分，就叫做将它等分. 古时候，人们通常将一个圆周分成 360 等份，一个圆周是 360°，那么每一份所对应的大小就是 1°.

我们知道，小于 90° 的角叫做锐角，等于 90° 的角叫做直角，大于 90° 而小于 180° 的角叫做钝角，等于 180° 的角叫做平角，等于 360° 的角叫做周角，如图 5-95 所示. 请你打开文件"12-大小小小的角度.zjz"，自己拖动和观察一下.

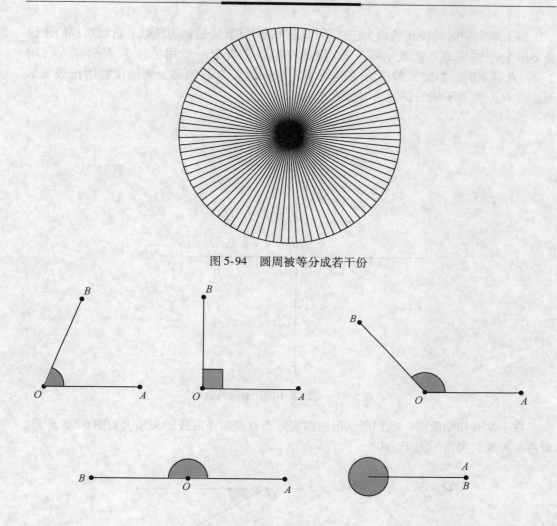

图 5-94 圆周被等分成若干份

图 5-95 大大小小的角

那么，如图 5-96 所示，小于 0° 的角，大于 180° 而小于 360° 的角，以及大于 360° 的角，叫做什么角呢？如果说前面提到的锐角、直角、钝角、平角、周角都有自己的名字，算作特殊角的话，那么小于 0° 的角、大于 180° 而小于 360° 的角以及大于 360° 的角就叫做一般的角，请你打开文件 "12-更加一般的角度.zjz"，自己拖动试试看.

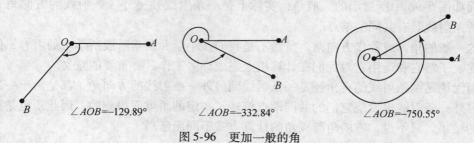

∠AOB=−129.89°   ∠AOB=−332.84°   ∠AOB=−750.55°

图 5-96 更加一般的角

因为规定逆时针旋转的角为正，所以按照顺时针旋转的角为负数．负数对我们来说并不陌生，如 – 20℃ 就表示零下 20 度，在银行存折上一般用 " + " 表示存入而用 " – " 表示支出，如图 5-97 所示在坐标系上坐标原点 O 右侧和上侧的位置用正数表示而原点 O 左侧和下侧的位置则用负数表示．

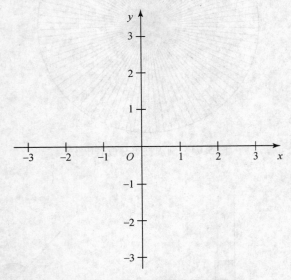

图 5-97　坐标系中的正数与负数

在小学和初中阶段，我们所学习的角实际上就是两条射线的夹角，如图 5-98 所示，而两条射线的夹角不大于 180°．

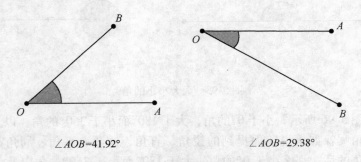

∠AOB=41.92°　　　　　　　　∠AOB=29.38°

图 5-98　我们所熟悉的角实际上是射线的夹角

而如图 5-96 中所展示的一般角，实际上是一条射线到另外一条射线的方向角．当然这两条射线具有共同的端点．

这一般的角，或称作方向角，虽然不是我们在小学和初学阶段所学习的内容，但是认识它、了解它和运用它对我们在计算机上完成许多工作具有重要的意义．

但无论是两条射线的夹角还是一条射线到另外一条射线的方向角，都是由于一条射线从另外一条射线出发绕它们的共同端点旋转了一定的角度而得到的，因此角也是旋转变换的结果．只不过，方向角与夹角的计算方式不同而已．

因此，如果运用动态的眼光看待问题，我们就可以说：角是利用旋转而得到的图形.

文化与思考

圆周为什么规定为360°？

圆周规定为360°的原因，大家比较认可的说法是：古埃及人从太阳每天东升西落的周期运动和每隔一年尼罗河水定期泛滥的时间间隔上体会到"年"的含义. 再加上埃及人发达的天文学使他们能很好地跟踪测定天狼星的天空轨迹，所以他们把一年规定为360天（虽然现在看来有一定的误差）. 他们认为一年（即360天）的时间正好观测到黄道面循环一周，而且古人用一种朴素的哲学上的统一观点，认为360是一个世界上的常数，因此后来在天文观测以及圆周丈量的时候就用360作为圆周的度数. 基于此，一个最简单的周期（圆周）所对的角就此定义为360度.

还有一种说法是，这是由360本身的性质决定的. 采用360这数字，是因为它容易被整除. 360除了1和自己，还有22个真因子，包括了7以外从2到10的数字，所以很多特殊的角的角度都是整数.

左传波
广州大学计算机教育软件研究所

第十三节　角度大小看圆弧

如图5-99所示，线段的长度等于两个端点之间的距离. 而圆弧是弯曲的，圆弧的长度应该如何测量和计算呢？

我们知道 π 在数学上叫做圆周率，简单地说，圆周率就是圆的周长与圆的直径之间的比率（即比例），它是一个常数. 打开文件"13-圆周与直径的比率.zjz"，拖动点 P 可以改变圆的大小，观察动态测量与计算结果的变化规律，如图5-100所示. 这个圆周率 π 是一个无穷不循环小数，即无理数，也就是说它在小数点之后的位数是无穷无尽的，并且不会出现循环的情况. 一般情况下，要求不高的话，可以将3.14作为 π 的近似值.

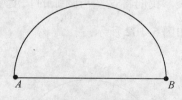

图5-99　线段 AB 和圆弧 AB

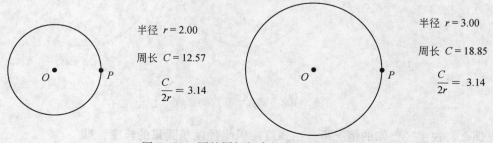

半径 $r = 2.00$

周长 $C = 12.57$

$\dfrac{C}{2r} = 3.14$

半径 $r = 3.00$

周长 $C = 18.85$

$\dfrac{C}{2r} = 3.14$

图5-100　圆的周长与直径之比为常数 π

在了解到这个事实之后，我们就可以根据直径或半径直接求出圆的周长，即圆的周长 $C = \pi \times$ 直径 d，或者圆的周长 $C = \pi \times 2 \times$ 半径 r，简写成

$$C = \pi d, \quad \text{或 } C = 2\pi r.$$

由此，如图 5-101 所示，若圆弧所在的圆的半径都是 r，那么很容易知道以下事实：

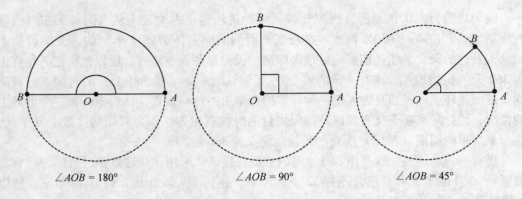

图 5-101　圆弧及其长度

半圆圆弧的长度为：$\dfrac{2\pi}{2}r = \pi r$；四分之一圆弧的长度为 $\dfrac{2\pi}{4}r = \dfrac{\pi}{2}r$；八分之一圆弧的长度为 $\dfrac{2\pi}{8}r = \dfrac{\pi}{4}r$；等等，以此类推：$k$ 分之一圆弧的长度为 $\dfrac{2\pi}{k}r$.

那么，上述几个弧长的表达式中，圆的半径 r 之前的系数分别是：π、$\dfrac{\pi}{2}$、$\dfrac{\pi}{4}$、$\dfrac{2\pi}{k}$. 在半径已经知道的情况下，一旦知道了这些系数，就能够非常轻松地算出对应的圆弧长度.

我们将这些与圆弧的长度密切相关的系数，π、$\dfrac{\pi}{2}$、$\dfrac{\pi}{4}$ 和 $\dfrac{2\pi}{k}$ 等称为圆弧的弧度，如图 5-102 所示.

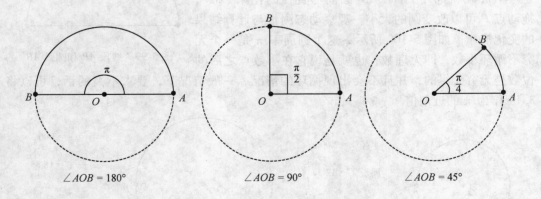

图 5-102　圆弧、角度与弧度

那么，在半径已知的情况下，由弧度乘以半径就是圆弧的长度，即

$$\text{弧度} = \frac{\text{弧长}}{\text{半径}},$$

所以，弧度与弧长和半径没有绝对的关系，而是与它们的比值有关.

通过前面的分析可以知道：

$360°$的角对应的弧度是2π；$180°$的角对应的弧度是π；$90°$的角对应的弧度是$\frac{\pi}{2}$；

$45°$的角对应的弧度是$\frac{\pi}{4}$.

事实上，圆弧的弧度与角的度数有直接的关系.

对于一般度数的角，如$n°$，所对应的弧度是多少呢？假如$n°$的角对应的弧度为a，

由式子$\frac{360°}{n°} = \frac{2\pi}{a}$，可得$a = \frac{n}{180}\pi$.

请你利用这个式子检验上面一些特殊角对应的弧度.

当然，将上面的式子变形为$n = \frac{a}{\pi} \times 180$，就可以利用弧度求对应的角度.

反过来，1 弧度所对应的角是多少度呢？

将$a = 1$代入$n = \frac{a}{\pi} \times 180$，可求得约等于$57.30°$. 看来这个数值比较一般，也不方便记忆. 实际上只要你理解了弧度的意义、作用以及弧度与角度之间的换算公式就已经足够了，而这个数值在需要时随时可以推导出来.

$1°$、$2°$、$45°$、$90°$、$180°$、$360°$等这些角的度数，在古代以及现代天文观测、航海技术、远距定位、土地丈量等方面运用较多；而π、$\frac{\pi}{2}$、$\frac{\pi}{4}$、$\frac{2\pi}{k}$等这些弧度值，在现代数学、工程计算、计算机科学等领域运用更加广泛. 在高中阶段以及以后要学习的数学内容中角的大小基本上以弧度的形式出现，因此我们较早地接触弧度的概念，并且理解和掌握它有助于我们更早地学习和掌握更多的数学知识.

思考与练习

（1）如果有一个圆弧A，它的弧度是$\frac{\pi}{3}$，它对应圆周的半径是 5. 那么这个圆弧占整个圆周的多少？

（2）如果有一个圆弧B，它对应圆周的半径是 1. 如果说它的弧度是3π，那么这个圆弧大致的形状是什么样的？

（3）圆弧A和圆弧B，哪个更长？

左传波

广州大学计算机教育软件研究所

第十四节　旋转可得靓图案

如图 5-103 所示，这些图案漂亮吗？它们有什么共同的特点？它们都是由哪些基本

图形所组成的？由这些基本图形如何得到的？

图 5-103　美丽的图案

可以看出，它们都是由基本图形经过旋转而得到的．因此在绘制这些图案的过程中只需要绘制出它们中的基本图形，然后经过旋转变换就可以得到整个图案，可谓是节约劳动、减轻负担．所以，找到基本图形是绘制整个图案的关键．同时还要通过分析图形的特点，找出旋转中心并计算出旋转角度．

下面我们就学习在计算机中利用旋转变换设计这些美丽的图案．

首先绘制第一行从左边数第二个五角星图案．

启动超级画板，隐藏坐标系；单击"画笔"，任意作一个点 A.

单击"选择"，选择点 A，单击"半径圆"，在弹出的用户输入对话框中输入：2，单击"确定"按钮就可以作出以点 A 为圆心、半径为 2 的圆.

单击"画笔"，在圆 A 上任取一点 B.

单击"选择"，同时选择点 B 和圆周，单击"圆内接正 N 边形"，在弹出的用户输入对话框中输入：5，单击"确定"按钮就可以作出圆 A 的内接正五边形，其中点 A 是正五边形的一个顶点，如图 5-104 所示.

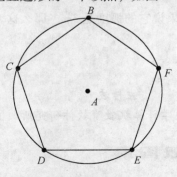

图 5-104　圆内接正五边形

单击多边形内部将其选中，单击"删除"工具，将多边形的内部删除，而只保留顶点.

单击"画笔"，连接线段 BE、CF 和 DF；作出线段 BE 和 CF 的交点 G、BE 和 DF 的交点 H，结果如图 5-105 所示.

单击"选择"，同时选择点 A、点 G 和点 F，单击"多边形"，作出多边形 AGF，将其内部填充为黄色；类似操作，作出多边形 AHF，将其内部填充为橙色，如图 5-106 所示.

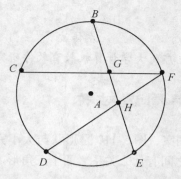

图 5-105　作出基本图形的框架

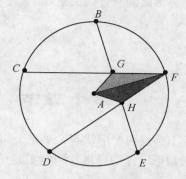

图 5-106　构造基本图形

因为正五边形 $BCDEF$ 的 5 个顶点将圆周五等分, 所以圆弧 BF 所对的角为 $\frac{2\pi}{5}$ 弧度.

那么只需要将多边形 AGF 和 AHF 以点 A 为中心、按照 $\frac{2\pi}{5}$ 弧度的角不断旋转就可以得到图 5-103 中所展示的图案.

选择点 A, 单击"变换"菜单中的"指定旋转或放缩中心", 将点 A 指定为中心.

单击"变换"菜单中的"指定旋转角或放缩倍数参数", 在弹出的对话框中输入: $2*pi/5$, 单击"确定"按钮完成, 将 $2*pi/5$ 弧度设置成了旋转角.

设置了旋转中心和旋转角度, 就可以将对象进行旋转操作了.

隐藏点 B 之外的所有点、所有线段和圆周.

选择两个多边形, 连续 4 次单击工具条中的"旋转"命令, 结果如图 5-107 所示.

选择点 B, 单击"动画", 在弹出的动画属性对话框中选择"类型"为: 重复运动, 单击"确定"完成.

单击"名字", 可以隐藏点 B 的名字; 选择点 B, 单击"缩小"可以减小点 B 的大小, 以能够使得它与整个图案看起来协调一致.

单击动画按钮还可以让图形绕其中心不停地旋转起来.

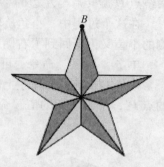

图 5-107　旋转变换得到的图案

图 5-108　层层叠叠的正方形

思考与练习

（1）对于上面所设计的图案, 你还有其他方法去完成吗? 请你找出两种与上面不同的方法在计算机上将它绘制出来.

（2）请你在计算机上, 利用旋转变换设计出图 5-103 中的其他七个图案.

（3）如图 5-108 所示, 这个图案有什么特点? 不同颜色的正方形之间有什么关系？

左传波
广州大学计算机教育软件研究所

第十五节　旋转半周谓对称

图 5-109 是两个形状与大小完全相同的小鱼图案，图 5-110 是形状与大小完全相同的两个三角形．仔细观察这两幅图案，两条小鱼之间有什么关系，两个三角形之间呢？

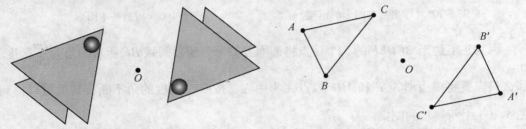

图 5-109　两条模样相同的小鱼　　　　　图 5-110　两个形状相同的三角形

打开文件"15-形状相同的图案.zjz"，单击"旋转"按钮，可以发现右侧的小鱼图案绕点 O 旋转后与左边的小鱼图案完全重合在一起，结果如图 5-111 所示．

在这个过程中，小鱼旋转了多少度呢？单击"返回"按钮，可以观察到旋转到左侧的小鱼又重新回到了右侧原来的位置．

单击"名字"命令，可以显示出所有点的名字．

按住 Ctrl 键，选择左上侧的鱼眼睛对应的点 P、旋转中心 O 和右下侧的鱼眼睛对应的点 P'，单击"角的值"命令，得到 $\angle POP'$ 的测量值，结果如图 5-112 所示．

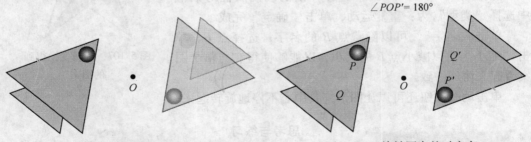

图 5-111　右侧的图案绕点 O 旋转后　　　　图 5-112　旋转图案的对应点
　　　　　与左侧的图案重合　　　　　　　　　　与旋转中心所成的角为 180°

事实上，两个小鱼是关于点 O 的中心对称图形．

通过上面的动态旋转过程以及测量结果，不难理解中心对称的含义：如果一个图形绕着某一个点旋转 180° 后能够与另外一个图形重合，那么就说这两个图形关于这个点对称或中心对称，这个点就叫做对称中心．这两个图形中的对应点，例如图 5-112 中的点 P 与点 P'、点 Q 与点 Q'，叫做关于中心的对称点．

　　按键盘中的 PageDown 键，转到下一页，如图 5-113 所示，三角形 ABC 与三角形 A'B'C'关于点 O 中心对称. 你可以通过"旋转"按钮进行验证它们是否能够重合.

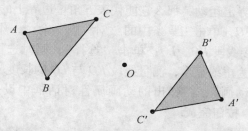

图 5-113　两个三角形关于点 O 中心对称

　　当图形在旋转过程中，任何一组对应点到中心的距离都相等. 中心对称图形是旋转图形的一个特例，当然也不例外. 所以，在图 5-113 中有：$AO = A'O$、$BO = B'O$、$CO = C'O$. 又因为 $\triangle AB'C'$ 可以看成是将 $\triangle ABC$ 绕中心 O 旋转了 180°所得到的，所以任何一组对应点之间的连线都经过对称中心，如图 5-114 所示.

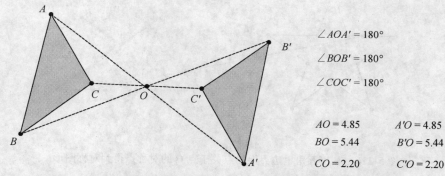

$\angle AOA' = 180°$

$\angle BOB' = 180°$

$\angle COC' = 180°$

$AO = 4.85$　　$A'O = 4.85$

$BO = 5.44$　　$B'O = 5.44$

$CO = 2.20$　　$C'O = 2.20$

图 5-114　对称点之间的连线经过对称中心并且被对称中心所平分

　　那么如何画已知图形关于某个点的对称图形呢？
　　例如，如图 5-115 所示，请画出五角星关于点 O 的对称图形.

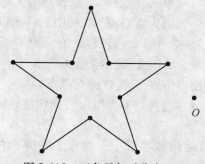

图 5-115　五角星与对称中心 O

　　绘制五角星的步骤就不再重复叙述了，关键是构造出五角星的 10 个顶点，请你首先自己动手自己绘制出上述五角星.

按住 Ctrl 键，按照顺序依次选取五角星的 10 个顶点，单击"作图"菜单中"点"子菜单下的"多边形边界上的点"命令，作出五角星边界上的点 K. 拖动点 K，你会发现它总是在五角星的边界上运动，那么它能代表五角星边界上的任意点.

依次选择点 K 和点 O，单击工具条中的"对称点"命令，作出点 L.

单击"画笔"，连接线段 KO、LO；单击"选择"，同时选择线段 KO 和 LO，通过属性工作区将它们设置为虚线显示；测量线段 KO 与 LO 的长度.

选择点 K，单击"动画"，在弹出的动画属性对话框中设置"动画的运动频率"为：500，单击"确定"按钮完成.

选择点 L，单击"跟踪".

单击"动画"按钮，结果如图 5-116 所示，得到五角星关于点 O 的对称图形，同时可以发现，无论点 K 在原来五角星上任何位置，都有 $KO = LO$ 成立.

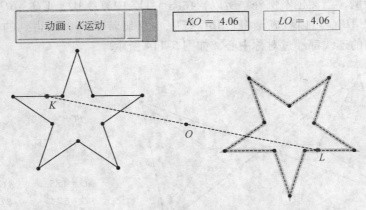

图 5-116 利用五角星边界上的点关于点 O 的对称点得到对称图形

再如，如图 5-117 所示，可以画三角形 ABC 关于 AC 中点 O 的对称图形.

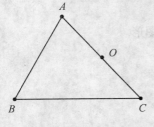

图 5-117 三角形 ABC
及 AC 边的中点 O

启动新的超级画板文档；单击"画笔"，画任意三角形 ABC 和 AC 的中点 D.

单击"选择"，双击点 D，将其名字修改为 O.

因为点 O 是 AC 的中点，所以点 A 和点 C 关于点 O 中心对称. 所以，将线段 AC 绕点 O 旋转 180° 之后能够与它自身重合. 因此画三角形 ABC 关于点 O 的对称图形，只需要作出点 B 关于点 O 的对称点即可.

选择点 O，单击"指定旋转或放缩中心"命令，将点 O 指定为旋转中心.

单击"指定旋转角或放缩倍数参数…"命令，在弹出的用户输入对话框中输入：pi，单击"确定"完成.

单击"对象"菜单中的"设置新点的名字"命令，在弹出的对话框中输入：D，单击"确定"按钮完成. 设置完成之后，新作出的点其名字从 D 开始.

选择点 B、线段 AB 和线段 BC，单击"旋转"命令，结果如图 5-118 所示，得到三角形 ABC 关于点 O 的对称图形.

得到了一个平行四边形 ABCD，点 O 就是平行四边形对角线 AC 与 BD 的交点．这是因为：线段 AB 绕点 O 旋转 180°之后得到了与它平行的线段 CD，线段 BC 绕点 O 旋转 180°之后得到了与它平行的线段 DA，即 AB//CD 并且 BC//DA，所以四边形 ABCD 是一个平行四边形.

如果平行四边形 ABCD 绕点 O 旋转 180°，结果会如何呢？请你自己动手操作进行实验.

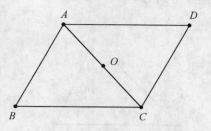

图 5-118 得到三角形 ABC 关于点 O 的对称图形：三角形 ADC

可以发现，平行四边形绕点 O 旋转 180°后，能够与它自身重合，所以平行四边形是中心对称图形，平行四边形对角线的交点就是它的对称中心.

思考与练习

（1）把一个图形绕着某个点旋转 180°之后，能够与原来的图形重合的图形，都叫做中心对称图形．所以说，判断一个图形是否中心对称图形的关键是，看是否能够找到它的一个对称中心．线段是中心对称图形吗？如果是，它的对称中心在哪里？梯形呢？

（2）在超级画板中任意作一个点 A，作点 A 关于坐标原点 O 的对称点 B；测量点 A 和点 B 的坐标，如图 5-119 所示；拖动点 A，观察两个点的坐标变化情况以及它们之间的关系，从中你能得到什么规律？

（3）在一个新的超级画板文档中画任意点 A 和点 B，作点 A 关于点 B 的对称点 C；测量点 A、点 B 和点 C 的坐标，如图 5-120 所示；拖动点 A 或者点 B，观察三个点的坐标变化情况，你能发现哪些规律？

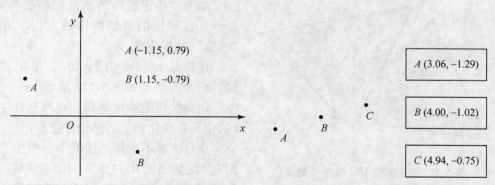

图 5-119 点 A 与点 B 关于原点 O 对称　　　图 5-120 点 A 与点 C 关于点 B 对称

左传波
广州大学计算机教育软件研究所

第十六节　利用旋转说面积

如图 5-121 所示，也许你知道三角形和梯形的面积公式？但是，你知道它们是如何推导得到的吗？

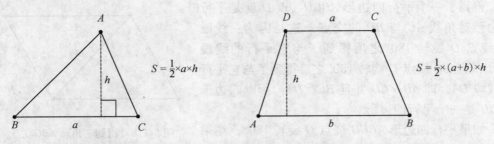

图 5-121 三角形和梯形的面积公式

下面我们利用旋转变换，通过平行四边形的面积推导出三角形和梯形的面积公式.

启动超级画板，单击"画笔"，作出任意点 A、B、C，连接线段 AC 并作出线段 AC 的中点 D.

单击"选择"，删除线段 AC 并将点 D 的名字修改为 O.

同时选择点 A、点 B 和点 C，单击"多边形"命令，作出多边形 ABC 并将其内部填充.

下面，将三角形 ABC 绕点 O 动态旋转 $180°$，即 pi 弧度. 我们知道，若将旋转角设定为：pi，就直接得到了三角形 ABC 关于点 O 的对称图形. 那么，如何动态展示这个旋转的过程呢？

我们可以采取的做法之一是：将旋转角设定为一个字母，如 t，然后让这个字母的数值从 0 变化到 pi，就实现了图形从原来的位置开始旋转到关于点 O 对称的位置结束.

选择点 O，将其指定为旋转中心.

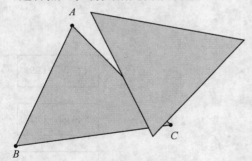

图 5-122 三角形 ABC 绕点 O 旋转 t 弧度后的结果

单击"指定旋转角或放缩倍数参数"命令，在弹出的对话框中输入：t，单击"确定"按钮完成.

选择点 B 和多边形 ABC，单击"旋转"命令，结果如图 5-122 所示.

动画按钮能够帮助我们轻松地让字母 t 的值从 0 变化到 pi，操作方法是：

在什么都不选择的情况下，单击"动画"，在弹出的用户输入对话框中输入：t，单击"确定"按钮，弹出动画属性对话框呢. 你希望让字母如何变化？那么就在这个对话框中设置.

如图 5-123 所示，选择动画的"类型"为：一次运动；设置参数范围的"最小值"为：0，"最大值"为：pi，其他属性选项暂时不需要设置因此我们可以不去理会它们，单击"确定"按钮完成.

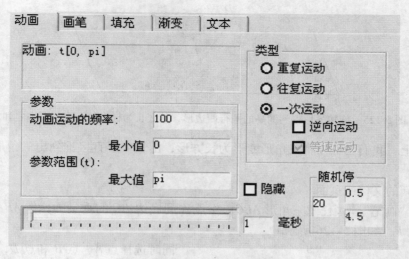

图 5-123 设置动画的各种属性

选择点 O，单击"前移"，使得点 O 不会被多边形遮挡.

选择两个多边形，多次单击"增加透明"命令，使得多边形不会遮挡其他对象.

单击"动画：t [0，pi]"按钮，结果如图 5-124 所示，通过复制与旋转三角形 ABC，得到了一个与三角形 ABC 等底、同高的平行四边形.

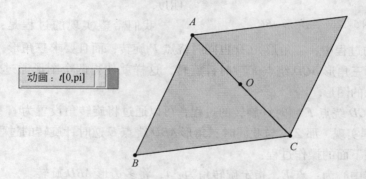

图 5-124 三角形旋转得到等底同高的平行四边形

因为旋转得到的三角形与三角形 ABC 的形状和大小完全相同，所以三角形 ABC 的面积为平行四边形面积的一半. 而平行四边形的面积等于底乘以高，所以三角形的面积等于底乘以高再除以 2.

单击"动画：t [0，pi]"按钮的中间部分，则旋转的图形重新回到与三角形 ABC 重合的位置. 也就是说动画按钮的中间辅助按钮与它左边主按钮的运动过程的方向是相反的，这个功能在动画"类型"为一次运动时才能起到作用，才有意义.

你能利用类似的方法说明梯形的面积公式吗？如图 5-125 所示，请你自己动手由梯形旋转得到平行四边形，并利用平行四边形的面积推导得到梯形的面积.

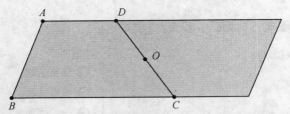

图 5-125　旋转梯形得到同高的平行四边形，其底长为梯形的上底与下底之和

实际上，我们也可以将三角形变形为长方形，由长方形直接推到出三角形的面积．过程如下：

建立新的文档或页面．

单击"画笔"，画任意三角形 ABC；作点 A 到底边 BC 的垂足 D，作 AB 的中点 E、AC 的中点 F，如图 5-126 所示．

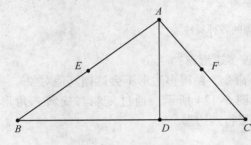

图 5-126　三角形 ABC

同时选择点 A、点 B 和点 D，单击"多边形"命令，作出多边形 ABD；通过类似操作，作出多边形 ACD，并把它们填充为同一种颜色；选择两个多边形，单击"文本边界"，隐藏多边形的边界；选择两个多边形，多次单击"增加透明"，增加它们的透明度．

我们希望实现的过程是：三角形 ABD 绕点 E 旋转的过程中，三角形 ACD 也同时绕点 F 旋转；而且要求三角形 ABD 绕点 E 顺时针旋转，而三角形 ACD 绕点 F 顺时针旋转，这样就使得两个图形通过外部旋转而尽量不遮挡原来的图形．

三角形 ACD 绕点 F 顺时针旋转的过程，可以通过将旋转角设置为 t，而让 t 从 0 变化到 pi 的过程实现．那么，与此同时三角形 ABD 绕点 E 逆时针旋转的过程如何实现呢？请学习和研究下面的操作过程：

指定旋转中心为：点 E，指定旋转角为：t，将多边形 ABD 旋转．

选择点 F，单击"目前正在使用的旋转或放缩中心为：点 E"命令，从而将旋转中心指定为点 F；单击"目前正在使用的旋转角为：t"命令，在弹出的用户输入对话框中将旋转角修改为：$-t$，单击"确定"完成；将多边形 ACD 旋转．结果如图 5-127 所示．

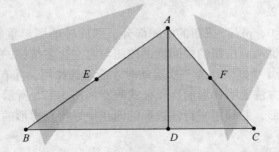

图 5-127　三角形 ABD 和三角形 ACD 分别绕点 E 和点 F 旋转

单击"动画"，在弹出的用户输入对话框中输入：t，单击"确定"按钮；在动画属性对话框中设置运动"类型"为：一次运动，设置参数的范围为：0 到 pi.

单击"动画：t [0, pi]"按钮，结果如图 5-128 所示，将两个直角三角形旋转后得到一个同底、同高的长方形，所以三角形的面积等于底乘以高再除以 2.

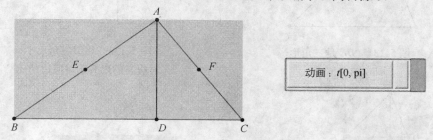

图 5-128　三角形分割成两个直角三角形后再旋转得到一个同底同高的长方形

思考与练习

（1）图 5-126 中的三角形 ABC 是一个锐角三角形，即它的三个角都是锐角．若 $\angle A$ 是钝角，如图 5-129 所示，那么上述说理过程仍然成立；若 $\angle B$ 或者 $\angle C$ 是钝角，如图 5-130 所示，应该如何通过矩形的面积推导得到三角形的面积呢？

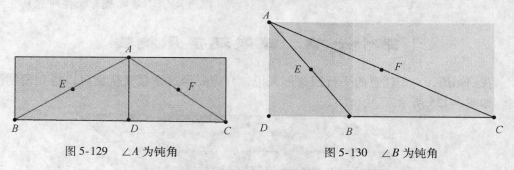

图 5-129　$\angle A$ 为钝角　　　　　图 5-130　$\angle B$ 为钝角

（2）如图 5-131 所示，点 D、点 E 分别是三角形 ABC 的边 AB、AC 的中点，那么点 D 和点 E 之间的连线就叫做三角形 ABC 的中位线．三角形的中位线有一条重要的性质是：三角形的中位线平行于第三边并且它的长度等于第三边的一半，即 $DE//BC$ 且 $DE = BC/2$．请你自己动手在计算机上检验这条重要的性质.

（3）在图 5-131 中，三角形 ADE 与三角形 ABC 的形状相似而大小不同，具有这种性质的两个图形叫做相似图形．两个相似图形之间，对应部分的长度都成比例，例如在相似三角形 ABC 与 ADE 中，AD 与 AB 的比、AE 与 AC 的比以及 DE 与 BC 的比均为 1:2. 同样，边 DE 上的高 AF 也等于边 BC 上的高 AG 的 $\dfrac{1}{2}$，如图 5-132 所示，因此 FG 的长度也等于 AG 的 $\dfrac{1}{2}$．那么就可以将三角形 ABC 按照图 5-133 所示剪切后，通过旋转得到同底而高为原来的一半的长方形，从而通过长方形的面积直接推导出三角形的面积（图 5-134）.

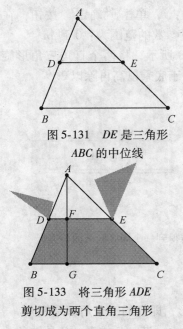

图 5-131 　 DE 是三角形
ABC 的中位线

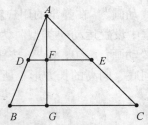

图 5-132 　 相似三角形中
对应高的比等于对应边的比

图 5-133 　 将三角形 ADE
剪切成为两个直角三角形

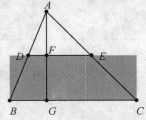

图 5-134 　 两个直角三角形分别绕点 D、E
旋转后与梯形 BCED 拼凑成长方形

左传波
广州大学计算机教育软件研究所

第十七节　　镶嵌还需用旋转

我们知道，对于任意的平行四边形来说，只需要经过平移变换就可以得到密铺图案，如图 5-135 所示．

图 5-135 　 平行四边形通过平移变换得到的密铺图案

平行四边形是两组对边分别平行的四边形，那么只有一组对边平行的四边形——梯形是否能够得到密铺图案呢？

要回答这个问题其实并不困难．我们知道梯形绕它的一个腰的中点旋转 180° 就可以得到一个平行四边形，然后这个合成的平行四边形只需要经过平移变换也可以得到密铺图案，如图 5-136 所示．

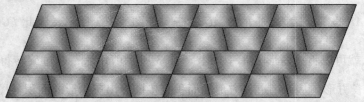

图 5-136 　 由梯形旋转得到平行四边形再通过平移变换得到的密铺图案

看来，无论利用哪种变换（反射、平移、旋转等），只要能够将一种图形组成平行四边形，就一定能够利用该图形得到密铺图案.

那么，对于没有任何一组对边平行或相等的任意四边形呢？如图 5-137 所示，利用它们是否能够得到密铺图案呢？

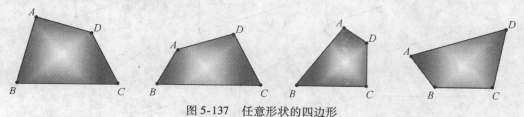

图 5-137　任意形状的四边形

请你自己先动手试试看.

启动超级画板.

单击"画笔"，作任意四边形 ABCD.

单击"选择"，依次选择点 A、点 B、点 C 和点 D，单击工具条中的"克隆多边形"命令，结果如图 5-138 所示，得到一个与四边形 ABCD 的形状与大小均相同的四边形 A'B'C'D'."克隆"就是"复制"，"克隆"得到的结果与原来的一模一样.

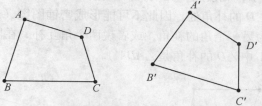

图 5-138　四边形 ABCD 与它的克隆：四边形 A'B'C'D'

四边形 ABCD 有四个顶点，那么在"克隆"这个四边形的过程中，就需要按照顺序选择四个顶点，在这里分别是点 A、点 B、点 C 和点 D. 在得到的克隆多边形中，点 A 和点 B 所对应的点可以被拖动，而其他点则均不能被拖动. 我们将点 A 和点 B 在克隆多边形中对应的点分别称为克隆图形的第一个点和第二个点.

拖动克隆图形的第一个点可以平移克隆多边形的位置. 当然，选中克隆多边形的内部并拖动也可以平移它的位置.

拖动克隆图形的第二个点可以使得克隆多边形绕第一个点任意旋转. 当然，双击克隆多边形的内部也可以使得它绕第一个点旋转，但每双击一次就按逆时针方向旋转45°. 不过，在按住 Ctrl 键的情况下，双击鼠标就可以使得它按照顺时针方向旋转.

这样，就可以按照你的要求任意摆放克隆多边形了.

继续克隆四边形 ABCD，得到多个与四边形 ABCD 的形状与大小完全相同的四边形，即四边形 ABCD 的克隆多边形，如图 5-139 所示. 请你操作试试看，利用它们能否组成密铺图案？

如果任意形状的四边形 ABCD 能够构成密铺图案，那么首先需要考虑以下两个问题：

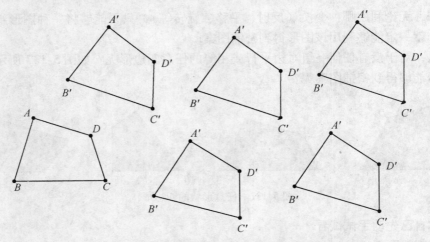

图 5-139　四边形 ABCD 与它的克隆多边形

第一，我们把与四边形 ABCD 相邻的四边形记作 $A'B'C'D'$，当然四边形 $A'B'C'D'$ 与四边形 ABCD 的形状与大小完全相同．若能够构成密铺图案，则四边形 $A'B'C'D'$ 与四边形 ABCD 一定有公共边．以四边形 ABCD 的边 CD 为例，若两个四边形没有公共边，如图 5-140、图 5-141 所示，观察点 D 处可知，四边形 ABCD 的任何一个角都不可能不留空隙、不重叠地铺在 $\angle D$ 的补角处，因此不可能形成密铺图案（若两个角的和为 $180°$，那么其中一个角就称为另一个角的补角，或者说两个角互补．在图 5-140 中 $\angle D$ 的补角是 $\angle ADB'$，在图 5-141 中 $\angle D$ 的补角是 $\angle ADA'$）．

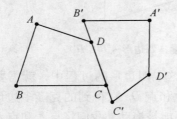

图 5-140　不可能形成密铺的方案

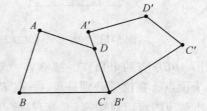

图 5-141　不可能形成密铺的方案

第二，若四边形 $A'B'C'D'$ 与四边形 ABCD 有公共边 CD，则通过四边形 ABCD 得到四边形 $A'B'C'D'$ 的方式只有两种：作四边形 ABCD 关于直线 CD 的对称图形，如图 5-142 所示；或者作四边形 ABCD 关于 CD 中点的对称图形，如图 5-143 所示．

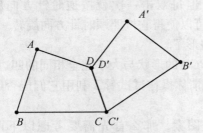

图 5-142　两个四边形关于直线 CD 对称

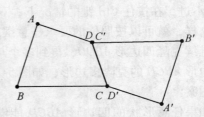

图 5-143　两个四边形关于线段 CD 的中点对称

第三，图形能够密铺的关键是，在任何一点处能否由已知的角不重叠、不留空隙地拼凑在一起而形成 $360°$ 的角．我们知道三角形的内角和为 $180°$，而四边形可以分割成为两个三角形，如图 5-144 所示，因此四边形的内角和为 $360°$．以点 D 处为例，因为 $\angle D$ 已经存在，所以在点 D 处只需要再构造与四边形另外三个角分别相等的角即可．

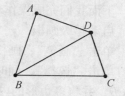

图 5-144　可以将四边形划分为两个三角形

第四，可以看出，只有在图 5-143 的基础上才有可能进一步得到密铺图案，而在图 5-142 的基础上不可能得到密铺图案．这是因为，在图 5-142 的基础上，与四边形 $ABCD$ 具有公共边 AD 的四边形只有两种方式可以得到：作四边形 $ABCD$ 关于直线 AD 的对称图形，如图 5-145 所示；作四边形关于 AD 中点的对称图形，如图 5-146 所示．即使再接着继续下去，这两种情形下，都不可能形成密铺图案.

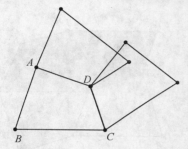　　　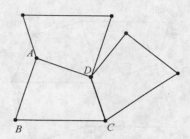

图 5-145　利用轴对称变换得到的四边形　　　图 5-146　利用旋转变换得到的四边形

因此，我们需要在图 5-143 的基础上继续探索形成密铺的方案．

在图 5-143 中，在点 D 处已经存在了 $\angle D$ 以及与 $\angle C$ 相等的 $\angle C'$，那么接下来只需要在点 D 处拼凑分别与 $\angle A$ 和 $\angle B$ 相等的角．

在前面讨论的基础上，我们不难理解，与四边形 $ABCD$ 具有公共边 AD 的四边形 $A''B''C''D''$ 需要将四边形 $ABCD$ 绕边 AD 的中点旋转 $180°$ 而得到，如图 5-147 所示．

问题讨论到这里就豁然开朗了．在点 D 处有了 $\angle D$、与 $\angle A$ 相等的角、与 $\angle C$ 相等的角，因为 $\angle A + \angle B + \angle C + \angle D$ 等于周角，即 $360°$，所以点 D 处留下的空隙一定等于 $\angle B$ 的值．

同时又因为 $A''B'' = AB$ 以及 $C'B' = BC$，所以只需要将四边形 $ABCD$ 沿着向量 BD 平移，就可以在点 D 处形成密铺图案，如图 5-148 所示.

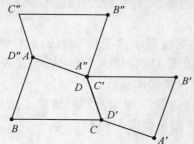　　　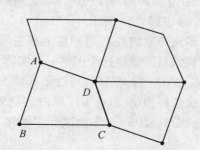

图 5-147　在点 D 出构造与 $\angle A$ 相等的角　　　图 5-148　点 D 处的密铺图案

下面我们完成操作步骤：

启动超级画板.

单击"画笔"，画任意四边形 *ABCD*，作 *CD* 的中点 *E*、*DA* 的中点 *F*.

单击"选择"，同时选择点 *A*、点 *B*、点 *C* 和点 *D*，单击"多边形"，作出多边形 *ABCD*，并将多边形的内部填充.

指定旋转中心为：点 *E*，指定旋转角为：pi，将点 *A*、点 *B* 和多边形 *ABCD* 旋转.

重新指定旋转中心：点 *F*，将点 *B*、点 *C* 和多边形 *ABCD* 进行旋转.

依次选择点 *B* 和点 *D*，单击"变换"菜单中的"指定平移向量"，然后将点 *D* 和多边形 *ABCD* 平移. 结果如图 5-149 所示.

最后可以将线段 *AB*、*BC*、*CD*、*DA* 删除，将点 *E* 和点 *F* 隐藏. 将四个多边形用不同的颜色颜色填充，并增加它们的透明度，结果如图 5-150 所示.

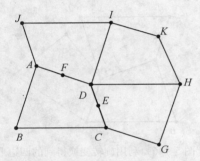 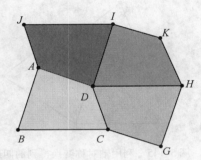

图 5-149　通过变换得到了点 *D* 处的密铺图案　　图 5-150　经过修饰的密铺图案

接下来怎么办呢？如何得到更大区域的密铺图案呢？

通过前面的操作过程，在图 5-140 中，根据中心对称变换和平移变换的性质，我们知道有以下结论成立：

线段 *AB* 与 *GH* 平行且相等.

线段 *JA* 与 *HK* 平行且相等.

线段 *BC* 与 *IJ* 平行且相等.

线段 *CG* 与 *KI* 平行且相等.

因为有一组对边平行且相等的四边形是平行四边形，所以，四边形 *ABGH*、四边形 *AHKJ*、四边形 *BCIJ* 和四边形 *CGKI* 均是平行四边形. 当然，大的四边形 *BGKJ* 也是平行四边形，如图 5-151 所示.

这不正是我们在利用平移变换进行密铺图案过程中"变形"后的平行四边形吗？因此，我们只需要将这个图案——实际上是八边形 *ABCGHKIJ*，当作基本图案分别按照向量 *BG* 和 *BJ* 进行平移就可以了（图 5-152）. 继续操作：

依次选择点 *B* 和点 *G*，单击"选定为平移向量"命令，然后选择多边形 *ABCD*、*GHDC*、*DIJA*、*IDHK*，多次执行"平移"命令，结果如图 5-153 所示.

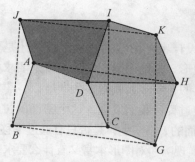

图 5-151 密铺图案中的平行四边形

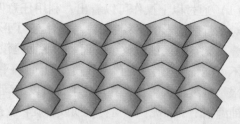

图 5-152 由变形的平行四边形组成的密铺图案

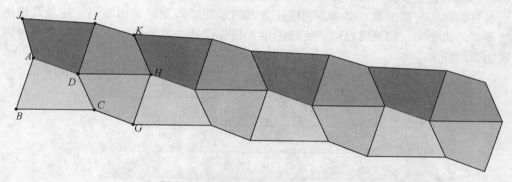

图 5-153 按照向量 BG 平移后的图案

重新指定平移向量：BJ，选择所有的多边形，然后多次执行"平移"命令，结果如图 5-154 所示.

图 5-154 按照向量 BJ 平移后的图案

思考与练习

（1）通过以上操作可以看出，利用任意四边形设计密铺图案的过程，最终还是要归结于对平行四边形的平移变换，虽然是变了形的四边形．密铺图案，实际上就是要求能够不重叠、无空隙地铺满整个平面．而平面是没有边界的，要多大就有多大．所以，事实上永远不可能铺满整个平面．但是通过上面的平移变换过程让我们发现，这个密铺的过程可以无限地继续下去，因此在理论上是可以铺满整个平面的．事实上，是否只有通过平移变换才能铺满整个平面呢？轴对称变换或者旋转变换可以实现吗？对图形本身又有什么要求呢？

（2）我们知道，通过旋转变换可以将任意三角形组合成为平行四边形，如图 5-155 所示，从而通过平移变换得到密铺图案．通过上面的研究，我们可以发现，通过任意四边形也可以得到密铺图案．那么，利用任意五边形能够得到密铺图案吗？任意六边形、七边形、八边形呢？如果可以得到密铺图案，请你设计并实现你的方案；如果不可以，请说明你的理由．

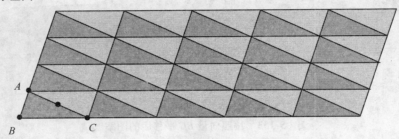

图 5-155　由任意三角形组成的密铺图案

左传波
广州大学计算机教育软件研究所

第十八节　大小各异形状同

图 5-156 中有许许多多的三角形，这些三角形之间有哪些不同之处？又有哪些相同之处？

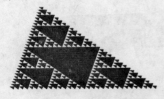

图 5-156　许许多多的三角形

如果有一只大公鸡站在你的面前，在它的旁边有一排大公鸡从近到远依次整齐地排列．那么，距离你越近的大公鸡看起来就越大，距离你越远的大公鸡看起来就越小．打开文件"18-由近到远的大公鸡.zjz"，如图 5-157 所示，最大的公鸡或者点 A 均可以被拖动，请你拖动试试看，能发现哪些规律？

图 5-157　由近到远排列的大公鸡

在图 5-156 中，有许许多多的三角形，它们的大小不同，而形状却是相同的；在图中，画出来的一排大公鸡，一模一样，只是大小不同而已.

我们把这种形状相同的图形称为相似图形.

两个相似图形之间，形状相同，大小可以不同.那么将其中一个图形放大或者缩小，就可以得到另外一个图形.那么现在就让我们通过放大或者缩小一个图形得到另外一个图形吧.

在计算机上，与放大或者缩小对应的命令，叫做放缩.

启动超级画板；单击"画笔"，画任意线段 AB.

单击"选择"，同时选择点 A 和点 B，单击"正 N 边形"命令，在弹出的对话框中，输入：4，作出正方形 $ABCD$.

同时选择点 A 和点 C，单击"中点"命令，作出正方形的对角线 AC 的中点 E.对角线 AC 的中点 E 同时也是正方形的中心.

删除线段 AC；在正方形 $ABCD$ 外取一个自由点 F，将点 F 的名字修改为：O，结果如图 5-158 所示.

依次选择点 O 和点 E，单击"动画"，在弹出的对话框中将按钮的名称修改为：点 O 为正方形的中心，单击"确定"完成.

隐藏点 E，单击按钮"点 O 为正方形的中心"，如图 5-159 所示，点 O 运动到点 E 的位置.

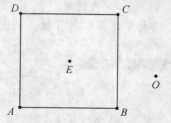

图 5-158　正方形与它的中心 E

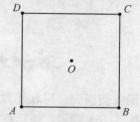

图 5-159　点 O 移动到正方形的中心位置

单击"变换"菜单下的"指定旋转或放缩倍数参数"命令，在弹出对话框中输入：0.5，单击"确定"按钮完成，就可以将 0.5 设置为放缩倍数.放缩倍数，即为放大或缩小的倍数.

指定了放缩倍数，就知道了把正方形 $ABCD$ 放缩后的大小；放缩之后的图形位置在哪里呢？因此还需要指定放缩中心.就像旋转一个对象，需要事先指定旋转角和旋转中心一样.

选择点 O，单击"变换"菜单下的"指定旋转或放缩中心"命令，就将点 O 指定为放缩中心.

同时选择点 A、点 B、点 C、点 D 和多边形 $ABCD$，单击"变换"菜单下的"放缩"命令，结果如图 5-160 所示，得到正方形 $GHIJ$.

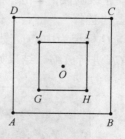

图 5-160　将正方形 $ABCD$ 以点 O 为中心缩小 0.5 倍后得到正方形 $GHIJ$

将点 G、点 H、点 I、点 J 的名字分别修改为：A'、B'、C'、D'.

拖动点 O，可以改变放缩中心的位置，则通过放缩得到的正方形 $A'B'C'D'$ 的位置也相应发生改变，而大小始终保持不变，如图 5-161、图 5-162 所示.

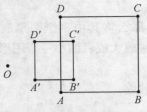

图 5-161　正方形 $A'B'C'D'$
的位置随点 O 而改变

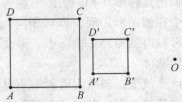

图 5-162　正方形 $A'B'C'D'$ 的
位置随点 O 而改变

思考与练习

（1）我们知道，在图形旋转过程中，两个对应点到旋转中心的距离相等且保持不变，两个对应点与旋转中心所成的角（旋转中心为角的顶点）等于旋转角的大小. 依次类比，在放缩图形中，你认为两个对应点、放缩中心、放缩倍数之间有哪些关系和哪些性质呢？请利用适当的方式验证你的猜想.

（2）以点 O 为中心、以 2 为放缩倍数，将正方形 $ABCD$ 进行放缩.

左传波

广州大学计算机教育软件研究所

第十九节　究竟何谓相似形

前面我们谈到，形状相同的图形叫做相似图形.

如图 5-163 所示，矩形草坪 $EFGH$ 的长为 60 米、宽为 40 米，沿草坪四周有 10 米宽的环形人行道. 人行道内外所形成的两个长方形 $EFGH$ 与 $ABCD$ 是相似图形吗？

要回答上面这两个问题，需要我们利用数学的语言说明什么是相似，就需要知道通过验证哪些条件可以判断两个图形是否相似.

首先从我们熟悉的三角形开始，研究和探索相似图形的性质.

启动超级画板；单击"画笔"，画任意三角形 ABC，在三角形 ABC 外任意画一点 D.

单击"选择"，将点 D 的名字修改为：O.

将点 O 标记为中心；设置放缩倍数为：a；将点 A、点 B、点 C、线段 AB、线段 BC 和线段 CA 进行放缩. 结果如图 5-164 所示，得到放缩后的三角形 EFG.

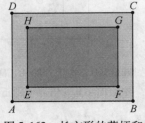

图 5-163　长方形的草坪和
宽度相等的人行道

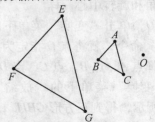

图 5-164　将三角形 ABC 放
缩之后得到三角形 EFG

将点 E、点 F 和点 G 的名字分别修改为：A'、B'、C'.

三角形 ABC 与三角形 $A'B'C'$ 之间究竟有什么关系呢？a 的值是多少呢？它与两个相似三角形之间又有什么关系呢？

单击"变量"工具，如图 5-165 所示，在弹出的对话框中输入：a，将它的范围修改为：0 到 10，然后单击"确定"按钮完成. 如图 5-166 所示，就增加了一个可以观察和改变字母 a 的值的尺子，叫做字母 a 的变量尺. 通过该变量尺可以使得字母 a 在 0 到 10 这个范围内改变，当然你也可以打开它的属性对话框重新修改它的拖动范围.

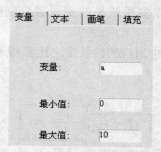

图 5-165　增加字母 a 的控制尺

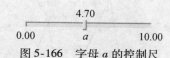

图 5-166　字母 a 的控制尺

同时选择线段 AB、线段 BC、线段 CA，单击"长度"命令，就得到了三角形 ABC 的三条边的长度测量值.

同时选择点 A' 和点 B'，单击"长度"命令，就得到了线段 $A'B'$ 的长度测量值.

既然三角形 $A'B'C'$ 是通过三角形 ABC 放缩 a 倍后得到的，那么它们的边长之比是否与 a 的值有关呢？

单击"计算"命令，就弹出一个可以进行运算的对话框. 双击线段 $A'B'$ 的长度测量结果，它就会出现在对话框的表达式编辑框中，然后输入分数线"/"（即"除以"），再双击线段 AB 的长度测量结果，如图 5-167 所示，单击"确定"按钮就可以得到线段 $A'B'$ 的长度与线段 AB 的长度之间的比值.

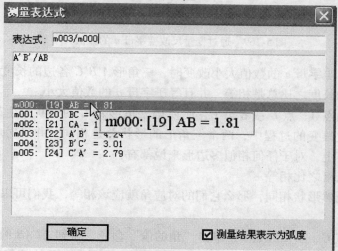

图 5-167　测量线段 $A'B'$ 与线段 AB 的长度之比

重复类似操作，请测量线段 $B'C'$ 与线段 BC 的长度之比、线段 $C'A'$ 与线段 CA 的长度之比．完成后单击对话框右上方的 ❌，退出测量对话框．在测量表达式对话框中可以看到，每个测量结果前面都有一个字母 m 加一串数字，我们将它们称作变量．计算机把每一个测量（或计算）结果都用一个变量记录了下来．第一个变量 m000，记录第一个测量（或计算）结果；第二个变量 m001，记录第二个测量（或计算）结果；第三个变量 m002，记录第三个测量（或计算）结果；以此类推．当我们需要用到哪个测量结果进行运算时，只需要输入对应的变量代替就可以．m 是测量的英文单词 measurement 的第一个字母，而计算机习惯从 0 开始计数，所以测量结果的变量名分别是：m000，m001，m002，m003，⋯．

如图 5-168 所示，可以看到，两个相似三角形中对应边的长度之比都相等，且等于放缩倍数 a 的值．

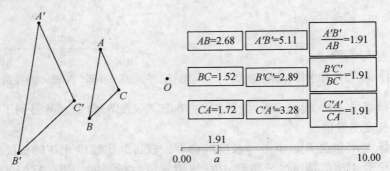

图 5-168　相似图形对应边的长度之比相等，且等于放缩比例

单击字母 a 的变量尺就可以将它选中，如图 5-169 所示，当光标移动到中间滑标的位置时，光标变为横向的形状"↔"，这时单击鼠标并按住左右拖动就可以改变字母 a 的数值大小．

图 5-169　通过变量尺改变字母 a 的数值大小

可以发现，当字母 a 的数值大小改变时，三角形 $A'B'C'$ 各边的长度也会同时发生改变，而对应边的长度之比总是相等，并且等于字母 a 的数值大小．

也可以拖动点 A、点 B 或者点 C，而使得三角形 ABC 的形状发生改变．在三角形 ABC 的形状发生改变的过程中，两个三角形的形状总是相同，并且对应边的长度之比总是相等．事实上，对于任何相似多边形来说都有：

对应边的长度之比相等．

相似图形既然形状相同，那么它们的对应角就应该相等，我们可以通过测量检验这个结论．

依次选择点 C、点 A 和点 B，单击"角的值"命令，得到 $\angle CAB$ 的测量值；重复类似操作测量角 $\angle C'A'B'$ 的值，如图 5-170 所示，可以发现 $\angle CAB$ 的值等于 $\angle C'A'B'$ 的值．

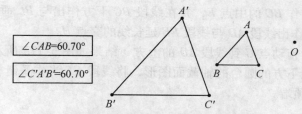

∠CAB=60.70°

∠C′A′B′=60.70°

图 5-170　相似图形中对应角的大小相等

你可以继续测量其他两组对应角的大小，然后比较它们的值，可以发现对应角总是相等．而无论怎样改变三角形 *ABC* 的形状，对应角都始终相等．实际上，对于任何相似多边形来说都有：

对应角的值相等．

以上两个结论简称为：相似多边形的对应边成比例，对应角相等．我们把相似多边形对应边的比称作相似比．

反过来，若两个多边形满足对应边成比例以及对应角相等的条件，那么它们就是相似多边形．

思考与练习

（1）根据相似多边形的条件，你认为图 5-163 中所示的两个矩形 *ABCD* 与 *EFGH* 是相似多边形吗？请给出你的判断依据．

（2）我们知道，在图 5-168 中，三角形 *A′B′C′* 是通过把三角形 *ABC* 以点 *O* 为中心、以 *a* 为倍数通过放缩变换得到的．反过来，以点 *O* 为中心，如果要将三角形 *A′B′C′* 通过放缩变换得到三角形 *ABC*，那么放缩倍数应该是多少？

左传波

广州大学计算机教育软件研究所

第二十节　搭建美丽圣诞树

圣诞节期间，大大小小的广场、商店内外都摆满了圣诞树，它们为节日带来了欢乐的气氛．图 5-171 就是一个由明亮的灯泡所编制而成的一个圣诞树．观察一下，这个圣诞树的结构有什么特点？

可以看到，圣诞树的树身是由六个圆台所组成的．圆台的轴截面，即它的正视图，是一个等腰梯形．从下往上，梯形逐步变小，而形状相同，是相似图形．下面就利用放缩变换建造一个按照你自己喜欢的色彩所设计的圣诞树吧．

启动超级画板；单击"画笔"，画任意点 *A* 和线段 *BC*.

单击"选择"，依次选择点 *B*、点 *C* 和点 *A*，单击"等腰梯形"，结果如图 5-172 所示，作出等腰梯形 *ABCD*.

图 5-171

单击"画笔"，作 BC 的中点 E，并在线段 BC 下方作出与 BC 垂直的线段 EF；在 EF 上取任意点 G，作出线段 AD 与线段 FE 延长线的交点 H.

单击"选择"，拖动点 G 到线段 AD 的上方. 结果如图 5-173 所示，我们就将梯形 $ABCD$ 当作圣诞树最下方的圆台的轴截面图形，将线段 EF 当作圣诞树的主干树身，将点 G 当作圣诞树的顶端.

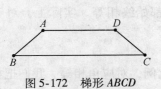

图 5-172　梯形 $ABCD$

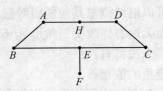

图 5-173　圣诞树主干结构

以点 G 为中心将梯形 $ABCD$ 放缩就可以得到另外一个图形. 如果希望通过放缩得到的梯形的下底边与线段 AD 共线，那么放缩的比例应该是多少呢？

若通过放缩得到的梯形其下底边与梯形 $ABCD$ 的上底边 AD 重合，那么点 H 与点 E 就是两个相似图形中的对应点. 因此，放缩比例应为线段 GH 与线段 GE 的长度之比.

下面就让我们动手作出圣诞树的剩余部分.

同时选择点 G、点 H，单击"长度"，得到点 G 与点 H 之间的长度测量值；重复类似操作，测量点 G 与点 E 之间的长度测量值.

单击"测量"，如图 5-174 所示，在测量表达式对话框的编辑框中输入：m000/m001，单击"确定"就可以得到，线段 GH 的长度与线段 GE 的长度之比，如图 5-175 所示，计算机自动用变量 m002 记录. 然后关闭测量表达式对话框.

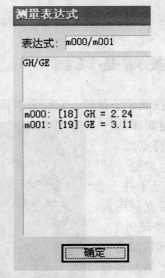

图 5-174　m000、m001 分别
表示 GH、GE 的长度

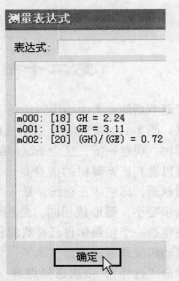

图 5-175　计算机用 m002 表示
GH 与 GE 的长度之比

隐藏点 E、点 H、线段 AB、线段 BC、线段 CD、线段 DA.

同时选择点 A、点 B、点 C 和点 D，单击"多边形"，作出多边形 $ABCD$.

选择点 G，单击"变换"菜单中的"指定旋转或放缩中心"命令.

单击"变换"菜单中的"指定旋转角或放缩倍数"命令，如图 5-176 所示，在弹出的输入对话框中输入：m002，单击"确定"完成.

图 5-176　将 GH 与 GE 的长度之比设置为放缩比例

选择多边形 $ABCD$，单击"放缩"，再多次单击"放缩"，结果如图 5-177 所示，从下到上逐步得到了圣诞树树身的各个部分.

双击多边形 $ABCD$ 的内部，打开其属性对话框，在"填充"选项界面中选择"填充"选项，并选择"类型"为：路径渐变画刷；然后可以在"渐变"选项界面中重新设置中心颜色和边界颜色．如图 5-178 所示，这是被装饰好的圣诞树，请按照你自己喜欢的类型和颜色装饰一下你自己的圣诞树吧.

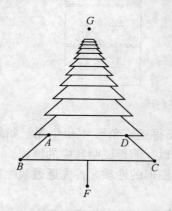

图 5-177　等待装饰的圣诞树

图 5-178　装饰漂亮的圣诞树

思考与练习

（1）分别拖动点 A、点 B、点 C、点 F 或者点 G，观察圣诞树的形状有什么变化．请你总结一下，这些点对圣诞树的形状分别有什么影响？

（2）在上面的操作过程中，放缩比例 m002 小于 1，因此不断把放缩得到的多边形继续放缩，那么新得到的多边形距离放缩中心 G 就会越来越近．你认为，通过放缩得到的多边形能够到达点 G 的位置吗？如果能够，那么至少需要经过多少次放缩之后才能到达？如果不能够，请说明你的理由.

左传波

广州大学计算机教育软件研究所

第二十一节　放缩变换得相似

我们知道，通过放缩变换能够得相似多边形；反过来，若两个多边形相似，是否一定能够将其中的一个多边形通过放缩变换而得到另外一个多边形？

打开文件"21-两个相似三角形.zjz"，如图 5-179 所示，在三角形 ABC 与三角形 $A'B'C'$ 中，三组对应边成比例、三个对应角分别相等，所以三角形 ABC 与三角形 $A'B'C'$ 是相似三角形. 拖动点 B' 可以改变线段 $A'B'$ 的方向和长度，三角形 $A'B'C'$ 的位置与大小也同时发生改变，但三角形 $A'B'C'$ 与三角形 ABC 相似的性质始终不变.

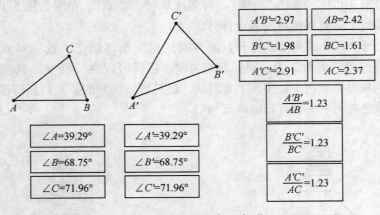

图 5-179　两个相似三角形

那么，是否能够将三角形 ABC 通过放缩变换而得到三角形 $A'B'C'$ 呢？如果你认为可以，请你找出放缩中心的位置；如果你认为不可以，能否说明其中的道理？

为了研究这个问题，我们需要进一步研究放缩图形的性质. 首先通过放缩变换作两个相似三角形：

启动超级画板；单击"画笔"，任意作一个三角形 ABC 和任意点 D.

单击"选择"，双击点 D，将其名字修改为 O.

将点 O 标记为放缩中心，指定放缩比例为 a，将三角形 ABC 和线段 AB、BC、CA 放缩，得到放缩后的三角形 EFG，将点 E、点 F、点 G 的名字分别修改为：A'、B'、C'.

单击"变量"，在弹出的用户输入对话框中输入：a，保留它的取值范围：-10 到 10.

通过变量尺可以改变字母 a 的值. 可以发现：当 a 为正数时，三角形 $A'B'C'$ 与三角形 ABC 在放缩中心 O 的同侧，如图 5-180 所示；当 a 为负数时，三角形 $A'B'C'$ 与三角形 ABC 在放缩中心 O 的两侧，如图 5-181 所示.

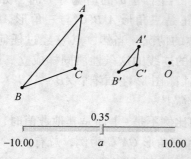

图 5-180　三角形 $A'B'C'$ 与三角形
ABC 在放缩中心 O 的同侧

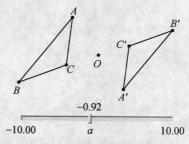

图 5-181　三角形 $A'B'C'$ 与三角形
ABC 在放缩中心 O 的两侧

放缩倍数 a 对三角形 $A'B'C'$ 还有哪些影响呢？我们选择放缩图形中的一个进行研究.

选择点 A'，单击"跟踪". 当然也可以在左边的对象工作区中选中点 A' 的跟踪对象，然后通过工具条中的"画线颜色"命令设置跟踪颜色.

通过变量尺改变字母 a 的数值大小，如图 5-182 所示，可以观察到随着字母 a 的变化，点 A' 所经过的路径是一条直线，并且这条直线经过点 A 和点 O.

也就是说，点 A' 不可能出现在任何位置，而只能出现在点 A 和点 O 所确定的直线上，也可以说点 O 在对应点 A 和 A' 之间的连线上.

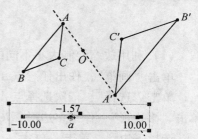

图 5-182　放缩中心点 O 在对应点
A 和 A' 之间的连线上

其实这一点不难理解，因为当 a 的值为 1 时，点 A' 正好与点 A 重合，如图 5-183 所示；而当 a 的值为 0 时，点 A'（以及点 B'、点 C'）正好与点 O 重合，如图 5-184 所示.

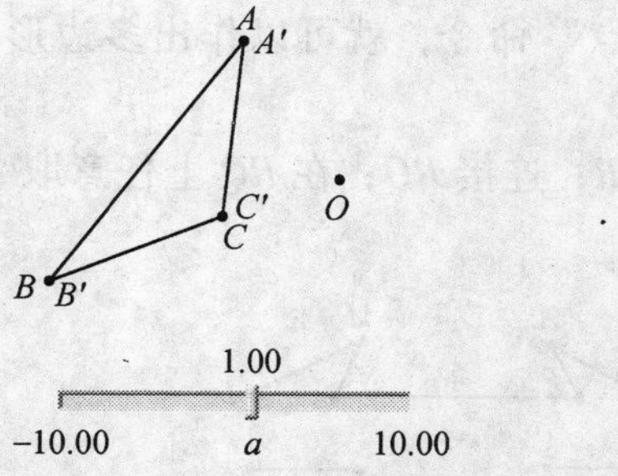

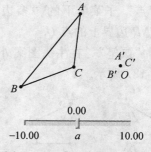

图 5-183　点 A' 与点 A 重合

图 5-184　点 A' 与点 O 重合

对点 B'、点 C' 重新进行研究，也会得到相同的结果. 因此通过放缩的方式得到的两个相似多边形中，对应点之间的连线总是经过放缩中心. 所有对应点之间的连线都经过放缩中心，也可以叙述为：对应点的连线交于一点.

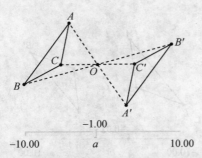

图 5-185　当放缩比例为 −1 时三角形 ABC
与三角形 A′B′C′ 关于点 O 中心对称

事实上，当字母 a 的值为 −1 时，如图 5-185 所示，正是三角形 A′B′C′ 与三角形 ABC 关于点 O 对称的情况．当然，点 O 经过任何一组对应点之间的连线的这条性质同样成立．同时，根据中心对称图形性质有：AB//A′B′、BC//B′C′、CA//C′A′.

当放缩比例不是 −1 而是其他数值时，以三角形 OAC 和三角形 OA′C′ 为例，总有

$$OA′: OA = A′C′: AC = C′O: CO = a.$$

根据平行线性质的判定问题知道 AC//A′C′.

同样，对于任何一组对应边来说都有：对应边也相互平行．

我们将这种对应点连线交于一点、对应边相互平行的两个相似多边形称之为位似图形，将对应点连线之间的交点称作位似中心．可见，我们通过放缩变换得到的图形与原来的图形就具有位似关系，而不单单是对应边成比例、对应角相等．

思考与练习

（1）利用放缩绘制大小不同的牛头图案．

单击"画笔"，作出任意点 A、B、C、D、E、F、G、H、I、J、K、L、M、N、P．

单击"选择"，依次选择点 A、B、C、D、E、F、G、H、I、J、K、L、M、N、P，单击"多边形"，作出多边形 ABCDEFGHIJKLMNP．

选择多边形，单击"放大"，可以增加它的边界的宽度，通过"画笔"设置一种颜色．

通过拖动多边形的顶点，使得它的形状成为你所熟悉的一种图案．如图 5-186 所示，可以将它的形状拖动成像牛头一样，我们暂且将它称之为牛头图案吧．

依次选择点 A、B、C、D、E、F、G、H、I、J、K、L、M、N、P，单击"作图"菜单中"点"子菜单下的"多边形边界上的点"命令，就可以作出多边形 ABCDEFGHIJKLMNP 边界上的点 Q．

单击"画笔"，在牛头图案外任意画一点 R；连接 RQ；在 RQ 上任意取一点 S．结果如图 5-187 所示．

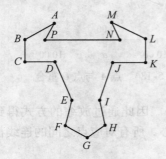

图 5-186　牛头图案

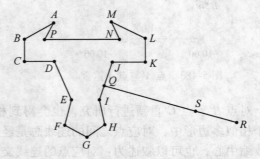

图 5-187　点 S 是线段 RQ 上的任意点

单击"选择"，依次选择点 R 和点 S，单击"长度"，测量线段 RS 的长度；类似地，测量线段 RQ 的长度.

单击"计算"命令，在弹出的测量表达式对话框中测量线段 RS 与线段 RQ 的长度之比.

选择点 Q，单击"动画"，在弹出的属性对话框将"运动的频率"修改为：1000，使它能够运动得慢一些；单击"确定"按钮完成.

选择点 S，单击"跟踪"，增加点 S 的跟踪.

单击"动画：点 Q 运动"按钮，结果如图 5-188 所示，跟踪点 S 得到了一个小的牛头图案. 可以发现当点 Q 在多边形方的边界上运动的过程中，线段 RS 与线段 RQ 的长度之比始终不变.

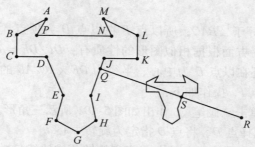

图 5-188　大牛头图案与小牛头图案

当然，你也可以拖动点 S 在直线 QR 上的位置，然后通过单击动画按钮得到不用的牛头图案.

（2）在图 5-179 中，只需要作直线 AA'、直线 BB'、直线 CC'，然后看三条直线是否交于一点，就可以判断这两个图形是否为位似图形，同时知道能否将三角形 ABC 通过放缩变换而得到三角形 $A'B'C'$. 请你连接试试看，并叙述你的发现和结论.

左传波

广州大学计算机教育软件研究所

第二十二节　位置无关构造异

在很多时候，两个图形是相似图形，但不具有位似关系，如图 5-189、图 5-190 所示，这样我们就不能通过放缩变换通过一个图形得到另一个图形.

图 5-189　两只背对背的公鸡

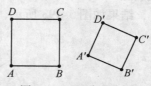

图 5-190　两个正方形

那么，在这种不具有位似关系的情况下，如何画一个与某一个图形具有相似关系的图形呢？如图 5-191 所示，已知三角形 ABC 和线段 DE. 已经知道一条边 DE，如何绘制

一个三角形 DEF？使得它与三角形 ABC 相似，其中点 D、点 E 分别与点 A、点 B 对应．

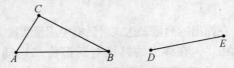

图 5-191　三角形 ABC 和线段 DE

因为点 D 和点 E 已经存在，因此绘制三角形 DEF，关键在于构造与点 C 对应的点 F．

点 F 与点 A、点 B、点 C、点 D 以及点 E 之间有什么关系呢？如何由这些点确定点 F 的位置呢？

我们知道 $\angle EDF$ 等于 $\angle BAC$，所以点 F 在以点 D 为顶点、与射线 DE 的夹角等于 $\angle BAC$ 的射线上；另一方面根据相似图形的性质有：$DF/DE = AC/AB$，得：$DF = DE \times AC/AB$，所以，点 F 还在以点 D 为中心、半径为 $DE \times AC/AB$ 的圆周上．因此，圆与射线的交点即为所求的点 F．操作如下：

启动超级画板；单击"画笔"，作出如图 5-191 所示三角形 ABC 和线段 DE．

单击"选择"，选择点 D，将点 D 指定为旋转中心．

依次选择点 C、点 A 和点 B，单击"指定旋转角或放缩倍数参数"命令，将 $\angle CAB$ 的大小指定为旋转角度数．

选择线段 DE，单击"旋转"，结果如图 5-192 所示，得到一个与 $\angle CAB$ 大小相等的角．

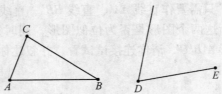

图 5-192　作出与 $\angle CAB$ 大小相等的角

同时测量线段 AB、DE 和 AC，单击"长度"，得到三个线段的长度测量值，计算机分别用 m001、m002、m003 记录了它们的测量结果．

单击"计算"命令，在弹出的测量表达式对话框中，通过输入 m003 × m002/m001 测量 $AC \times DE/AB$ 的值，计算机用变量 m004 记录了 m003 × m002/m001 的测量结果．

选择点 D，单击"半径圆"命令，在弹出的用户输入对话框中输入：m004，单击"确定"，结果如图 5-193 所示，作出以点 D 为圆心、半径大小等于 $AC \times DE/AB$ 的圆．

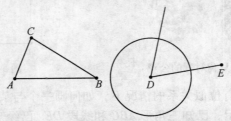

图 5-193　以点 D 为圆心作出半径为 $AC \times DE/AB$ 的圆

作出圆和射线的交点 F, 即为所求, 然后将圆和射线隐藏, 同时连接线段 DF 和 EF, 结果如图 5-194 所示.

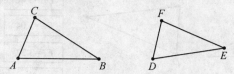

图 5-194 与三角形 ABC 相似的三角形 DEF

当然, 点 F 也可能在直线 DE 的下方, 如图 5-195 所示, 那么只需要作点 F 关于直线 DE 的对称点, 就可以得到另一个满足要求的三角形 DEF'.

也就是说, 将射线 DE 绕点 D 向上旋转与 $\angle CAB$ 大小相等的角就得到了点 F, 向下旋转与 $\angle CAB$ 大小相等的角就得到了点 F', 当然它们都在以点 D 为圆心、半径等于 $AC \times DE/AB$ 的圆周上.

可见, 满足条件点 F 和点 F' 是确定的. 那么这两个三角形 DEF 和 DEF' 与三角形 ABC 是否真的相似呢? 我们可以通过对三角形 DEF 与三角形 ABC 进行测量而验证.

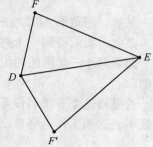

图 5-195 另一个满足要求的 三角形 DEF'

根据作图的过程我们知道: $\angle CAB = \angle EDF$, 并且 $AC/DF = AB/DE$. 下面我们验证另外一组对应边和另外两组对应角.

同时选择线段 BC 和 EF, 单击"长度"命令, 得到它们的长度测量值, 计算机分别用 m005、m006 记录了它们的测量结果.

单击"计算"命令, 打开测量表达式对话框, 如图 5-196 所示, 通过输入 m001/m002 计算 AB/DE 的值, 通过输入 m005/m006 计算 BC/EF 的值.

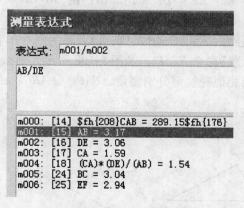

图 5-196 计算对应边的比值

然后再测量 $\angle ABC$ 与 $\angle DEF$ 的大小, 结果如图 5-197 所示, $\angle ABC = \angle DEF$ 以及 $BC/EF = AB/DE$. 又因为 $\angle BAC = \angle EDF$, 所以 $\angle ACB = \angle DFE$.

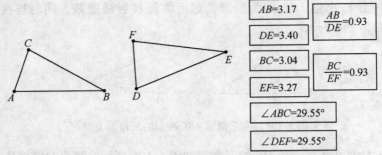

图 5-197　对应边成比例、对应角相等

果然，三角形 *ABC* 与三角形 *DEF* 是相似三角形！

由此，我们得到一个判断两个三角形相似的方法：

如果两个三角形的两组对应边的比相等，并且对应的夹角相等，那么这两个三角形相似．

若要将这个方法当作可以被直接使用的结论和判定定理，则需要从数学上进行推导和证明，这项工作请你自己动手完成吧．

思考与练习

（1）在超级画板中有一个命令是"点绕点的旋转放缩点"，也就是说将点 *E* 绕点 *D* 同时旋转和放缩就可以得到点 *F*. 若需要得到与三角形 *ABC* 相似的三角形 *DEF*，那么需要旋转的角度应该是多少呢？需要放缩的比例又是多大呢？请你写出详细的操作步骤．需要注意的是，在这个命令所对应的用户输入对话框中旋转角的单位是角度，而我们测量角的结果以弧度表示，所以需要将弧度通过乘以 180 再除以 pi 变换成为角度．

（2）已知三角形 *ABC* 和线段 *DE*，还可以通过以下方法与步骤构造点 *F*：

分别测量线段 *AB*、*BC*、*CA* 和 *DE* 的长度．

由 *AB*/*DE* = *BC*/*EF* 得：*EF* = *DE* × *BC*/*AB*；由 *AB*/*DE* = *CA*/*FD* 得：*FD* = *DE* × *CA*/*AB*.

以点 *D* 为圆心作半径为 *DE*×*BC*/*AB* 的圆；以点 *E* 为圆心作半径为 *DE*×*CA*/*AB* 的圆．

那么两个圆的交点之后两个 *F*、*F*′，如图 5-198 所示，那么点三角形 *DEF* 或三角形 *DEF*′ 与三角形 *ABC* 是否相似呢？请分别测量∠*BAC*、∠*ABC*、∠*EDF*、∠*DEF* 的值，看对应角是否相等．

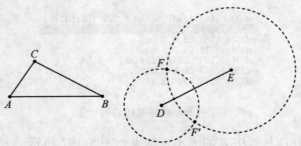

图 5-198　满足条件的两个点 *F*、*F*′

由作图过程知：AB/DE = BC/EF = CA/FE，即三组对应边的比相等．若三角形 ABC 与三角形 DEF 或 DEF′相似的结论成立，那么我们就又得到了另一个判断两个三角形相似的方法：

如果两个三角形的三组对应边之比相等，那么这两个三角形相似．

（3）已知三角形 ABC 和线段 DE，还可以通过第三种方法构造点 F：

依次选择点 B、点 A 和点 C，得到∠BAC 的测量值；依次选择点 A、点 B 和点 C，得到∠CBA 的测量值．计算机分别用变量 m000、m001 记录它们的测量结果．

将点 D 标注为旋转中心，将 m000 标注为旋转角，将线段 DE 旋转；将点 E 标注为旋转中心，将 − m001 标注为旋转角，将线段 DE 旋转，结果如图 5-199 所示，两条直线的交点 F 即为所求．

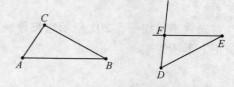

图 5-199　点 F 为两条旋转得到的直线的交点

根据作图过程知 ∠BAC = ∠EDF、∠CBA = ∠FED，根据三角形内角为 180°的性质知道∠BCA = ∠EFD.

请你分别测量三角形的六条边的长度，并计算对应边的比值，观察对应边的比是否相等．若三组对应边的比相等，则三角形 ABC 与三角形 DEF 或 DEF′相似的结论就成立，那么我们就又得到了第三个判断两个三角形相似的方法：

如果一个三角形的两个角与另外一个三角形的两个角对应相等，那么这两个三角形相似．

左传波

广州大学计算机教育软件研究所

第二十三节　多少才能填充满

打开文件"23-铺满更大的三角形 . zjz"，如图 5-200 所示，三角形 ABC 与三角形 DEF 相似，并且它们的对应边之比为 1：3. 你认为需要多少个三角形 ABC 才能将三角形 DEF 无空隙无重叠地填满？

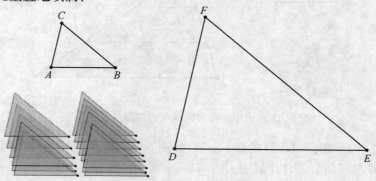

图 5-200　对应边的长度之比为 1：3 的两个相似三角形

左下方的一堆三角形是与三角形 ABC 形状和大小都完全相同的三角形．拖动多边形的内部可以将它们平移；拖动多边形右下方的顶点可以任意旋转，双击多边形的内部也可以使得它绕顶点按照逆时针方向旋转 45°．

请你动手试一试，看看需要多少个小的三角形才能将大的三角形 DEF 填满？

刚刚好将三角形 DEF 填充满时，所占用的小三角形的个数，就是三角形 DEF 与三角形 ABC 的面积之比．

在这里，你所得到的面积之比是多少呢？你认为，它与两个三角形的边长之比有什么关系？

首先数一数如图 5-201 所示边长分别为 2、3、4 的正方形分别有多少个边长为 1 的单位正方形所组成．

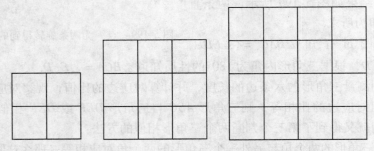

图 5-201　边长分别为 2、3、4 的正方形

容易知道，它们分别由 4 个、9 个、16 个边长为 1 的单位正方形所组成．而这些正方形与边长为 1 的小正方形的边长之比分别为 2:1、3:1、4:1．

可以看出，对正方形来说，面积之比等于边长之比的平方．

对于其他性质的图形是否该结论仍然成立呢？请看看刚开始由小三角形铺满大三角形的结果，如图 5-202 可知，对于三角形来说，仍然有面积之比等于边长之比的平方这一结论成立．

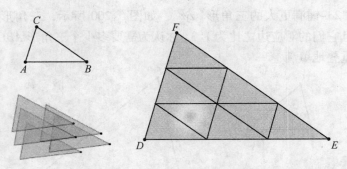

图 5-202　由小三角形铺满与它相似的大三角形

打开文件"23-相似三角形的高 .zjz"，如图 5-203 所示，AD 和 A′D′ 分别是两个相似三角形 ABC 与三角形 A′B′C′ 底边上的高．

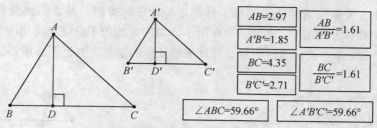

图 5-203 相似三角形及其对应边上的高

继续测量 AD、$A'D'$ 的长度，并计算它们之间的比值.

拖动点 B' 可以改变三角形 $A'B'C'$ 的大小，则线段 $A'D'$ 的长度也相应改变；或者可以拖动点 A 改变两个三角形的形状. 可以观察到，无论三角形 $A'B'C'$ 的大小如何改变，或者无论它们的形状如何改变，两个三角形的对应高 AD 与 $A'D'$ 的比始终等于对应边的比，如图 5-204 所示.

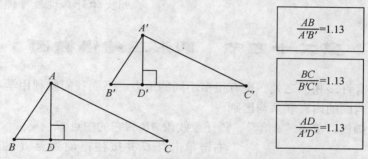

图 5-204 两个相似三角形对应边上的高之比等于三角形的相似比

其实要证明这个结论也并不困难. 下面是简要的推理过程：

因为 $\angle ABC = \angle A'B'C'$，$\angle ADB = \angle A'D'B'$.

所以三角形 ABD 与三角形 $A'B'D'$ 相似（第二十二节"思考与练习"部分得到的结论）.

所以 $AD/A'D' = AB/A'B'$.

而三角形的面积等于底乘以高再除以 2，所以

$$\frac{S_{\triangle ABC}}{S_{\triangle A'B'C'}} = \frac{\frac{1}{2} \times BC \times AD}{\frac{1}{2} \times B'C' \times A'D'} = \frac{BC}{B'C'} \times \frac{AD}{A'D'} = \frac{BC}{B'C'} \times \frac{BC}{B'C'} = \left(\frac{BC}{B'C'}\right)^2.$$

因此，我们有：相似三角形的面积之比等于相似比的平方.

因为任意多边形的问题都可以通过将它们分割成若干个三角形的问题来考虑和解决，所以，对于任意相似多边形来说，都有：相似多边形的面积之比等于多边形之相似比的平方.

思考与练习

（1）两个相似三角形中，如图 5-205 所示，对应边上的中线之比与两个三角形的相

似比之间有什么关系？请你通过测量、计算来验证你的猜想，并证明你所得到的结论.

（2）两个相似三角形中，如图 5-206 所示，对应角的角平分线之比与两个三角形的相似比之间有什么关系？请你通过测量、计算来验证你的猜想，并证明你所得到的结论.

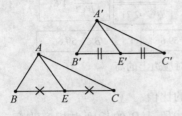
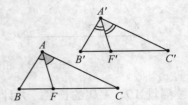

图 5-205　AE、A'E'分别为
　　　　　对应边上的中线

图 5-206　AF、A'F'分别为
　　　　　对应角上的平分线

左传波
广州大学计算机教育软件研究所

第二十四节　圆形压缩得椭圆

椭圆与圆有许多相似之处，也有很多不同的地方. 下面我们就利用学习过的放缩变换，研究椭圆与圆的内在联系与区别.

启动超级画板；单击"画笔"，画任意线段 AB 和它的中点 C.

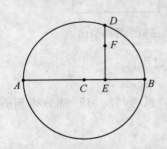

右键单击点 C 并按住拖动到点 B 的位置后松开，作出以点 C 为圆心经过点 B 的圆，那么线段 AB 就是圆 C 的直径.

在圆 C 上任取一点 D，自点 D 作段 AB 的垂足 E，在线段 DE 上任取一点 F，结果如图 5-207 所示.

测量线段 DE 的长度，测量点 F 与点 E 之间的距离，计算线段 FE 与 DE 的长度之比. 拖动点 D，观察线段 FE 与 DE 的长度之比的变化规律. 如图 5-208 所示，可以观察到，当点 D 在圆周上不同位置时，线段

图 5-207　以线段 AB 为直径的圆

FE 与 DE 的长度之比保持不变.

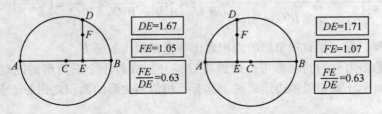

图 5-208　点 D 的位置改变而线段 FE 与 DE 的长度之比不变

那么我们可以将点 F 看成是点 D 以点 E 为中心放缩而得到的. 只不过这里的放缩中心 E 随着点 D 的位置改变而改变.

选择点 F，单击"跟踪"命令，增加点 F 的跟踪对象，在左边对象工作区中选择它，然后通过画笔颜色工具设置它的画线颜色.

选择点 D，单击"动画"命令，在弹出的对话框中将"运动的频率"修改为：300，单击"确定"按钮退出.

单击"动画：D 运动"按钮，如图 5-209 所示，点 F 所经过的路径是一个椭圆.

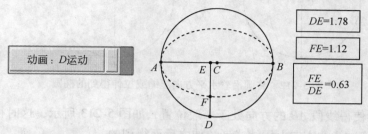

图 5-209   点 D 在圆上运动的过程中跟踪点 F 得到的路径是一个椭圆

当线段 AB 处于水平状态的情况下，因为点 F 与点 D 总是在同一条竖直直线上（点 F 有时在点 D 的正下方，有时在点 D 的正上方），并且始终在圆的内部，因此我们可以将这个过程看成是将圆沿竖直方向压缩得到了椭圆.

在左边的对象工作区中隐藏点 F 的跟踪对象.

依次选择点 D 和点 F，单击"轨迹"命令，在弹出的对话框中单击"确定"按钮，就可以得到点 F 的轨迹曲线；选择点 F 的轨迹，通过画线颜色工具将它设置成为红色. 如图 5-210 所示，当点 F 在线段 DE 上不同位置时会得到不同形状的椭圆.

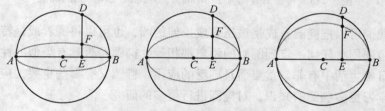

图 5-210   各种形状的椭圆

当点 F 在圆外时，如图 5-211 所示，就是将圆在竖直方向上拉伸之后得到了椭圆.

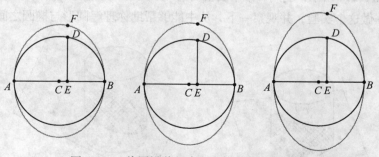

图 5-211   将圆沿着竖直方向拉伸得到的椭圆

拖动点 B 使得线段 AB 处于竖直水平，如图 5-212 所示，这时得到的椭圆就是将圆在水平方向上压缩或者拉伸之后而得到的.

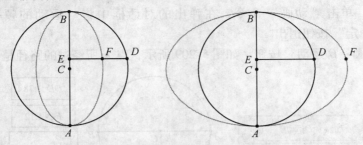

图 5-212　将圆沿着水平方向压缩或拉伸得到的椭圆

拖动点 B 使得线段 AB 的方向处于一般位置，如图 5-213 所示，这时得到的椭圆就是将圆在垂直于 AB 的方向上压缩或者拉伸之后而得到的.

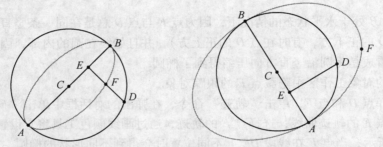

图 5-213　将圆沿着垂直于 AB 的方向压缩或拉伸得到的椭圆

因此，我们可以把椭圆看成是被压扁或拉伸的圆，也可以将圆看成是特殊的椭圆.

我们知道圆周上任何一点到圆心的距离都相等，椭圆是否具有类似的性质呢？圆在工业生产、日常生活中有非常重要而且广泛的应用，椭圆又有哪些重要的应用呢？这需要我们今后学习更多椭圆的知识，对椭圆进行更多的研究.

思考与练习

（1）如图 5-214 所示，利用一个平面去切割一个圆柱，可能得到什么形状的截面？请你自己动手做一做这个实验，并观察一下. 从中能够帮助你理解圆形与椭圆之间的关系吗？

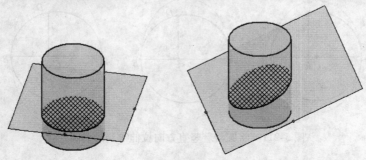

图 5-214　利用平面去截取一个圆柱得到的截面

（2）当早上或者傍晚，将一个圆盘竖立放在地面上，那么这个圆盘的影子是一个椭圆吗？当圆盘不是竖直地放在地面上，而是与地面有一定的倾斜度的情况下，这个圆盘的影子还是椭圆吗？想一想，如何检验你的猜想．

左传波

广州大学计算机教育软件研究所

第二十五节　几何变换代数析

几何、代数是一家．

笛卡儿（Descartes）建立了解析几何，意味着几何与代数正式巧妙地结合在一起了．从此开始了数学的一次根本性变革，这是数与形的统一，这是数学发展的转折．

如图 5-215 所示，点 A 在第 3 行、第 2 列，我们知道点 A 的位置就可以表示为（3，2）．那么（3，2）就叫做点 A 的坐标．在坐标中有两个数值，用逗号分开，逗号前的数值叫做点的行数，即横坐标，在坐标系中也叫做 x 坐标；逗号后的数值叫做点的列数，即纵坐标，在坐标系中也叫做 y 坐标．

打开文件"25-点 A 及其坐标．zjz"，如图 5-216 所示，拖动点 A 可改变它的位置，请你说出点 A 对应的坐标．

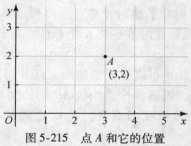
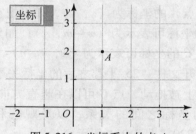

图 5-215　点 A 和它的位置　　　　图 5-216　坐标系中的点 A

点 A 不但可以在原点 O 的右侧，它也可以在原点 O 的左侧，这时它的横坐标就为负数，如图 5-217 所示；同样道理，点 A 不但可以在原点 O 的上方，它也可以在原点 O 的下方，这时它的纵坐标就为负数，如图 5-218 所示．

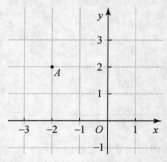
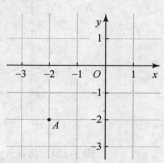

图 5-217　点 A 在原点左侧　　　　图 5-218　点 A 在原点下方

单击"坐标"按钮可以显示出它的坐标,对照这个文本检验你所说出的坐标是否正确.

下面我们就以平移变换为例,从代数的角度理解几何中的图形变换.

如图 5-219 所示,已知点 A 的坐标为 $(2,2)$,若点 B 是将点 A 向右平移 2 个单位而得到的,点 C 是将点 A 向上平移 3 个单位而得到的.请你直接读出点 B、点 C 的坐标,并猜想它们的坐标与点 A 的坐标之间的关系.

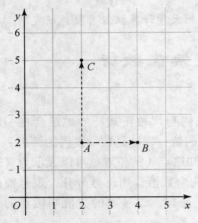

图 5-219　由点 A 平移得到点 B 和点 C

通过以上关系我们可以看出:点 B 的横坐标 4 等于点 A 的横坐标 2 加上 2,而它们的纵坐标相等;点 C 的纵坐标 5 等于点 A 的纵坐标 2 加上 3,而它们的横坐标相等.这就是平移变换后两个点之间的坐标关系,即:

设点 A 的坐标为 (x,y),如果把它按照水平向右平移 m 个单位,得到点 B,那么点 B 的坐标可表示为 $(x+m,y)$;如果把它按照竖直向上平移 n 个单位,得到点 C,那么点 C 的坐标可表示为 $(x,y+n)$.

类似地有:

设点 A 的坐标为 (x,y),如果把它按照水平向左平移 m 个单位,得到点 B,那么点 B 的坐标可表示为 $(x-m,y)$;如果把它按照竖直向下平移 n 个单位,得到点 C,那么点 C 的坐标可表示为 $(x,y-n)$

打开文件"25-平移之后的坐标关系 1.zjz",点 A 可以被任意拖动,点 B 可以在水平方向上被拖动,点 C 可以在竖直方向上被拖动.观察和检验线段 AB 的长度与点 A、点 B 的坐标之间的关系,以及观察和检验 AC 的长度与点 A、点 C 之间的关系.如图 5-220、图 5-221 所示.

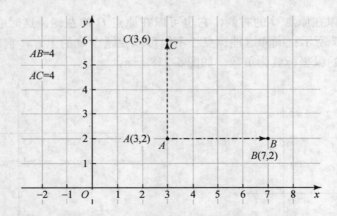

图 5-220　将点 A 分别向右和向上平移得到点 B 和点 C

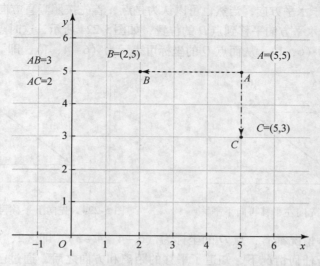

图 5-221 将点 A 分别向左和向下平移得到点 B 和点 C

实际上，当点 A 的坐标不是整数以及平移的长度不是整数时，上述情况仍然成立. 请你打开课件"25-平移之后的坐标关系 2. zjz"，通过拖动点 A、点 B 或点 C，进行观察、研究与检验.

如图 5-222 所示，若点 D 是经过点 A 平移得到的，但点 D 和点不在同一水平方向也不在同一竖直方向，那么如何利用点 A 的坐标表示点 D 的坐标呢？

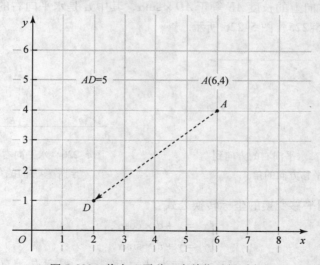

图 5-222 将点 A 平移 5 个单位后得到点 D

假如有一点 E，使得 AE 处于水平方向，而 DE 处于竖直方向. 那么点 A 平移到点 D 的过程可以认为是：点 A 首先按照水平方向平移到点 E 的位置，然后点 E 按照竖直方向平移到点 D 的位置，如图 5-223 所示，这时点 E 的坐标可表示为 $(6-4, 4)$，即 $(2, 4)$，从而点 D 的坐标可表示为 $(2, 4-3)$，即 $(2, 1)$；如果有一点 F，使得 AF 处于竖直方向，而 DF 处于水平方向，当然也可以认为是点 A 首先按照竖直方向平移到点 E 的位置，然后点 E 按照水平方向平移到点 D 的位置，如图 5-224 所示，这时点 E 的坐标可表示为 $(6, 4-3)$，即 $(6, 1)$，从而点 D 的坐标可表示为 $(6-4, 1)$，即 $(2, 1)$.

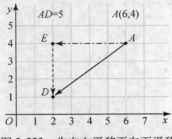 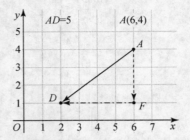

图 5-223　先向左平移再向下平移　　　图 5-224　先向下平移再向左平移

对于以上两种情况都有：点 D 的坐标为 $(6-4, 4-3)$，即 $(2, 1)$.

事实上，对于任何情况下，知道了平移的距离和方向之后，通过已知点的坐标都能求得平移之后的点的坐标. 打开文件"25-平移变换之后的坐标关系 3. zjz"可以检验一般情况下上面得到的结论是否仍然成立.

我们知道，有些时候虽然平移的距离相等，但是平移的方向不同，那么平移之后的位置也不相同. 所以，问题的关键是，若知道起始点的位置 A 和平移后的终点的位置 D，如何知道在水平方向和竖直方向上分别平移的距离？

当我们学习了直角三角形的有关知识之后，就会知道，水平方向的长度 DE 等于 $AD \times \cos\alpha$，竖直方向上的长度 AE 等于 $AD \times \sin\alpha$，其中 α 是水平向右的方向到有向线段 AD 的角度，如图 5-225、图 5-226 所示.

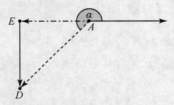 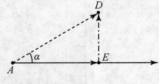

图 5-225　水平向右的方向到　　　　图 5-226　水平向右的方向
　　　　平移方向的角　　　　　　　　　　　到平移方向的角

因此不难得到平移变换的坐标转换公式：

$$\begin{cases} x' = x + d \times \cos\alpha, \\ y' = y + d \times \sin\alpha, \end{cases}$$

其中原来的位置为 A (x, y)，平移了长度为 d 的距离后，得到点 A' (x', y')，其中 α 为 x 轴正方向到平移方向的角度.

思考与练习

（1）打开文件"25-关于直线对称的两个点 1. zjz"，如图 5-227 所示，点 P 和点 Q 关于直线 l 对称. 拖动点 P，观察点 P 和点 Q 两点的坐标变化，请记录你所发现的规律，然后再拖动点 P 检验它们.

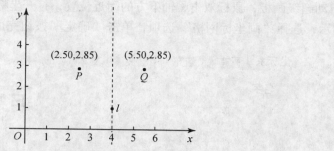

图 5-227 关于竖直直线对称的两个点

（2）向左或者向右拖动点 l，你所得到的上述规律是否仍然成立？能否进一步整理和总结你所得到的规律？

（3）打开文件"25-关于直线对称的两个点 2. zjz"，如图 5-228 所示，直线变为水平的，点 P 和点 Q 关于直线 l 对称. 拖动点 P，观察点 P 和点 Q 两点的坐标变化，请记录你所发现的规律，然后再拖动点 P 检验它们.

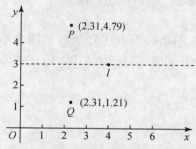

图 5-228 关于水平直线对称的两个点

左传波
广州大学计算机教育软件研究所

第二十六节　还有挑战等着你

国庆节期间，大街小巷都会挂满国旗，如图 5-229 所示. 你是否知道，国旗的形状与规格是由相关法规严格规定的：国旗上的五角星都是正五角星，五个正五角星的中心、大小相对于旗面所在的长方形有准确的位置，并且要求每一个小五角星都要有一个角指向大五角星的中心.

以"国旗尺寸比例"为关键词在网上搜索，就可以找到许多对国旗更加详细和完整的说明. 仔细阅读和理解材料对五星红旗的详细说明，你能否利用我们所学习过的几种变换制作一幅国旗呢？下面就赶快让我们动手吧.

图 5-229 五星红旗

若将国旗分为四个相等的长方形，首先画出国旗的左上部分对应的长方形．

启动超级画板，鼠标双击 x 轴下方的附近位置，打开坐标系的属性对话框，如图5-230所示，选择"画坐标网格"选项，单击"确定"按钮完成．

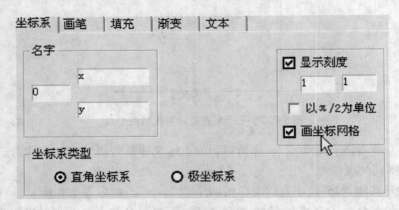

图 5-230　显示坐标网格

单击"整数点"，直接单击鼠标作出坐标点 A（15，0）、B（15，10）、C（0，10）．

作出大五角星的中心对应的坐标点 D（5，5）和四个小五角星的中心对应的坐标点 E（10，8）、F（12，6）、G（12，3）、H（10，1），结果如图5-231所示．

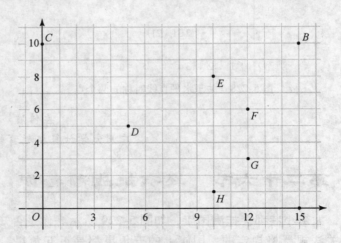

图 5-231　作出五星红旗五个星形的中心

作坐标点 I（5，8），作出以点 D 为圆心经过点 I 的圆．

依次选择点 I 和圆 D 作圆内接正五边形，然后通过正五边形作出对应的五角星，最后将五角星之外的其他对象隐藏，并将五角星移动到最后面，结果如图5-232所示．

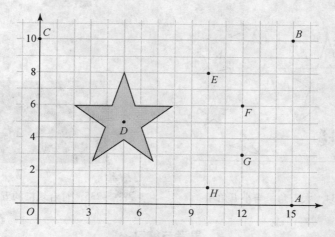

图 5-232 作出第一个大的五角星

以点 E 为圆心作出半径为 1 的圆.

为了操作上的方便，可以单击工具条上的"放大"命令，增加坐标系的单位长度.

连接 DE，并作出圆 E 和线段 DE 的交点 T，以 T 为其中的一个顶点作圆 E 的内接正五边形，如图 5-233 所示，然后通过该正五边形作出对应的五角星，并隐藏其他无关的图形.

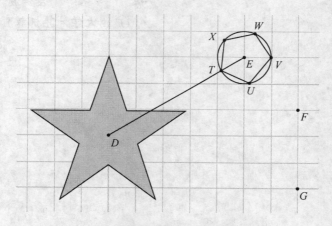

图 5-233 作出最上方的小五角星

重复上面的操作，分别作出以点 F、点 G 和点 H 为中心的五角星，使得每个小五角星都有一个角指向大五角星的中心，即每个小五角星中心与大五角星中心的连线经过该小五角星的一个尖角. 隐藏点 D、点 E、点 F、点 G 和点 H，如图 5-234 所示.

作点 H_2 $(0，-10)$，并且将点 A 的坐标修改为 $(30，-10)$，将点 B 的坐标修改为 $(30，10)$；作出多边形 $ABCH_2$，并将内部填充为红色；隐藏五角星和多边形 $ABCH_2$ 的边界，并隐藏坐标系，同时将多边形 $ABCH_2$ 移动到最后，结果如图 5-235 所示，一个符合规格的五星红旗制作完毕了，最后可以隐藏点 A、B、C 和 H_2.

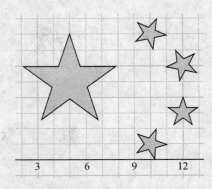

图 5-234　大五角星与小五角星

图 5-235　符合规格的五星红旗

思考与练习

（1）你认为能否利用平移变换和旋转变换，通过国旗上的大五角星得到四个小五角星？若能够，请给出设计思路并完成操作过程；若不能，请给出理由.

（2）你认为能否利用放缩变换，通过国旗上的大五角星得到四个小五角星？若能够，请给出设计思路并完成操作过程；若不能，请给出理由.

左传波
广州大学计算机教育软件研究所